중국과 아세안 I

중국과 아세안

The Duality of Tension and Cooperation

민귀식 엮음

China and ASEAN 1

긴장과
협력의
이중성

Ⅰ

한울
아카데미

차례

표·그림 차례

『중국과 아세안 II: 상호 의존과 경제협력』 차례

서문

국제 정세가 급변하고 있다. 국내외 정세가 늘 위기이고 엄중한 시기라는 말이 그친 적이 없지만, 최근의 흐름은 글로벌 차원의 새판 짜기에 따른 긴장 강도가 다르다는 것을 실감하게 한다. 현재 국제 정세는 무역 마찰과 지역 블록화라는 비교적 낮은 수위의 갈등에서 특정 국가 배제라는 극단적 현상으로 노골화되고, 가장 높은 수준의 충돌인 전쟁이 일어났지만 국제기구는 아무런 역할을 하지 못하고 있고, 동시에 글로벌 성장을 이끌던 국제분업체제가 심하게 흔들리면서 위험 사회로 빠져들고 있다.

첫째, 장기화되고 있는 러시아와 우크라이나의 전쟁은 단순한 두 나라의 영토분쟁이 아니다. 우크라이나의 나토 가입 여부라는 지정학적 충돌이 극단적으로 표출되었고, 푸틴의 심리적 불안 역시 지정학 변화에 따른 봉쇄 압박에서 유래한다. 미국과 유럽이 이미 이 전쟁의 당사자가 되었고, 에너지 수요가 급증하는 겨울철로 접어들면서 서구 시민들도 이 영향에서 벗어날 수 없게 되었다. 또한 전장과 멀리 떨어진 아시아도 연루될 개연성이 갈수록 커진 가운데, 우리는 전쟁 무기 수출을 통해 러시아와 적대적인 관계가 형성되어 대외 안보 환경이 급격히 나빠지고 있다. 결국 이 전쟁은 이미 사라졌던 냉전이라는 개념으로 설명하기에는 좀 더 복잡한 양상의 국제 관계가 형성되었음을 말하는 하나의 지표가 되었다.

둘째, 미국이 동맹국을 동원해 도전 세력을 억압하는 소위 '스파이더맨 전략'에 대해 중국과 러시아가 밀착하면서 세력 재편의 한 축을 굳건하게 형성했다. 즉, 미국은 중국을 견제하기 위해 쿼드(Quad)를 구축했고, 다시 인도·태평양경제프레임워크(IPEF)와 반도체동맹(CHIP4) 그리고 글로벌 공급망(GVC) 재편을 통해 중국의 기술 추격을 따돌리고 중국 중심의 제조업 공급사슬을 재편하려고 한다. 이에 중국과 러시아는 전략적 관계를 더욱 확대하고 에너지 동맹을 통해 유라시아에서의 주도권을 더욱 강화하고 있다. 또한 중국이 에너지 수요를 매개로 이란 및 사우디아라비아와 관계를 심화하고, 일대일로 사업을 다시 강력히 추진하겠다는 선언도 미·중 경쟁을 격화시킬 가능성이 있다.

셋째, 20차 당대회를 통해 드러난 국제질서를 재편하려는 중국의 의지는 글로벌 긴장도 감내하겠다는 선언으로 해석될 수 있다. 시진핑이 주석 임기제를 폐지할 정도로 무리한 정치 시스템을 변경한 명분이 바로 '사회주의 현대화' 완성과 '강군몽(强軍夢)' 건설 그리고 '새로운 발전 구도' 구축이었다. 이 가운데 군사력 강화를 통해 영향력을 확대하겠다는 강군몽은 주변 국가에 직접적인 위협으로 다가온다. 특히 남중국해에서 영해 갈등을 빚고 있는 나라는 심각한 안보 위기에 빠질 가능성이 높아졌고, 양안 관계를 둘러싼 미·중 대결은 매우 격렬한 방향으로 진행될 수 있다. 그러나 자유무역이 축소되는 조류에 대항해 새로운 발전모델을 제시하겠다는 의지는 개발도상국가에 희망을 주는 메시지를 통해 영향력을 확대하려는 시도라고 할 수 있다.

넷째, 경제를 정치와 분리한다는 전제 위에 구축된 세계화와 국제분업체제가 심각한 위협에 놓여 있다. 국제분업에 의한 생산성 증가는 지난 30년 동안 글로벌 성장을 이끈 핵심이었다. 이를 통해 전 지구적 성장과 물가안정 및 저금리를 유지할 수 있었고, 개발도상국이 발전의 토대를 제공했으며 동시에 선진국의 안정적인 소비 패턴을 보장해 왔다. 글로벌 공급망은 저임금을 찾아 자연스럽게 국경을 넘어 이전했고, 물류비용이 낮아지면서 세계를 하나의 시장으로 만들었다. 이렇게 시장 변화와 기술 발전에 따라 이전하던 글로벌 공급망이 이제 정치 논리에 따라 재편되면서 여러 나라가 경제 안보 위험에 빠지는 시대를 맞이했다. 특히 바이든이 추진 중인 '반도체 동맹'은 시장 논리를 무시하는 전형적인 정치 논리이자 '기술 무기화'를 보여주는 대표적인 사례이다. 이는 단지 중국을 배제하기 위한 차원을 넘어 미래산업의 핵심 기술을 미국이 독점하려는 패권적 발상을 숨김없이 드러낸 것이다.

이렇게 글로벌 공급망은 항상 변해온 것으로 결코 새롭게 등장한 현상이 아니다. 다만 최근에는 각국의 임금 인상 속도와 생산효율 격차가 커지고 자동화 기술의 발전으로 생산기지를 이전하려는 요인은 확대되었다. 그 결과 '세계의 공장'으로 불리던 중국에서 많은 기업이 동남아시아로 이전했다. 의류산업은 방글라데시로 대거 옮겨 가기도 했다. 자동화가 가능한 산업은 보조금을 늘리는 본국으로 회귀하는 현상도 나타났다. 이제 생산요소 가운데 임금이 아닌 시장과 정부 정책을 더 중시하는 시대가 열린 것이다. 그래서 글로벌 공급망 이전에 작용하는 힘은 매우 다양해졌는데, 경제 안보 담론이 시장을 뛰어넘는 흐름이 더해지면서 상황이 더 복잡해지고 있다.

이 책은 이런 위기 사회에서 공급망 변화 경향을 읽고, 중국과 아세안이라는 중요한 생산기지와 시장을 연계해 동시에 살피려는 시도로 시작되었다. 이 두 지역은 남중국해 문제로 인한 안보 긴장 속에서도 경제협력을 확대하고 있고, 세계 공급망에서도 가장 중요한 기지이기도 하다. '인도차이나'로 불릴 정도로 중국의 영향력이 큰 아세안은 정치적 긴장과 경제적 협력이라는 대비되는 전략을 구사한다는 점에서 한국에게도 많은 시사점을 주는 지역이다. 2018년 이 프로젝트를 진행할 때는 한국 정부도 신남방 정책을 중시했기 때문에 우리 연구는 더욱 적절해 보였다. 그런데 연구가 진행되는 동안 코로나19를 겪으면서 경제 안보에 대한 위기는 증폭되고, 비시장 요인에 의한 글로벌 공급망 이전은 충분한 논의와 분석을 거치지 못한 채 진행되고 있다.

이런 급박한 변화를 충분히 반영하지 못한 측면은 있지만, 이 책이 설명한 목표는 상당 부분 달성하고 있다고 본다. 첫째, 남중국해에서 벌어지는 미·중 패권 경쟁 양상을 분석하고, 아세안 각국이 어떻게 대응하는가를 본다. 둘째, 아세안이 주도권을 행사하기 위해 어떤 전략을 펼치는가를 보고, 그 가운데 지정학적 위상을 어떻게 활용하는가를 분석해 한국이 아세안에 진출할 때 참고할 만한 정책적 함의를 도출한다. 셋째, 중국과 아세안이 체결한 경제협력 내용을 세밀히 관찰해 한국의 신남방 정책이 성공할 수 있는 조건을 제시한다. 넷째, 중국이 해양 실크로드 전략을 선포한 이후 아세안과 물류 등 새로운 협력을 추진하는 내용을 세밀히 평가한다. 이런 목표를 달성하기 위해 두 권을 동시에 출판한다. 제1권은 『중국과 아세안 I: 긴장과 협력의 이중성』으로 정치안보를 중심으로 구성했다. 제1부 남중국해에서의 안보 긴장, 제2부 중국·아세안의 상호 인식과 협력, 제3부 일대일로와 신남방 정책이 바로 그것이다. 제2권은 『중국과 아세안 II: 상호 의존과 경제협력』으로 제1부 중국·아세안의 무역·투자·교류, 제2부 아세안과 일대일로를 통해 경제 부분을 집중적으로 다루고 있다.

우리 연구팀은 보다 충실한 분석을 위해 국내 전문가를 필자로 모셔서 동남아시아 연구의 내용을 보강했고, 중국 학자와 베트남 학자에게 원고를 의뢰해 당사국의 입장을 전할 수 있도록 했다. 흔쾌히 집필에 참여하고 투고 이후 오랫동안 기다려주신 외부 필진에게 감사의 말씀을 드린다. 그리고 연구과제를 지원해 준 한국연구재단에 감사드린다. 또한 여러 가지 어려움을 감내하고도 출판을 결정해 주신 한울엠플러스(주) 김종수 사장님과 윤순현 부장님, 편집을 담당해 주신 김우영 님에게 감사의 말씀을 드린다.

2022년 11월
한양대학교 중국문제연구소에서
필자들을 대표해 엮은이 민귀식

제1부

남중국해에서의 안보 긴장

제1장

남중국해에서 미·중 회색지대 전략 경쟁[*]

민귀식 | 한양대학교 국제학대학원 부교수

1. 미·중 패권 경쟁의 새로운 양상

세계 패권 전환을 의미하는 '세력전이'에 대한 전망은 '평화공존론'에서부터 '투키디데스 함정' 설정까지 다양하게 제기되고 있다. 현실 세계에서는 미·중 갈등이 보다 분명하게 표출되면서 새로운 긴장을 촉발하고 있다. 냉전 체제 해체 이후 20여 년간 미국 중심의 단극체제는 2008년 '세계 금융 위기'를 지나면서 중국의 저돌적인 도전 앞에 흔들리고 있다. 2021년 8월 아프가니스탄에서 미군의 전격 철수는 그 위상 변화를 단적으로 보여준 사건이었다. 이에 각국은 미국 지도력에 대한 의문과 함께 다양한 형태로 생존 전략을 수정하고 있다.

그러자 위기감을 느낀 미국은 같은 해 8월 카멀라 해리스 부통령을 싱가포르와 베트남에 급파해 동남아시아국가연합(ASEAN, 이하 아세안)의 신뢰 저하를 막고 남중국해에서 안보 울타리 역할을 충실히 하겠다고 다짐했다. 그리고 다시 한 달 후인 9월 15일, 영국과 호주를 끌어들여 '오커스(AUKUS)' 안보 파트너

---

[*] 이 글은 한국연구재단의 지원을 받아 수행된 연구(No. 2018S1A5A2A03037189) 논문 「남중국해에서 미·중 회색지대전략 경쟁에 대한 베트남과 필리핀의 대응」을 기초로 재구성한 것이다.

십을 구축하고, 호주에 핵추진잠수함 기술을 지원하는 등 '가치 동맹'을 기치로 중국 견제에 박차를 가하고 있다. 또 '타이베이' 호칭을 '타이완'으로 변경하려는 움직임을 통해 '하나의 중국' 원칙마저 부정하는 듯한 태도를 보임으로써 중국과 극한 대결 양상으로 나아가고 있다. 이에 대해 중국 역시 공격적인 태도로 맞서면서 강대강 구도가 심화됨에 따라 주변국의 전략적 선택도 한층 복잡해질 전망이다.

미국은 2011년 '아시아 회귀(pivot to Asia)' 선언 이후에도 유지하던 비교적 온건한 대중 견제 전략을 버리고 강경한 자세로 일관하고 있다. 미국은 트럼프 정부의 무역 전쟁과 글로벌 가치 사슬(global value chain) 이전 강요를 비롯한 경제적 압박과 '쿼드(Quad)' 플러스 전략을 확대하고 있다. 또한 바이든 정부의 '가치 동맹' 강화 등 지역 연합을 공고히 하는 것 이외에도 개별 국가와의 동맹 강화를 통해 전방위적인 대중 포위 전략을 확대하고 있다. 그 일환으로 미국은 남중국해에 항공모함과 구축함을 상주시키면서 중국의 의지를 꺾으려 한다. 양국이 '국가이익'과 '핵심 이익' 지역이라 선언한 이 남중국해에서 미국은 이 지역 주변국과 동맹관계 혹은 준동맹관계를 강화하면서 중국의 해상 진출을 봉쇄하는 데 진력하고 있다. 최근 부쩍 증가한 '항행의 자유' 작전은 바로 이런 미국의 의지를 과시하면서 중국과 해상 영토 분쟁을 빚고 있는 동남아시아 국가들을 견인하려는 의도이다.

10여 년 전에 등장한 '회색지대 전략(gray-zone strategy)'은 바로 미국의 이런 의지를 종합적으로 관철하는 방식이다. 즉, 단순한 군사적 압박이 아니라 정치·외교와 경제·사회 분야와 정보·심리 등 복합적인 수단으로 상대를 서서히 옥죄는 방식을 동원하고 있다. 그 결과, 동남아시아 국가들 역시 강대국의 패권 경쟁에 끌려들어 가는 원치 않는 양상을 맞고 있다. 따라서 남중국해를 중심으로 전개되는 미·중 경쟁은 다양한 국가이익이 얽혀 있는 복잡한 갈등이 장기적으로 반복될 수밖에 없다.

한편 중국은 대외적으로는 패권을 추구하지 않는다고 하지만, '일대일로(一

帶一路)’ 추진 및 아시아인프라투자은행(Asian Infrastructure Investment Bank: AIIB) 창설 및 기술표준 경쟁을 통해 ‘게임 체인저’로서의 의지를 분명히 하고 있다. 중국은 그동안 ‘세계의 공장’과 ‘세계의 시장’이라는 찬사를 들으며, 지구촌 경제를 이끈다는 이미지를 구축했다. 여기에는 패권을 추구하지 않고 최대한 힘을 비축한다는 ‘도광양회’[1]가 이런 긍정적 이미지를 끌어올리는 데 한몫했다. 그리고 WTO 가입은 발전하는 중국에 날개를 달았고, 9·11 사건 복수에 여념이 없는 미국의 견제에서 비켜나 있는 기회를 살려 초고속 성장에 성공했다. 그런데 2008년 올림픽 개최를 통해 자신감이 충만해진 중국은 세계 금융 위기를 통해 G2라는 찬사를 받자 매우 적극적인 행보로 전환했다. 도광양회는 할 일은 하겠다는 ‘유소작위(有所作爲)’로 전환했고, 다시 ‘국제질서를 바꿔 중국의 부흥을 이룬다’는 ‘분발유위(奮發有爲)’를 강조하면서 강성 일변도의 국가전략을 펼치고 있다.

이런 전략의 연장선에서 시진핑은 국민들에게 ‘중국의 꿈(中國夢)’을 실현한다는 희망을 주는 방안으로 매우 배타적이며 공격적인 외교를 전개하고 있다. 이 결과 중국은 톈안먼 사태 이후 오랫동안 조금씩 개선해 온 긍정적 이미지를 스스로 한순간에 추락시키고 말았다. 미국이 주변 국가와 함께 대중 압박을 강하게 추진할 수 있는 것도 중국의 이런 소프트파워 하락과 상당 부분 연관되어 있다. 하지만 중국은 군사력 증강과 일대일로를 앞세운 대외 진출을 멈추지 않을 것임이 분명하다. 이렇게 군사력을 강화하면서도 대외적으로는 일대일로를 전면에 내세우는 중국의 강온 전략을 미국은 ‘회색지대’ 전략이라 부른다.

그런데 중국이 비록 회색지대 전략에 근거해 강온 양면 전략을 쓴다고 하더

---

1   도광양회(韜光養晦)는 동유럽의 사회주의가 와해되던 시점에서, 중국이 소련의 지도적 역할을 대신해야 한다는 주장을 반박하며 중국의 국가전략을 제시한 것이다. 중국은 은인자중하면서 경제발전에 매진해야 하며, 현재나 미래에 절대 패권을 추구해서는 안 된다는 것이 핵심 내용이지만, 때가 되면 할 일을 한다는 유소작위의 전제라고 할 수 있다. 덩샤오핑의 20자 방침(冷靜觀察·穩住陣脚·沈着應付·韜光養晦·有所作爲)이라고도 한다.

라도 원초적으로 지닌 딜레마를 극복하기는 매우 어려운 상황이다. 중국이 '핵심 이익'을 포기할 수도 없지만, 그것을 강조하면 할수록 주변국은 미국을 활용하는 '균형 전략'에 올라타 중국을 견제하는 최전선 기지 역할을 할 가능성이 크기 때문이다. 또한 일대일로의 성공을 위해서는 해외 항구를 확보하는 '차항출해(借港出海)' 전술이 필요한데, 중국의 공세적 확장 정책은 이를 어렵게 한다. 그리고 남중국해를 분쟁지역화하기 위해 지속적인 저강도 도발을 하는 미국에 적극적으로 대응하기도 어려운 상황이다. 즉, 미국도 중국이 활용하는 회색지대 전략으로 중국의 약점을 공략하는데, 중국은 이런 의도를 알면서도 마땅한 대응책이 없기 때문이다. 여기에 미국의 강한 압박에 직면한 남중국해 주변 국가들이 패권국에 순응할 수밖에 없는 것도 도전 국가 중국에게는 어려움이고, 사회주의라는 다른 정치체제도 주변국 포섭을 어렵게 하는 요인으로 작용하고 있다.

2. 회색지대 전략의 특징

역대로 강대국은 정치·경제·문화·정보 등 다양한 요소를 혼합해 상대국을 억제하는 전략을 사용해 왔다. 이 오래된 강대국 간의 전략적 경쟁 방식이 최근에는 회색지대라는 용어로 설명된다. 이 개념은 2010년 미국이 「4년 주기 국방검토 보고서(Quadrennial Defense Review Report: QDR)」에서 최초로 "온전한 전쟁도 평화도 아닌 상태로 안전에 도전하는 세력의 전략"이라고 설명했다. 즉, 회색지대 전략은 직접적인 전쟁이나 국제사회의 강력한 반발을 불러오지 않으면서도 적대국에게 유력한 수단으로 사용되는 압박과 위협을 일컫는다. 다시 말하면, 강력한 핵무기를 보유하고 있는 초강대국들이 최악의 전쟁을 피하면서 자신의 영향력을 확대하려는 새로운 압박 전략이라고 할 수 있다. 그래서 냉전 시대와 달리 경제력을 앞세워 조금씩 상대 영역을 침식하는 '살라미전술'이 사용되기도 하고, 동맹국과 교류·협력을 통해 소프트파워를 강화한다거나, 테러 대비 등 비전통 안보를 명분으로 군사훈련을 확대하면서도 적국을 명시하지 않은 방법을 취하기도 하며, 국제법을 이용해 상대의 발언권을 약화시키고, 국제 NGO를 이용한 여론전을 전개하는 등 다양한 전술이 사용된다.

그런데 이 전략에서 중요한 행동 규범은 강대국 간의 직접적 군사 충돌을 피한다는 전제 아래 자신의 행동 범위와 영향력을 넓히는 것이다. 그 핵심은 상대의 '약한 고리'를 겨냥해 은밀하고 모호한 전술적 행동으로 상대를 약화시킴으로써 '실험 용기 속에서 개구리를 서서히 삶아 죽이는 방식'을 통해 '싸우지 않고도 이기는' 방법을 사용하는 것이다. 이것이 성공하기 위해서는 상대방이 군사적 반응을 하지 않을 정도의 '임계선'을 잘 판단해야 한다. 만약 상대방이 군사적 대결을 선택한다면 서로 큰 대가를 지불해야 하고 그 결과도 낙관할 수 없기 때문이다.

그러나 회색지대 전략은 정확한 목표를 설정하기 어려운 점도 있다. 이는 상대국에 명확한 메시지를 전달하기 어렵기도 하지만, 자국의 전략적 이익을 위한 일관된 행동을 할 수 없다는 한계를 가지고 있다. 그럼에도 회색지대 전략은 명칭만 달라졌을 뿐 기본적인 행태는 오래전부터 사용되어 왔다. 히틀러가 오스트리아와 체코를 점령할 때 영국과 프랑스가 용인한 것이나, 러시아가 크림반도를 병합할 때 유럽이 개입하지 못한 것도 이 전략이 통한 것이라고 볼 수 있다.

그런데 현재 이 전략을 적용할 수 있는 지역은 주로 남중국해로 집중되고 있다. 이것은 미·중이 비록 군사적으로는 경쟁 관계이지만, 경제적으로는 상호 의존성이 너무 커서 결별할 수 없는 현실을 반영한다. 그러므로 이 지역은 상당 기간 통제된 수준의 분쟁이 지속될 것이다. 이는 단기간에는 미국과 중국의 충돌을 막는 긍정적 역할을 할 것이지만, 장기적으로는 서로에 대한 신뢰를 떨어뜨리고 국지적 분쟁과 대리전 같은 위기 증폭 가능성은 오히려 높아질 수도 있다.

이런 회색지대 전략은 정규전과 구분되는 몇 가지 특징을 가지고 있다. 첫째, 작전 수단과 규모를 엄격하게 통제하는 제한적 성격이 강하다. 비록 사용 수단이 국제적으로 용인되는 범위를 넘어서더라도 상대방이 군사력을 동원하거나 정규전에 돌입할 정도에는 이르지 않도록 수위를 잘 조절해 이익을 취한다. 둘째, 국가 능력이 현격한 차이가 나는 비대칭적 상황에서도 약소국이 강대국을 향해 작전을 수행할 수 있다. 예를 들면, 미국이 종합 국력에서 압도적 위치에 있더라도, 상대방이 특정 영역에서 자신의 우세를 활용해 도전할 경우, 미국은 단기간에 효과적인 대응을 못 할 수도 있다. 셋째, 민간과 군사 영역이 모호하거나 안보와 경제 영역이 구분되지 않는다. 따라서 상대를 공격해도 상대방이 책임을 묻기 어려운 방식으로 자신의 이익을 확보한다. 넷째, 정치·경제·군사·문화 등 다양한 영역을 종합해 동시에 공격하는 방식인 현대전의 특성을 반영한다. 특히 경제와 문화를 앞세운 '소프트파워' 강화가 중요한 위치를 차지하게 된다. 다섯째, 상대방이 불만을 가지고 있더라도 적극적으로 대항할 수 없도록 하는 점진적인 방식을 사용한다. 올트먼(D. Altman)의 분석에 따르면, 1918년부터 2016년까지 전쟁을 수반하지 않고 영토 변화를 가져온 125건의 사례 가운데 기정사실화를 통해 이루어진 경우가 112건으로, 기정사실화 전술은 강압을 통한 방법보다 월등히 많다(황원준, 2021: 70). 따라서 '살라미전술'과 '기정사실화 전술'을 적절히 사용하는 것은 상대방이 알고도 당하게 만드는 계책이다.

결론적으로, 이 전략은 국가 간 또는 행위자 간에 이익과 기능이 비대칭적일 경우에도 적극적으로 사용될 수 있으며, 모호한 국제규범을 최대한 활용해 명분을 잃지 않도록 유의하면서 점진적인 방식으로 자신의 의도를 관철해 나가는 장기적인 '저강도 전략'이라 할 수 있다. 여기서 가장 중요한 점진성은 '살라미전술'과 '기정사실화 전술' 및 '대리전'이라는 세 요소를 혼용함으로써 장기간에 걸쳐 전략적 목표를 달성한다는 것이다. 예를 들면, 중국은 민간 어선으로 가장한 해상 민병대가 폭풍을 피하기 위한 것이라며 남중국해 무인도를 점령한 다음, 이를 자국 영토로 기정사실화한다. 또한 해군이 무력 충돌을 일으키면 파장이 크기 때문에 어선으로 위장한 해상 민병대가 충돌해 타국 영해를 분쟁지역화하는 전술을 활용하는 것이다. 그래서 살라미전술은 기정사실화 전술의 전 단계에서 실행되는 작전이자 분리할 수 없는 하나의 세트라고 할 수 있다.

3. 회색지대 전략 대결장 남중국해

그렇다면 남중국해가 왜 미·중 회색지대 전략의 가장 중요한 대결장이 되었는가? 이는 운명이라고밖에 말할 수 없다. 중국이 90%는 자국 영해라고 주장한 남중국해는 전략적으로 너무나 중요한 곳이다. 남중국해는 경제적인 측면에서만 보아도 해상 물동량이 연 5조 달러에 달할 정도로 중요한 곳이다. 또 석유 등 풍부한 천연자원의 보고로 알려지면서 주변국들이 적극적으로 개발에 참여해 소유권 분쟁을 겪고 있으며, 어업권을 놓고도 끊임없는 충돌이 발생하고 있다. 그래서 만약 긴 시간이 소요되더라도 미국과 중국의 세력전이, 즉 중국이 세계 패자의 자리에 오른다면 남중국해는 바로 그 대관식을 치르는 장소가 된다. 또한 이 지역은 지정학적으로도 중국의 영향력이 커질 수밖에 없는 곳이기도 하다. 따라서 이곳은 미국이 중국의 군사적 팽창을 억제하는 최전선이자, 일대일로를 명분으로 영향력을 키우고 있는 중국의 살라미전술을 깨야 하는 대결장이다. 이렇게 남중국해는 어느 쪽도 양보할 수 없는 전략적 요충지이면서, 강대국과 약소국이 혼재할 때 발생하는 '안정/불안정 패러독스(stability-instability paradox)'가 나타나는 지역이기도 하다. 즉, 핵무기를 보유한 강대국 간에는 확증 파괴에 대한 두려움 때문에 전면전이 일어날 가능성이 낮지만, 약소국들 사이에는 오히려 국지전이나 대리전이 쉽게 일어날 수 있다는 것이다.

그렇다면 왜 미·중의 세력전이 또는 패권 경쟁은 해양을 둘러싸고 일어나는가? 앨프리드 머핸(Alfred T. Mahan)의 해권론(海權論) 이후 해양을 장악해 온 미국은 반접근·지역 거부(Anti-Access/Area Denial: A2AD)를 앞세운 중국의 도전 앞에서 해양 장악력이 약화되고 있다. 또한 태평양을 사이에 두고 있는 두 강대국은 육상에서 직접적인 충돌은 발생할 수 없기에, 해상을 통한 영향력 투사가 경쟁의 핵심이자 본질이다. 그렇기에 해상은 미국의 쇠퇴와 중국의 부상을 증명하는 공간이며 지정학적 가치가 다시 강조되는 장소이다.

그래서 급부상하는 중국 해군력을 억제하기 위해서는 미국의 대응도 달라질 수밖에 없었다. 냉전 시대에 미국은 소련의 해군력을 무력화하기 위한 '해양통제(sea control)' 개념 아래 공세적인 전략을 구사했다. 그러나 소련이 붕괴되고 초극 체계가 구축되면서 해양통제의 중요성은 감소하고, 각 지역분쟁과 비전통 안보에 대응하는 '연안작전'이 중요해졌다. 그 결과 미국은 걸프전 직후인 1992년 9월 '바다로부터(⋯ from the sea)' 해양 전략을 수립하고, 1994년에는 다시 '바다로부터 ⋯⋯ 전방으로(forward ⋯ from the sea)' 전략을 발표하면서 해군의 힘을 육지로 투사할 수 있는 능력을 강조했다. 이는 더 이상 미국의 '자유 항행'을 막을 나라가 없다는 자신감에서 나온 전략 변화였다.

그러나 중국이 해군 현대화를 실현하면서 적극적인 반접근·지역 거부 전략을 추진하자, 미국은 해양통제 능력에 의문을 가지게 되었을 뿐만 아니라, 해상교통로의 안전도 보장할 수 없다는 위기의식을 갖게 되었다. 그 결과, 지난 20여 년 동안 운용하던 '연안작전' 전략을 수정하고, 다시 1970년대 수립되었던 '해양통제' 전략으로 선회했다. 이렇게 해서 제기된 것이 바로 2017년 수상함전력사령부(U.S. Surface Forces Command)에서 내놓은 '수상함 부대 전략: 해양통제로의 복귀(Surface Forces Strategy: Return to Sea Control)'이다.

이 해양통제 전략은 자국 군대가 해양을 완전히 통제해 자유롭게 이용할 수 있는 반면, 적국은 이를 전혀 사용할 수 없도록 하는 매우 고압적인 개념이다. 최근의 이 전략 변화는 연안에서는 더 이상 중국의 도전을 막을 수 없다는 현실적 변화를 반영한 것인 동시에 미국의 강력한 해상 통제 의지를 표출한 것이다. 그러나 과거의 공세적 해상 통제 전략은 압도적인 무장력을 동원할 수 있었기에 가능했으나, 국방예산이 축소된 최근에는 이런 물량 공세를 취할 수 없기에, 해군은 '수상함 부대 전략'을 통해 작전 효율을 높이려고 한다. 예를 들면, 2000년 이후 미 해군은 차기 순양함 건조 계획이 무산되었고, 스텔스 구축함(DDG-1000) 건조도 3척으로 대폭 축소되었으며, 연안전투함(LCS)도 당초 100척을 계획했으나 40척으로 줄어들었다. 이렇게 전력 구축이 당초 계획에서 크게 후퇴한 미국이 내세운 새로운 전략은 과거의 함대 전단 운영 방식에서 벗어나 분산 배치와 단독 작전 능력을 강조하는 '분산된 치명성(distributed lethality)'이라는 새로운 개념을 도입했다. 2015년 1월 발표된 이 전략은 다양한 지원 요소가 패키지로 결합된 작은 부대로도 해양통제가 가능하다는 공세적 개념으로, 그동안 항모항공단이 담당해 온 해상 타격의 주요 임무를 수상함도 담당함으로써 해군 전력구조에 회복탄력성을 부여하고, 동시에 방어적 공세를 취하는 데 유용하다는 장점이 있다. 즉, 군사기술이 월등히 앞선다면, 분산 배치를 통해 적의 집중 공격을 피할 수 있는 장점을 발휘할 수 있고, 적은 예산으로 수상함을 운용하면서도 기동력을 위주로 한 공세적 해상 통제가 가능하다는 자신감의 반영이기도 하다.

하지만 중국이 둥펑(東風) 시리즈 미사일을 대대적으로 개량하자, 항공모함 같은 대규모 함대 전단의 작전 효율성이 떨어질 것이라는 냉정한 분석도 대응 전략 변화에 중대한 영향을 미쳤다. 이와 동시에 최근 미 해군 구축함이 단독으로 남중국해와 대만해협을 수시로 통과하는 것은 이 작전 변화에 따른 과감한 시도이자 중국의 굴욕을 선전하기 위한 자신감의 표현이다.

그런데 미국이 이렇게 앞선 무기체계와 새로운 작전 개념에 따라 남중국해에서 '공세적인 방어 전술'을 강화하는 동안 중국도 공격적으로 무장력을 확장하고 있다. 매년 두 자리가 넘는 국방비 증액은 물론, 하이난(海南)섬에 핵잠수함 기지를 건설하고 항공모함이 정박할 수 있는 시설을 갖춰 남해 함대를 가장 강력한 함대로 육성했다. 이로써 남중국해는 미·중의 실력과 의지가 가장 첨예하게 대립할 수밖에 없는 공간이 되었고, 군사력을 핵심으로 한 종합적인 회색지대 전략 경쟁이 한층 심화되고 있다.

1) 미국의 회색지대 전략

미국의 영향력 행사 방식은 여러 차원이 있다. 경제력과 군사력만으로는 중국과 러시아를 억제하는 데 힘이 부친 미국은 개별 동맹과 지역 안보협력을 강화하면서 그 부담을 나누고 있다. 먼저 가장 고전적인 안보 동맹을 통해 한국·일본·독일 같은 전략 지역을 장악하고, 북대서양조약기구(NATO)와 쿼드 같이 지역 동맹을 통해 대서양과 인도·태평양에서 지배력을 유지한다. 그리고 '파이브 아이즈(Five Eyes)'와 '오커스' 같은 정보 동맹이나 안보 파트너십을 맺어 공동 대응 능력을 강화한다. 여기에 세계 도처에 주둔한 미군기지 및 글로벌 차원의 합동군사훈련 실시는 패권을 유지하는 매우 강력하고 효과적인 방법으로 작동한다. 또한 약소국들이 갖는 특정 국가에 대한 두려움을 이용하는 것은 미국의 보이지 않는 자산이다. 예를 들면, 아세안 회원국이 국제법을 무시하고 '구단선'을 주장하는 중국 때문에 강력한 지원을 요구하고 있는 것은, 미국이 서태평양 제해권을 장악하는 데 매우 유리한 조건을 제공한다.

10여 년 전 미국은 중국의 행동을 분석하면서 '회색지대' 개념을 내놓았다. 이것은 일대일로를 제기하기 이전에 중국의 행태를 규정한 것이지만, 경제협력과 공동 번영을 주장하면서 정치·문화적 영향력을 키우는 일대일로야말로 이 개념에 정확히 부합하는 전략적 행동이다. 미국이 보기에 중국은 남중국해에서 미국이 설정한 레드라인(red line)을 넘지 않는 정도에서 지속적으로 회색지대 전략을 전개하고 있다. 그래서 남중국해는 미·중의 국가이익과 핵심 이익이 충돌한 곳이지만, 전면 충돌은 일어나지 않고 있다. 물론 미국도 쿼드 국가와 합동군사훈련을 실시하면서도 중국의 핵심 이익은 건드리지 않는다는 신호를 계속 보내며 갈등 수준을 관리하고 있다. 이렇게 해서 미·중 양국은 전략적 충돌은 일어나고 있지 않지만, 미국의 이런 태도가 중국에 불안을 느끼는 동남아시아 국가들에게 신뢰를 주지 못하는 것도 사실이다. 그래서 미국의 일부 강경파는 레드라인을 보다 분명히 해야 중국의 도전을 억제할 수 있다면서

'구단선'을 무력화해 남중국해가 공해(公海)에 속한다는 점을 분명히 해야 한다고 주장한다. 그래야 베트남과 필리핀 등 남중국해 연안국가를 지원할 수 있고 미국의 영향력도 유지된다고 보는 것이다.

미국이 이런 강경파의 주장을 수용하면서 현실적인 대안으로 제시한 전략은 다음과 같다. 첫째, 해군력의 60%와 육상 전력의 절반을 아시아에 전개해 미국의 위협 능력을 유지한다. 둘째, 동맹국과 협력 국가의 해상 능력 강화를 지원한다. 셋째, 각종 여론을 이용해 남중국해에서 중국위협론을 확산시킨다. 넷째, 스프래틀리군도(Spratly Islands)와 파라셀군도(Paracel Islands)에서 항행의 자유를 확보한다. 다섯째, 중국에 레드라인이라고 전달한 스카버러섬(Scarborough Shoal 또는 黃巖島)의 군사기지화를 포함해 인공섬 건설을 중단시킨다. 여섯째, 중국과 '해상안전행동규칙' 양해각서를 교환해 이 지역에서 충돌 위험을 회피한다. 이런 종합적이고 장기적인 전략을 통해 동맹군과 우군을 확보하고, 전쟁의 위험을 피하면서 중국 부상을 억제하려고 한다. 이것은 부담을 분산하면서도 효과적인 대안을 모두 투입하는 현실적이고 실용적인 미국의 전략이라고 할 수 있다.

그러면 남중국해에서 미국의 회색지대 전략은 어떤 과정을 거쳐서 강화되었는가? 2010년 힐러리 클린턴 국무장관이 남중국해를 자국의 '국가이익'이라고 선언한 다음 해 중국을 주적으로 삼고 '아시아 회귀'를 결정했다. 이때만 해도 미국은 세력전이에 대해 인식은 하고 있었지만, '투키디데스 함정'을 부정적으로 평가하며, 미·중 사이에 공존 공간이 충분하다는 인식을 보여주었다. 그러나 트럼프 정부는 회색지대 개념을 분명히 했고, 태평양사령부를 인도·태평양사령부로 확대·개편하고 쿼드를 가시화하는 등 서태평양 '해양통제'를 강화했다. 즉, 중국을 '현상변경 국가'라고 분명히 적시하면서 대항 정책에 우선순위를 부여한 것이다. 바이든 정부는 여기서 한발 더 나아가 남중국해에서 중국 위협에 불안을 느끼는 아세안 국가들을 적극적으로 옹호하며 반중 전선을 확대하고 있다. 그는 '가치 동맹'을 기치로 중국 포위를 새로운 이데올로기 차원으로 격상시켰고, 오커스라는 또 다른 안보 협의체까지 만들었다. 최근 10여 년간 미·중 갈등은 이렇게 지속적으로 증폭되었고, 미국은 정권 교체와 무관하게 대중 정책을 일관되게 강화했다. 그 대결 공간이 바로 남중국해이다.

2) 중국의 회색지대 전략

중국은 2006년 후진타오가 '해양 강국' 건설을 선언하면서 해군의 주된 임무를 '해안 방위'에서 '적극적 연안 방위'로 전환했다. 그리고 2009년 건국 60주년을 맞아 대양해군 건설을 공식화하면서 공세적인 해양 정책을 추구하기 시작했다. 이후 오래전에 수립된 제1, 2 도련선(島鏈線) 수호 전략을 구체화하는 해군력 강화를 본격적으로 추진했고, 군대 편제도 육군에서 해군 중심으로 전환하는 등 군사 강국 전략을 꾸준히 추진해 오고 있다. 동시에 일대일로 등 경제력을 앞세운 매력 공세를 통해 대외 영향력을 확장하고 있다. 그러자 미국은 이를 회색지대 전략이라고 새롭게 정의하면서 그 확장을 막으려고 한다.

그런데 중국은 미국이 제기한 회색지대의 등장 배경을 자신들의 입장에서 달리 해석한다. 즉, 이는 미국이 기존 전략으로는 중국과 러시아 등 도전 세력을 억제할 수 없는 현실을 반영한 불가피한 전략 변화라고 본다. 냉전 해체 이후 유지되던 단극체제가 무너지고 '다극 경쟁 체제'가 도래하자, '아시아로의 회귀'를 기점으로, 중국과 러시아 및 이란의 도전을 억제하는 전략적 목표를 세운 것이 배경이라는 것이다. 즉, 미국이 남중국해에서 진행한 '살라미전술'에 대한 신뢰 상실, 크림반도 사태에서 어정쩡하게 전개한 '유약한 제재 외교(smallstick diplomacy)' 실패에 대한 미국의 자체 평가가 있었다고 판단한다. 즉, 중국과 러시아 등 소위 국제규범을 흔드는 '수정주의 국가'들의 행동을 제어할 '국제질서 보호·유지자'로서의 전략적 지위를 확보할 필요성 때문에 미국이 새로운 전략으로 전환했다고 본다.

한편 중국은 남중국해 불안정의 원인이 미국의 개입이라고 주장하지만 주변 국가의 호응을 얻지 못하고 있다. 중국은 남중국해에서 미국의 간섭을 배제하고 지배력을 공고히 하려고 시도하지만, 이는 아세안의 반발을 불러오는 가장 중요한 요인이 되고 있다. 이렇게 선린외교의 대상이자 경제적 의존도가 높아진 아세안에서 해양영토 분쟁은 중국을 '딜레마 상황'에 빠지게 했다. 그 돌파 책략이 바로 '회색지대 전략'이다. 그래서 중국은 남중국해 문제를 주권 영역과 비주권 영역으로 분리해 대응하는 '투 트랙(two-track)' 전략을 구사한다. 주권 영역에 해당하는 도서 영유권과 해양 경계선 획정 문제에 대해서는 군사적 대응을 회피하지 않고 제3자의 개입을 단호히 배척하는 '양자 협상'을 추구한다. 이를 위해 하이난섬에 해군기지를 대폭 확충해 남해 함대를 최정예 부대로 육성했고 동시에 러시아와 합동군사훈련을 강화하고 있다. 반면에 비주권 영역인 해양 재난 구조, 해양 환경보호, 해양 안전 등에 대해서는 '다자 협상'과 '협력'을 강조하면서 경제공동체 구축과 '공동부유(共同富裕)' 같은 '프로파간다'를 적극적으로 전개한다.

사실 중국은 이 회색지대 전략을 거의 교과서적으로 실행해 왔다. 먼저 살라미전술과 기정사실화 전술을 포함한 점진적인 확장 전술을 지속하고 있다. 예를 들면, 해상 민병대와 민간 어선이 영해 분쟁지역을 점령하는 비군사적 행위를 통해 상대 국가를 압박한다. 소위 비군사 역량을 동원한 '저강도 압박(lowlevel coercion)'인 것이다. 그러고는 정부가 인공섬을 건설해 '기정사실화', 즉 군히기에 들어간다. 또한 '항행의 자유'를 내세운 미국의 무력시위에 대해서는 군사적 대응은 자제하면서도, 파라셀군도(西沙群島)와 스프래틀리군도(南沙群島)의 작은 섬들을 전격적으로 점령해 서방국가가 대응할 수 없도록 작은 이익을 반복적으로 챙기는 전술을 사용하고 있다.

3) 중국의 영해 주장, 미국의 공해 주장 근거

그렇다면 중국의 인공섬 건설은 왜 문제인가? 중국은 남중국해 인공섬과 간

출지로부터 12해리를 영해라고 주장하며 외국 군함을 포함한 선박의 통항을 통제하고 있다. 그러나 유엔해양법협약(United Nations Convention on the Law of the Sea: UNCLOS) 제13조에서 규정한 간출지를 영해의 기선으로 사용할 수 있는 조건을 충족하지 못하므로, 12해리 영해를 가질 수 없다. 제13조에 따르면, 간조노출지란 썰물일 때는 물 위에 노출되지만, 밀물에는 물에 잠기는 자연적으로 형성된 육지 지역을 말하는데, 그것이 12해리 밖에 있는 경우에는 자체의 영해를 가지지 아니한다라고 규정되어 있다. 따라서 중국의 주장은 국제법을 위반한 것으로 효력이 없다는 의미이다.

그렇지만 중국은 현재 남중국해에서 군사적으로는 열세에 처해 있지만, 시간이 자신의 편이기에 장기적으로 미국을 밀어낼 수 있을 것으로 판단하고 있다. 미국에게는 남중국해가 직접적인 충돌을 불러올 정도의 실익이 없고, 특히 유엔해양법협약을 비준하지 않은 미국이 이 200해리 규정으로 중국을 압박할 명분이 없다는 것이다. 여기에 일대일로 등 지금까지 중국이 추진한 살라미전술을 미국이 효과적으로 억제하지 못했다는 사실도 중국이 자신감을 보이는 요인이다. 또한 중국의 경제협력 논리와 그것을 뒷받침하는 AIIB를 통한 융자가 아세안 각국에서 상당히 인정받고 있는 것도 그런 판단의 한몫을 차지하고 있다.

그러나 현재 중국의 대외 전략은 큰 난관에 부딪혀 있다. 그동안 야심차게 전개해 온 일대일로는 경제 부진과 코로나19 확산 등 돌발 상황이 겹치면서 충분한 자금을 공급할 여력이 없어졌다. 또한 중국 자금으로 사회기반시설을 구축하려던 개발도상국들 역시 경기 침체 장기화로 사업 시급성이 줄었을 뿐만 아니라, 초창기 기대와는 달리 중국의 자금 융자가 무서운 빚이라는 사실을 깨달았다. 여기에 시진핑의 공격적인 대외 정책으로 중국 이미지가 나빠진 것도 추진력을 잃은 중요한 요인이 되었다. 가장 중요한 것은, 중국의 도전 의지를 완전히 꺾어버리겠다는 미국의 일관된 압박 정책이 갈수록 강화된 것이다. 바이든이 주창한 '가치 동맹'은 다른 나라에서 수용할 수밖에 없는 명분이어서, 중국의 '경제 우선 전략'도 그 효과가 크게 반감되고 있다. 특히 코로나19로 인한 중국의 이미지 추락과 세계적인 경제봉쇄는 시장을 무기로 했던 중국의 영향력을 급속히 축소시켰다. 중국은 '백신 외교'를 통해 제3세계를 공략하고는 있지만, 경제 규모가 크고 지정학적 가치가 높은 나라들에 대한 효과적인 접근은 매우 제한적인 상태이다.

무엇보다 중국의 약점은 남중국해에 대한 권리 주장이 국제법의 인정을 받지 못한다는 점이다. 2016년 7월 국제상설중재재판소(Permanent Court of Arbitration: PCA)는 중국이 주장하는 '구단선'이 국제법적 근거가 없다고 결정했다. 이것은 남중국해 분쟁에 대한 미국의 개입 명분을 제공하고, 중국의 이미지를 크게 실추시켰다. 물론 중국은 이 결정이 나오기 전부터 원천적으로 부정하는 태도를 견지했지만, 국제적 위신 추락과 명분 싸움에서 수세적인 입장이 된 것만은 분명하다.

그런데도 중국은 국내법을 적용시켜 남중국해가 자국의 영해라는 점을 기정사실화하려고 한다. 중국은 2021년 4월 외국 선박이 자국 영해로 진입할 때 신고 의무를 강제한 '해상교통안전법'을 개정해 9월 1일부터 시행에 들어갔다. 이 규정에 따르면, 중국이 주장하는 바다로 진입하는 다섯 종류의 선박(잠수함, 핵추진함, 방사성물질 선적함, 원유·화학물질·액화가스 등 위험물질 선적함, 기타 해상교통 안전을 위협할 가능성이 있는 선박)은 중국해사국(中國海事局)에 사전에 신고해야 하며, 신고 내용은 선박명, 콜사인, 위치, 위험화물 정보 등이라고 규정하고 있다. 이 법률이 규정한 영해 범주는 남중국해 등 중국이 영유권을 주장하는 모든 해상이 포함되어 있다. 이로써 중국은 분쟁지역에 대한 통제권을 강화하겠다는 매우 적극적인 의사를 분명히 공포한 것이다.

이는 해상 안전과 해양 생태 보호를 강화한다는 공식 발표와는 달리, 바이든 정부가 남중국해에서 '항행의 자유'를 들어 군사 활동을 강화한 것에 대한 중국의 대응이라고 할 수 있다. 이것은 분쟁지역을 자국 영해로 '기정사실화'하려는 의도가 명백해 주변국의 반발이 클 수밖에 없다. 중국의 '해상교통안전법' 개정안 공포는 위반 선박에 대한 처벌 규정은 없어 다분히 선언적이기는 하지만, 주변국과 남중국해를 이용해 화물을 운송하는 국가들을 상당히 곤란한 시험에 들게 했다. 즉, 국제법이 인정하지 않는 구단선 내로 진입하면서 중국의 요구대로 신고할 경우는 친중국 행위로 인식될 수 있고, 신고하지 않을 경우 중국과 마찰을 감수해야 하는 곤혹스런 상황에 처할 수 있다. 그러나 반대로 이 선언은 중국이 2013년 동중국해에 방공식별구역(Air Defense Identification Zone: ADIZ)을 공표했음에도 미국과 일본 등이 강력히 반발하면서 중국 규정을 무력화시킨 전례와 유사하게 진행될 수도 있다. 즉, 미·일 전투기들은 지금까지도 이 지역을 예고 없이 자유롭게 드나들면서 중국의 ADIZ 선언을 무력화시킨 것과 비슷하게 전개되리라는 예상이다. 그럼에도 중국의 해상교통안전법 규정은 힘이 약한 동남아시아 국가들에게는 대중 정책에 대한 '리트머스 시험지'가 될 가능성이 있는 '강요된 시험'으로 작용하고 있는 것만은 분명한 사실이다.

그렇다면 왜 중국은 남중국해에 진입하는 미국의 '항행의 자유' 작전을 문제 삼는가? 먼저 남중국해가 중국의 12해리 영해 안에 포함되지 않는다는 주장이 매우 신경 쓰이기 때문이다. 이 주장은 2016년 PCA에서 이미 결정이 났기 때문에 중국이 명분에서 밀리는 것은 사실이다. 그러나 중국의 주장이 전혀 근거가 없는 것은 아니고, 중국의 문제 제기에 일리가 있다고 수긍하는 국제법 학자들도 여전히 존재한다. 한편으로는 미국이 중국 국내법 규정을 의도적으로 무시하기 때문에 발생하는 문제도 있다. 즉, 세계를 지배하는 미국은 어느 나라의 간섭도 없는 항행의 자유를 주장하지만, 이것이 꼭 국제법에 부합하는 것만은 아니기 때문이다. 미국은 해양을 맞대고 있는 주변국이 적어 12해리가 겹치는 곳이 거의 없기도 하지만, 패권국의 입장에서 어떤 경우든 타국의 허가를 받지 않고 군함을 마음대로 투입하려고 하기 때문에 유엔해양법협약을 비준하지도 않고 있을 뿐만 아니라 타국의 법률을 인정하지 않는다는 것이다. 이에 비해 중국은 12해리까지는 영해라는 유엔해양법협약에 따라 제정해 1992년 발효된 '영해 및 접속수역법' 제6조에 "외국 군함이 중국 영해에 진입하려면 중국 정부의 허가를 얻어야 한다"라고 규정하고 있다. 그러므로 중국의 법률에 따른 관할권 행사는 적법하다는 주장이다. 그러나 미국은 이런 중국의 국내법이 국제법에 부합하지 않는다면서 '무해통항권' 행사는 자유롭게 보장되어야 한다고 강조한다. 즉, 중국이 '허가' 절차를 통해 외국 군함의 무해통항권을 통제하는 것은 과도한 권리행사라는 입장이다. 결국 미·중 모두 자국에 유리한 해석으로 선전전을 펼치면서 자유항행과 영해 진입 신고를 강제하고 있어 이 논란은 당분간 계속될 수밖에 없다.

4. 중국의 회색지대 전략 효과 평가

국제법상 충분한 근거를 확보하지 못한 중국이 왜 이렇게 초조함을 이기지 못하고 강경책으로 돌아섬으로써 회색지대 전략 효과를 제대로 발휘하지 못할까? 그것은 중국이 처한 지정학적 한계라는 객관적인 이유가 가장 크게 작용하고 있다. 중국은 한국·일본·필리핀 등 미국의 동맹국들로부터 포위된 형국이라 유사시에 본토가 공격에 노출되는 근본적인 약점을 가지고 있다. 평화 시기에도 중동 석유를 수입하려면 긴 수송로뿐만 아니라 믈라카해협과 남중국해 여러 나라의 바다를 거쳐야 한다. 이런 약점을 극복하기 위해 중국은 제1, 2 도련선 개념을 통해 반접근·지역 거부 전략을 강하게 추진하고 있다. 중국으로서는 이 전략이 생존 전략임과 동시에 태평양 진출을 위한 국가전략으로 절대 포기할 수 없는 사안인 것이다. 그 일환으로 '구단선'을 그어 남중국해의 90%를 자국의 바다라고 무리한 주장을 한다. 그러나 이것은 주변국에 중국에 대한 반감을 키우는 결정적 작용을 했다.

이와 동시에 중국의 소프트파워가 급감하면서 미국의 '가치 동맹' 구호가 상당한 설득력을 갖게 되었다. 일대일로 초기까지는 중국의 회색지대 전략의 살라미전술과 기정사실화 전술이 상당한 효과를 발휘했으나, 중국의 공세적 군사·외교 방침이 오히려 이 전략 효과를 소실시켜버리는 역설을 낳고 있다. AIIB

에 아세안이 모두 가입한 것이 회색지대 전략의 승리라고 한다면, 최근의 일대일로 협력 거부 사례는 이 전략의 가치가 퇴색하고 있다고 볼 수 있다. 즉, 중국은 풍부한 외환 보유를 바탕으로 '도광양회'와 '화평굴기(和平崛起)'를 내세우는 부드러운 이미지를 연출할 때 회색지대 전략이 성과를 냈지만, '강군몽(强軍夢)'과 '분발유위'를 강조하며 강경한 이미지가 부각될 때는 오히려 남중국해에서 미국의 회색지대 전략이 성과를 내고 있다. 그런 면에서 남중국해에서 시진핑의 대외 전략은 실패하고 있다고 평가할 수 있다. 다시 말해, WTO 가입 이후 15년 정도 성과를 낸 회색지대 전략이 최근 몇 년 사이에 주도권을 미국에 넘겨주었다고 할 수 있다.

참고문헌

권재범. (2020). 「베트남과 아시아·태평양지역 국가 간 전략적 파트너십 확대연구: 중국의 부상에 대한 베트남의 대응 측면을 중심으로」. ≪한국동북아논총≫, 제25권, 제3호.

김덕기. (2018). 「미국의 남중국해 '항행의 자유 작전'과 중국의 대응이 주는 함의」. ≪군사논단≫, 제96호.

김상걸. (2021). 「미국, 중국, 러시아 및 중동의 법률전(Lawfare) 실행」. ≪미국헌법연구≫, 제32권, 제1호.

김석수. (2014). 「남중국해 분쟁과 미중의 전략적 경쟁」. ≪동남아연구≫, 제24권, 제2호.

_____. (2016). 「남중국해 분쟁 해결과 아세안 방식」. ≪세계지역연구논총≫, 제34집, 제1호.

_____. (2016). 「남중국해 분쟁과 베트남의 전략」. ≪동남아시아연구≫, 제26권, 제4호.

김성철. (2018). 「남중국해 분쟁과 베트남의 대중국 헤징」. ≪중소연구≫, 제41권, 제4호.

김원희. (2017). 「국제법상 해양에 대한 역사적 권리의 성격과 범위」. ≪영토해양연구≫, 제13권.

김현승. (2017). 「미해군 수상함부대 전략 평가 및 한국 해군에게 주는 시사점」. ≪STRATEGY 21≫, 통권 제41호.

박광섭. (2021). 「필리핀 두테르테 행정부의 방문군지위협정(VFA) 파기문제 연구」. ≪국방정책연구≫, 제37권, 제1호.

박용현. (2019). 「남중국해 분쟁의 평화적 해결방안 모색」. ≪베트남연구≫, 제17권, 제1호.

변창구. (2013). 「중국의 공세적 남중국해 정책과 미·중관계」. ≪한국동북아논총≫, 제69호.

_____. (2016). 「미중 패권경쟁과 남중국해 분쟁: 실태와 전망」. ≪한국동북아논총≫, 제79호.

신종호 외. (2021). 『강대국 경쟁과 관련국의 대응: 역사적 사례와 시사점』. 서울: 통일연구원.

윤석준. (2009). 「동아시아 해군력 현대화 추세와 전망」. ≪국방연구≫, 제52권, 제2호.

윤지원. (2017). 「남중국해 영유권 분쟁의 변환과 필리핀의 전략적 선택」. ≪국방과 기술≫, 제460호.

이동률. (2017). 「시진핑 정부 '해양강국' 구상의 지경학적 접근과 지정학적 딜레마」. ≪국제정치논총≫, 제57권, 제2호.

_____. (2019). 「남중국해 분쟁에서의 중국의 전략과 딜레마」. ≪의정논총≫, 제14권, 제1호.

이재현. (2020). "필리핀-미국 방문군협정(VFA) 폐기: 양자 군사동맹에 대한 함의와 미래". 아산정책연구원 이슈브리프.

이학수. (2018). 「남중국해 해양분쟁 연구: 시사군도와 난사군도를 중심으로」. ≪인문사회과학연구≫, 제19권, 제1호.

정구연. (2018). 「미중 세력전이와 미국 해양전략의 변화: 회색지대 갈등을 중심으로」. ≪국가전략≫, 제24권, 제3호.

타이, 마이클(Michael Tai). (2020). 『동·남중국해, 힘과 힘이 맞서다』. 서울: 메디치.

프레이블, 테일러(Taylor Fravel). (2021). 『중국의 영토분쟁: 타협과 무력충돌의 메커니즘』. 서울: 김앤김북스.

황원준. (2021). 「회색지대 현상타파 전략: 살라미전술과 기정사실화」. ≪한국군사논총≫, 제77집, 제2권.

≪연합뉴스≫. https://www.yna.co.kr/view/AKR20210604061400074?section=search(검색일: 2021. 9.10).

≪news1≫. www.news1.kr/articles/?4414265(검색일: 2021.9.10).

刘金波. (2018).「美国之于南海的"灰色地带"战略」.≪海南热带海洋学院学报≫, 第25卷, 第6期.

中华人民共和国商务部网站. http://www.mofcom.gov.cn/.

中华人民共和国商务部中国对外直接投资统计公报. http://hzs.mofcom.gov.cn/.

Department of Tourism, Republic of the Philippines. http://www.tourism.gov.ph/tourism_dem_sup_pub.aspx.

제2장

아세안 국가들의 헤징과 대미·대중 군사 외교*

정구연 | 강원대학교 정치외교학과 교수

미·중 경쟁이 심화됨에 따라 동아시아 국가들의 헤징(hedging)이 확대되고 있다. 헤징이란 위험의 분산을 의미하며, 이는 미·중 경쟁의 결과가 불확실한 상황 속에서 역내 국가들이 쉽사리 특정 국가에 편승하거나 균형 전략을 채택하기 어렵다는 판단에 근거한다. 미국의 쇠퇴와 중국의 부상, 역내 국가들의 헤징으로 요약되는 동아시아 안보 환경은 향후 어떻게 변화할 것인가? 러시아의 우크라이나 침공 및 중국의 권위주의 심화에 대응하기 위한 미국의 가치 외교 수행, 그리고 민주주의 동류 국가들의 결집은 역내 국가들에게 전략적 선택의 압박을 가중시키고 있다. 이러한 맥락에서 본 장은 아세안(ASEAN) 국가들의 헤징을 사례로 향후 동아시아 질서 변화의 방향을 예측해 본다. 또한 헤징의 사례로서 아세안 국가들의 대미·대중 군사 외교의 현황과 그로부터의 전략적 함의를 논의한다.

---

* 이 글은 ≪한국동북아논총≫, 제25권, 제2호(2020)에 발표된 논문 「아세안(ASEAN) 국가들의 헤징과 동아시아 안보아키텍처의 변화 전망: 대미·대중 군사외교를 중심으로」를 기초로 재구성되었음을 밝힌다.

1. 선별적 현상변경 국가 중국과 이에 대한 미국의 대응

중국은 미국이 제2차 세계대전 이후 구축해 온 자유 국제주의 질서를 변경시키고자 하는 현상변경 국가(revisionist state)로 정의된다(Glaser, 2019). 즉, 중국은 기존의 질서를 전복시키고자 하는 혁명적 국가(revolutionary state)는 아니지만, 미국 주도의 규칙 기반 질서, 그중에서도 미국이 이끄는 동맹 체제와 제도, 보편적 가치 및 규범을 반영한 질서에 대해 동의하지 않는 선별적 현상변경 국가(selective revisionist state)인 것이다. 특히 중국은 외부 세력의 주권 침해를 정당화할 수 있는 보호책임규범(Responsibility to Protect: R2P), 민주주의 확산, 인권보호 등의 규범과 가치에 대해 강력히 반대한다. 예컨대 중국 시진핑 주석은 지난 2014년 아시아 교류 및 신뢰 구축회의(Conference on Interaction and Confidence-building Measures in Asia: CICA)에서의 연설을 통해 "아시아의 안보를 지키고, 아시아의 문제를 스스로 해결하며 아시아를 스스로 운영하는 지역 안보 아키텍처 구축"을 제안하기도 했는데, 이것은 궁극적으로 아시아 역내 작동하고 있는 미국의 질서와 이를 이끄는 미국의 글로벌 리더십을 배제하기 위한 시도로 해석되었다(Xi Jinping, 2014).

이러한 맥락에서 2017년 발간된 미국의 「국가안보전략보고서(2017 National Security Strategy Report)」는 중국을 미국이 추구하는 이익과 가치의 정반대 방향으로 국제질서를 재편하고자 하는 국가로 적시했다(The White House, 2017). 미국은 중국이 주변국에 대한 관여(engagement)와 강압(coercion), 동맹 분할(alliance splitting)의 전략을 통해 지역 재구조화(regional restructuring)를 시도한다고 주장해 왔다(Bergerson, 2016). 이러한 지역 재구조화는 중국의 역내 군사력 투사의 걸림돌인 미국의 동아시아 동맹 체제를 약화시키고, 반접근·지역 거부(A2AD) 또는 반개입(counter-intervention) 전략을 통한 미국의 동아시아 역내 접근성 제약을 주요 목표로 삼는다(Yan, 2019). 허브 앤드 스포크(hub and spoke) 형태를 띤 미국의 동아시아 동맹 체제는 다음과 같은 이유로 중국에게 위협적으로 인식되었는데, 첫째, 중국과 분쟁 중인 역내 주변국은 대부분 미국의 동맹국이거나 긴밀한 안보협력을 유지하는 국가들이다. 결과적으로 이들과의 분쟁은 미·중 간의 갈등으로 고조될 가능성이 있다. 둘째, 미국의 동아시아 동맹 체제에 속한 국가들은 미국과의 안보협력, 특히 미국의 확장억제 제공으로 인해 대외 정책적 적극성이 강화되고 있다. 이에 따라 중국은 동아시아 역내 미국 동맹국의 군사시설에 대한 미국의 접근성을 제약함으로서 평시 미국의 대중 봉쇄뿐만 아니라 역내 갈등 고조 시 미국의 개입 가능성을 차단하고자 하며 궁극적으로 미·중 간의 전면전 가능성을 예방하고자 한다.

우선 중국은 관여 차원에서 동아시아 지역 내 다양한 대화체, 지역 기구들에 적극적으로 참여하고 있다. 동아시아는 '경쟁적 다자주의(contested multilateralism)' 혹은 '경쟁적 지역주의(rival regionalism)' 개념을 통해 설명될 정도로 다양한 지역 기구들이 존재한다(Bisley, 2019; He, 2019). 그중에 중국은 자국이 주도하는 지역 기구들, 예컨대 아시아인프라투자은행(AIIB), 상하이협력기구(Shanghai Cooperation Organization: SCO), 아시아 교류 및 신뢰 구축회의 등을 통해 역내 국가들에 대한 관여를 확대하고 있다. 이와 같이 중국의 제도적 관여가 확대될 경우 역내 세력균형의 변화는 오히려 안정적일 것이라는 예측도 존재한다(Yeo, 2008). 그러나 관여와 더불어 수행되는 중국의 강압 전략은 무력 사용과 경제제재 조치를 포함하며, 이를 통해 역내 국가들의 행동반경을 제약하려 한다. 예컨대 2010년 일본 해양경비대와 중국 어선 간의 동중국해 충돌 사건 이후 중국은 일본으로의 광물 수출을 금지한 바 있다(Glaser, 2012). 또한 중국의 동맹 분할 전략은 역내 미국 동맹국 및 파트너 국가들 간의 갈등을 고조시켜 미국의 동맹 체제에 균열을 만들려는 시도를 의미한다. 예컨대 중국이 아세안 국가들과 남중국해 행동강령(Code of Conduct in the South China Sea: COC) 작성 당시 아세안 국가들과 역외 국가, 즉 미국과의 에너지 공동 개발 및 연합 군사훈련 금지 조항을 제시했던 사례가 이에 해당될 것이다(White, 2013).

요컨대 이와 같은 중국의 관여, 강압과 동맹 분할 전략은 미국이 전략적 우위를 유지해 왔던 동아시아 지역을 재구조화하려는 의도를 갖고 있다. 이를 통해 중국에게 우호적인 전략 환경을 형성하고자 하는데, 이를 위해서는 아세안 회원국에 대한 관여를 통해 제휴(alignment) 네트워크를 확대하는 것이 중요하다. 동아시아 역내 미·중 간 무력 갈등 상황이 발생할 경우, 전쟁 수행 과정상의 지원뿐만 아니라 자국의 정책적 입장을 지지해 줄 역내 파트너가 필요하기 때문이다.

한편 도널드 트럼프 전 미국 대통령은 미국우선주의(America first)를 강조하며, 축소(retrenchment)와 재조정(realignment)의 요소가 결합된 정책들을 제시했다. 이러한 대외 정책 기조는 미국의 단극적 세력 균형이 약화되며 군사, 경제, 외교 등 다양한 영역에서 미국에 집중되어 있던 권력자원이 분산되고 있다는 판단에 근거한다. 이에 따라 미국은 우위(primacy)를 회복하기 위한 대외 정책 축소와 제휴 관계의 재조정을 시도했다. 우선 축소적 대외 정책은 부상하는 중국과 러시아와의 경쟁에 미국의 제한적인 자원을 집중하기 위한 목적을 갖고 있었다. 또한 우위를 달성하는 경쟁 과정에서 미국의 전통적 동맹국들과 지역 안보 아키텍처에 의존하기보다는 양자적 협상을 우선시했으며, 미국의 우위를 회복하기 위해 그 어떤 국가와도 협력할 수 있다는 의미에서의 제휴 재조정이 이루어졌다. 그러나 오히려 이러한 정책으로 인해 미국의 글로벌 리더십은 약화되었고 권력 공백도 일부 지역에서 관찰되었다.

도널드 트럼프 전 대통령의 뒤를 이은 조 바이든 대통령은 강대국 경쟁이 더욱 심화된 안보 환경을 마주하고 있다. 이에 대한 해결책으로 다자주의 및 동맹 협력 복원, 그리고 외교적 해법을 강조하고 있다. 물론 미·중 강대국 경쟁으로 인한 일정 수준의 디커플링은 불가피하다는 점을 자인하고 있으나, 미·중 경쟁에서의 우위를 회복하겠다는 의지를 보이고 있다. 실제로 바이든 대통령은 2021년 3월 25일 취임 이후 첫 기자회견을 통해 "내 임기 안에 중국이 세계 최강대국이 되는 일은 없을 것"이라고 밝힌 바 있다.

요컨대 현재의 미·중 경쟁은 군사, 경제, 외교 등 전방위에서 일어나고 있으며, 중국의 선별적 수정주의 경향은 더욱 강화될 것으로 예측된다. 중국은 자유 국제주의 질서로부터 혜택을 받아온 것은 사실이나, 여전히 가치와 규범 그리고 미국의 동맹 체제에 기반한 질서를 수용하지 않는다. 이에 따라 기존 질서의 선별적 수정을 시도하고 있으며, 이를 위해 미국이 주도해 온 지역 안보 아키텍처를 약화시키고 중국의 영향력을 확대할 수 있는 제도와 기구, 대화체를 구축하며 대미 제도적 균형을 시도하고 있다고 볼 수 있다.

2. 헤징의 확산과 결정요인

미·중 경쟁이 심화됨에 따라, 역내 중견국과 약소국 들의 대외 정책에 관한 관심도 높아졌다. 강대국 간 세력균형 변화는 분명 국제질서의 구조를 변화시키지만, 나머지 국가들의 전략적 선택과 제휴 역시 그러한 구조적 변화에 영향을 줄 수 있기 때문이다. 브루나이, 싱가포르, 말레이시아, 필리핀, 태국, 인도네시아, 캄보디아, 라오스, 미얀마, 베트남의 10개국으로 구성된 아세안 국가들의 대외 정책은 그러한 맥락에서 매우 중요하며, 이는 헤징과 균형, 그리고 편승의 개념을 통해 유형화되었다. 그중 남중국해에 인접한 아세안 국가들은 중국의 위협에 대응하기 위해 미국과의 안보협력을 시도했다는 점에 있어 대중국 균형 정책을 취했다고 평가되었다(Emmers, 2003; Friedberg, 2012; Ross, 2006). 반면 중국과 공유하는 역사적 유산과 문화, 중국과의 비대칭적 세력 분포 및 지역 인프라 이니셔티브 참여 등으로 인해 내륙의 일부 아세안 국가들은 중국에 편승할 것이라는 예측도 존재했다(Kang, 2003; Womack, 2003). 그 외 다수의 아세안 국가들은 헤징을 추구하는데, 이때의 헤징이란 위험의 분산과 상쇄를 목표로 한다. 헤징은 특정 강대국에 대해 편승 혹은 균형을 시도할 때 초래되는 정치적 자율성과 안보 이익 간의 상쇄 효과를 최소화하기 위해, 강대국들과 공유하는 전략적 이익에 대해 의도적으로 모호한 태도를 취하는 것이다(Lim and Cooper, 2015). 이를 통해 특정 강대국의 동남아시아 지역에 대한 독점적 영향력 행사를 제약하려 한다(Acharya and See, 2006). 헤징의 예로서 아세안과 미·중 간의 합동군사훈련을 들 수 있다. 예컨대 2019년 9월 아세안과 미국은 '아세안·미국 해상 훈련(ASEAN-United States Maritime Exercise: AUMX)'을 최초로 수행했다. 물론 아세안은 이미 2018년 중국 광둥(廣東) 지방 연안에서 유사한 해상 훈련을 중국과 함께 치른 바 있다. 비록 2019년 아세안·미국 해상 훈련의 규모는 2018년 중국과 아세안 훈련에 비해 상대적으로 그 규모가 작았으나(Pongsudhirak, 2019), 아세안 10개국이 모두 참여했고, 이들 국가의 함정과 항공기가 참가했으며 각종 해상 전술 숙달, 참가국 간 상호운용성 검증 등 저강도 전술훈련이 수행되었다. 훈련 장소 역시 남중국해 근해에서 실시되었고, 훈련 직전 인도·태평양 지역 합참의장 회의를 방콕에서 개최해 미국의 인도·태평양 전략 구현을 위한 역내 국가들과의 공감대도 형성했다(한국군사문제연구원, 2019). 이러한 형태의 아세안·미국 해상 훈련은 미국이 주도하는 항행의 자유 작전보다 중국에게 덜 위협적으로 인식되는 한편, 아세안은 미국과의 안보협력을 통해서 대중국 간접 균형도 가능했다. 그러나 2019년 아세안·미국 해상 훈련 사례를 아세안 국가들의 대미 편승으로 설명하기는 어렵다. 다만 중국의 남중국해 역내 현상변경을 위한 강압 행위가 점차 확대되고 있기 때문에, 이에 대응하기 위해 아세안은 미국과 더 높은 수준의 제휴가 불가피했음을 보여준다. 즉, 아세안 국가들은 미·중 양국의 역내 평형을 위한 헤징을 수행함으로써 양국으로부터의 정치적 자율성을 확보하고, 동시에 역내 물리적 갈등 발생 가능성은 미·중 양국의 일방주의적 행동을 그 원인으로 환원시키고자 했다. 또한 아세안 국가들은 이를 통해 아세안이 미·중 간 선택의 압박을 강요받는다는 세간의 인식도 불식시키고자 한 것으로 설명해야 할 것이다.

이론적으로 헤징은 다음과 같은 상황에 처한 중소국들이 수행할 가능성이 높다. 첫째, 전통적인 세력전이 이론은 패권국가와 부상하는 강대국 사이의 세력전이 과정에서 나타나는 불확실성에 대응하기 위해 중소국들이 헤징 전략을 취할 것으로 예측해 왔다. 최근의 논의는 이를 더욱 구체화해, 다극체제의 형성 가능성으로 인한 불확실성을 지적한다. 즉, 세력전이의 결과가 단극적 패권 체제가 아닌 다극체제의 형성으로 이어질 경우, 다극체제하에서의 국가 간 불신과 배신의 가능성으로 인해 국가들은 영구적인 동맹 체제를 형성하지 않는다는 것이며, 그러한 차원에서 헤징은 더욱 확대될 공산이 크다는 주장이다.

둘째, 국방력이 강할수록 헤징을 수행할 확률이 높다. 중소 국가는 부상하는 현상변경 국가에 대항하기 위해 패권국에 대한 무조건적 편승을 시도하지 않는다. 기존의 동맹 이론은 중소국의 패권국 편승 가능성이 존재한다고 주장하지만, 실제 중소국은 강대국에 대한 편승을 주저해 왔다. 예컨대 필리핀의 경우 중국의 군사적 굴기를 우려함에도 불구하고 미국에 대한 온전한 편승을 시도하지 않았으며, 오히려 미국과의 동맹 공약 확대에 대해 주저하는 모습을 보였다.

마지막으로 동남아시아 역내 아세안 중심 안보 아키텍처는 중국과 미국 등 아세안 역외 행위자가 형성한 동아시아 경제·안보 아키텍처와 중첩해 있다. 또한 경제 영역과 안보 영역의 아키텍처는 이원화해 있으며 그 발전의 수준도 상이하다. 한편 아세안을 중심으로 한 지역 안보 아키텍처는 아세안 내부의 비구속적 정책 결정 과정에서 노정되는 불확실성 그리고 집합적 국력의 열세로 인해 제도적 균형 과정에서 영향력을 발휘하고 있지 못하다. 그러한 점에 있어 아세안 등 전통적인 동남아시아 지역 안보 아키텍처는 점차 약화될 것이라는 현실주의적 예측도 존재한다(Pempel, 2010). 이러한 상황 속에서 아세안 국가들은 구속적·장기적인 공약을 약속하기보다는 헤징 차원에서 단기적인 제휴를 빈번하게 시도할 것이라 예측할 수 있다.

3. 아세안 국가들의 대미·대중 안보협력

아세안 국가들은 강대국들과의 관계 속에서 중립(neutrality)을 유지할 수 있는 전략적 평형 상태를 선호해 왔다. 특히 미·중 경쟁의 맥락에서 이들은 양국 관계가 극도로 갈등적이지도, 협력적이지도 않은 평형 상태를 선호해 왔다 (Emmers, 2018; Murphy, 2010). 이는 미·중 양국과 제휴해 중소국의 자율권이 침해당할 가능성, 혹은 미·중 양국의 갈등 수준이 높아져 중소국에게 양국 사이 선택을 강요할 가능성 때문이다. 강대국의 관계가 평형을 유지해야만 중소국은 강대국 관계 속에서의 중립을 유지할 수 있을 뿐 아니라 이들로부터의 이익도 취할 수 있다. 실제로 아세안 국가들은 중국에게 완전히 편승하기도, 미국과 함께 대중 균형 정책을 취하기도 어려운 상황이다. 중국에게 편승한다면 중국의 아세안 역내 영향력을 수용하는 셈이 되는 한편, 미국과 함께 대중 균형을 시도한다면 아세안이 주도하는 역내 지역 안보 아키텍처 구축 시도가 무산될 것이기 때문이다(Acharya, 2009).

더욱이 지금의 강대국 경쟁 상황을 단순히 미·중 양국 간 경쟁으로 환원하는 것에 대해 아세안 국가들은 동의하지 않으며, '미·중 간 선택의 압력'에 노출되어 있다는 세간의 우려는 역내 강대국 경쟁의 양상을 지극히 단순화한 것이라 주장한다(Parameswaran, 2019). 아세안 역내 구조는 서구의 국제정치학이 제시하는 다극체제(multipolarity)라는 개념보다는 다중성(multiplexity), 즉 국가 및 국가 이외의 행위자들이 다양한 관계를 형성하고 있다는 개념을 통해 좀 더 잘 설명할 수 있다는 것이다. 이러한 인식을 바탕으로, 아세안 국가들은 미·중 양국뿐만 아니라 주변 주요 국가들을 아세안 역내로 최대한 많이 관여시키는 포괄적 대외 협력 방식(omni-enmeshment)을 채택해 역내 강대국 간 평형을 도모하려 한다(배기현, 2015). 이를 통해 아세안 국가들이 강대국 일방의 영향력에 좌우되지 않고, 비록 중소국이지만 자국의 입지가 상대적으로 소외당하지 않을 수 있는 지역 기구로서 아세안을 발전시키고자 한다. 결과적으로 아세안 국가들은 불확실한 미·중 경쟁 상황뿐만 아니라 동남아시아에 접근하는 역외 국가 및 행위자 들의 다양한 이니셔티브를 어떻게 관리할 수 있을 것인가, 그리고 그러한 과정에서 아세안 중심성(ASEAN centrality)을 유지하는 역량을 갖출 수 있는지 여부에 따라 아세안 역내 지역 안보 아키텍처의 자율성의 수준이 결정될 것이다.

이러한 맥락에서 아세안 국가들은 주변국들과의 군사 외교를 수행해 왔는데, 이때의 군사 외교란 외교적 목표 달성을 위한 설득 혹은 소프트파워 투사 수단으로 군사적 자산을 활용하는 것을 의미한다(Hills, 2000). 예컨대 양자 혹은 다자 합동군사훈련 및 교육, 문민통제 교육, 군사원조, 군인사 교환 및 파견 등의 조치를 포함한다. 이러한 군사 외교는 대개 신뢰 구축과 갈등 예방을 목표로 하기 때문에, 아세안 국가들의 군사 외교는 적극적으로 지역 안보 현안을 다루고자 하는 의지를 보여준다고 해석할 수 있다. 물론 군사적 역량이 취약한 일부 아세안 회원국들에게는 저비용·저위험의 강대국 제휴 수단이기도 하다(Laksmana, 2011: 75).

미·중 양국은 아세안과의 군사 외교에 호의적이다. 우선 미국의 경우, 동남아시아 국가와의 군사 외교를 통해 ① 미국의 국가이익을 구현할 수 있는 안보 협력 관계 형성, ② 동맹국 및 파트너국의 국방력 강화 및 연합작전 역량 제고, ③ 정보 공유를 통한 안보 위협 인식 확대, ④ 평시 및 위기 시 접근성 확대 등의 목표를 달성할 수 있을 것이라 생각한다(US Department of State, 2008). 이러한 목표를 바탕으로 미국은 역내 작전 시 접근성 확보, 작전 역량 강화, 상호운용성 제고, 정보 공유 확대, 지역 수준 신뢰 구축, 국방 개혁 및 국제 안보 기술 협력 등 다양한 영역에서의 협력을 유도하고 있다. 대표적으로 태국, 필리핀 등 기존의 조약 기반 동맹국들에 대한 관여 차원의 군사 외교가 진행되고 있으며, 싱가포르의 경우 동맹국은 아니지만 2005년 체결한 '전략적 기본 협정(Strategic Framework Agreement)'에 따라 R&D 개발, 연합군사훈련, 대량살상무기 비확산 및 반테러 작전 등의 분야에서 협력을 수행하고 있다. 또한 미국은 기항(port call)을 통해 접근성을 확대시키려 한다. 1991년 수비크(Subic)만에서 철수한 이후로 미국은 더 이상 동남아시아 지역에서 공식적인 작전기지를 보유하고 있지 않다. 다만 전방 작전지역에서의 위기 상황 발생 시 작전 수행을 위한 접근성은 유지하고 있다. 실제로 미 해군은 매년 동남아시아 지역의 군항을 수백여 차례 방문하고 있으며, 싱가포르에만 매년 130여 차례 방문한다. 특히 싱가포르의 경우 미국 제7함대 군수지원을 위해 1992년 서태평양군수사령관 본부(Commander, Logistics Group, Western Pacific: COMLOG WESTPAC)를 셈바왕(Sembawang)에 설치했다. 태국은 미국의 이라크 및 아프가니스탄 작전 수행을 위해 공군기지 사용을 허락해 주고 있으며, 미국은 또한 매년 코브라골드(Cobra Gold) 및 코프타이거(Cope Tiger) 연합군사훈련을 위해 태국을 방문하고 있다.

또한 아세안과 미국의 합동군사훈련은 태국과 미국 태평양사령부가 1982년부터 공동으로 수행해 온 코브라골드 훈련, 1995년부터 시작된 코프타이거 훈련, 캐럿(Cooperation Afloat Readiness and Training: CARAT) 및 시캣(Southeast Asia Cooperation Against Terrorism: SEACAT) 등을 그 예로 들 수 있다. 훈련 이외의 군사 외교는 미국의 대외 군사 수출(foreign military sales)과 국제군사교육훈련(International Military Education & Training: IMET) 프로그램을 통해 이뤄지고 있다. 과거 미국의 동남아시아 지역에 대한 전략적 우선순위는 예상외로 높지 않았으며, 이로 인해 아세안 국가들은 미국이 역내 공약을 유지하고자 하는지 의구심을 제기한 바 있다. 미국의 글로벌 안보협력의 추세를 살펴보면, 이스라엘, 이집트, 아프가니스탄, 이라크 등 중동 지역과 우크라이나 등 러시아의 군사적 강압이 심화되는 동유럽 지역에 우선순위가 놓여 있었기 때문이다(Epstein and Rosen, 2018). 그리고 이러한 의구심이야말로 아세안 국가들이 대미·대중 헤징을 선택하게 하는 불확실성의 요인 중 하나였을 것이다.

한편 중국의 군사 외교는 비교적 최근에서야 활발해졌고, 구체적인 수행 목표와 협력 국가의 범위가 미국과 비교해 제한적이다. 〈표 2-1〉에서 확인할 수 있듯 중국의 군사 외교는 대부분 아시아 국가들과의 활동에 집중되어 있긴 하

표 2-1 중국의 군사 외교 파트너(2002~2018)

순위	국가	지리적 위치	군사훈련	기항	고위급 회의	총계
1	러시아	유럽·아시아	42	1	72	115
2	미국	북미	15	6	92	113
3	파키스탄	아시아	36	10	61	107
4	태국	아시아	21	7	51	79
5	호주	아시아	19	8	46	73
6	싱가포르	아시아	9	9	41	59
7	베트남	아시아	2	4	46	52
8	뉴질랜드	아시아	5	6	37	48
9	인도	아시아	13	4	30	47
10	인도네시아	아시아	8	5	32	45

자료: Saunders and Shyy(2019).

지만, 비전통 안보 현안 협력이 대부분을 차지하고 있다.

중국과 아세안 국가들의 다자 군사 외교는 아세안지역안보포럼(ASEAN Regional Forum: ARF)을 통해 오래전부터 이뤄져온 반면, 양자 군사 외교의 경우 남중국해 영토분쟁과 중국의 군 현대화로 인해 아세안 국가들이 유보적인 태도를 보여왔다. 2001년 태국과의 안보 협의를 기점으로 아세안 국가들의 대중 군사 외교가 시작되었으며, 이후 베트남과 필리핀(2005년), 인도네시아(2006년), 싱가포르(2008년)의 순으로 안보 협의가 시작되었다. 중국은 군사 외교를 통해 ① 중국의 '화평굴기(和平崛起)'를 역내 국가들에게 이해시키고 이를 달성하기 위한 지역 플랫폼을 구축해 역내 국가들의 안보 위협을 상쇄시키고자 했으며, ② 역내 국가들과의 연합군사훈련을 통해 이들의 군사교리와 전술, 역량을 확인하고, ③ 무기 판매를 통해 역내 국가들 사이 정치적 영향력을 확대시키며, ④ 군사원조를 통해 미국 등 전통적인 파트너 국가들과의 관계를 약화시키려 했다(Storey, 2011: 93).

한편 중국의 군사 외교는 중국 주변 국가에 대한 관여 차원에서 실시하지만,

표 2-2 중국과 아세안 국가들의 군사훈련(2008~2017)

파트너 국가	연도	훈련명
태국	2008	Strike 2008
	2010	Blue Strike 2010
	2010	Strike 2010
	2011	Unnamed
	2012	Blue Strike 2012
	2013	Strike 2013
	2014	AHex
	2014	Cobra Gold 2014
	2015	Cobra Gold 2015
	2016	Blue Strike 2016
	2017	Falcon Strike 2017
	2017	Cobra Gold 2017
싱가포르	2009	Cooperation 2009
	2010	Cooperation 2010
	2010	Unnamed
	2014	Cooperation 2014
	2015	Maritime Cooperation 2015
인도네시아	2011	Sharp Knife 2011
	2012	Sharp Knife 2012
	2014	Komodo 2014
	2014	Sharp Knife 2014
	2015	IMDEX Asia
	2016	Western Pacific Naval Symposium
	2016	Komodo 2016
말레이시아	2014	Peace and Friendship 2014

자료: US Department of Defense(2018).

군사 외교의 우선순위는 강대국 정치, 즉 미국, 러시아와의 전략적 관계에 놓여 있다. 그러한 점에 있어 중국의 군사 외교는 양적 성장은 이루고 있으나 역내 중소 국가들에게 실질적 관여의 효과는 없을 것이라는 주장도 존재한다. 예컨대 2008~2017년 사이 총 118회의 타국과의 군사훈련을 실시했는데, 그 가운데 아세안 국가들과의 훈련은 25차례에 불과했던 반면 대부분은 인도, 러시아, 호주 등과의 양·다자 군사훈련이 다수를 차지했다.

중국의 역내 연합군사훈련은 강대국과의 저강도 전투 훈련에 우선순위가 놓여 있으며, 역내 국가들에 대한 무기 수출 역시 미국과 러시아 등 전통적인 무기 수출 국가와 비교해 그 기술혁신의 수준이 높지 않기 때문에 많은 비중을 차지하지는 않는다. 이에 따라 아세안 국가들의 대중 헤징은 헤징 그 자체로 이해해야 할 것이며, 그런 맥락에서 아세안의 대중 군사 외교는 비전통 안보 현안이나 초국가적 안보 위협 또는 북한 문제와 같이 동남아시아 역외 안보 현안 등에 집중될 것이다. 이를 통해 대중 협력의 모멘텀을 유지하는 차원에서의 헤징이 이어질 것이며, 동시에 중국의 동아시아 지역 재구조화 시도에 대응하기 위한 미국과의 안보협력, 즉 간접 균형 역시 수행될 것으로 예측된다.

요컨대 아세안 국가들의 헤징 전략의 배경에는 미·중 경쟁의 심화, 특히 현상변경 강대국으로 부상한 중국의 지역 재구조화 전략이 존재한다. 반면 동아시아 역내 자유주의 질서를 이끌어왔던 미국의 역내 안보 공약과 실질적인 영향력이 상대적으로 약화되고 있다는 것 역시 아세안 국가들의 전략 환경 인식에 불확실성을 가중시키고 있다. 아세안 국가들은 중국과의 남중국해 영토분쟁과 해양 안보 위협, 군 현대화 등으로부터 노정되는 군사적 강압으로 인해 미국과의 군사 외교 전면적 확대에 대해서도 유보적인 입장이다. 다만 간접 균형 차원에서 미국과의 안보협력을 통해 미·중 양국이 역내 균형을 이루도록 하고, 그 안에서 대외적 자율성을 확보하고자 하는 것이 지금의 입장일 것이다. 그러한 차원에서 중국과의 군사 외교는 민감성이 낮은 비전통 안보 현안 등에 국한되고 있으며, 향후로도 전통적 안보 현안에 있어서의 협력으로 격상되기는 어려울 것이다. 그러나 불확실성이 더욱 가중된 동아시아 안보 환경은 당분간 지속될 것이기에, 이러한 안보 환경은 아세안 국가들뿐만 아니라 역내 강대국들에게 있어서도 빈번한 제휴의 기회와 압박을 동시에 가져다줄 것이다.

참고문헌

배기현. (2015). 「아세안 연계성의 정치」. ≪국가전략≫, 제21권, 제1호, 165~195쪽.

한국군사문제연구원. (2019.9.16). "미국과 중국의 아세안과 관계 개선 경쟁". KIMA Newsletter 제 539호.

Acharya, Amitav. (2009). *Constructing a Security Community in Southeast Asia: ASEAN and the problem of regional order*. New York: Routledge.

Acharya, Amitav and See Seng Tan. (2006). "Between Balance and Community: America, ASEAN and the Security of Southeast Asia." *International Relations of the Asia-Pacific*, Vol.6, No.1.

Bergerson, Kristien. (2016). "China's Effort to Counter US Forward Presence in the Asia-Pacific" (March 15, 2016). US-China Economic and Security Review Commission.

Berteau, David and Michael Greene. (2012). "US Force Posture Strategy in the Asia-Pacific Region: An Independent Assessment" (August 2012). Center for Strategic and International Studies.

Bisley, Nick. (2019). "Contested Asia's New Multilateralism." *Pacific Review*, Vol.32, No.2, pp. 221~231.

Emmers, Ralf. (2003). *Cooperative Security and the Balance of Power in ASEAN and the ARF*. New York: Routledge.

_____. (2018). "Unpacking ASEAN Neutrality: The Quest for Autonomy and Impartiality in Southeast Asia." *Contemporary Southeast Asia*, Vol.40, No.3, pp.349~370.

Epstein, Susan and Liana Rosen. (2018). "US Security Assistance and Security Cooperation programs: Overview of Funding Trends" (February 1, 2018). CRS Report.

Friedberg, Aaron. (2012). *A Contest for Supremacy: China, America and the Struggle for Mastery in Asia*. New York: W.W. Norton & Co..

Glaser, Bonnie. (2012). "China's Coercive Economic Diplomacy-A new and worrying trend." Pacific Forum CSIS PacNet, #46.

_____. (2019). "China as a Selective Revisionist Power in the Internationalist Order." *Perspective*, No.21 (April 5, 2019). ISEAS Yusof Ishak Institute.

He, Kai. (2019). "Contested Multilateralism 2.0. and Regional Order Transition: Causes and Implications." *Pacific Review*, Vol.32, No.2, pp.210~220.

Hills, Alice. (2000). "Defense Diplomacy and Security Sector Reform." *Contemporary Security Policy*, Vol.21, No.1, pp.46~67.

Kang, David. (2003). "Getting Asia Wrong: The Need for New Analytical Frameworks." *International Security*, Vol.27, No.4, pp.57~85.

Laksmana, Evan. (2011). "Defence Diplomacy in Southeast Asia: Trend, Prospects and Challenges." in Bhudinbar Singh and See Seng Tan. *From 'Boots' to 'Brogues': The Rise of Defence Diplomacy in Southeast Asia*. RSIS Monograph No.21. Singapore: RSIS.

Legro, Jeffrey. (2007). "What China Will Want: the future intentions of a rising power." *Perspectives on Politics*, Vol.5, No.37, pp.515~534.

Lim, Darren and Zack Cooper. (2015). "Reassessing Hedging: The Logic of Alignment in East Asia." *Security Studies*, Vol.24, pp.696~727.

Murphy, Ann Marie. (2010). "Beyond Balancing and Bandwagoning: Thailand Responds to China's Rule." *Asian Security*, Vol.6, No.1, pp.1~27.

Parameswaran, Prashanth. (2019). "ASEAN's False US-China Choice: Rhetoric and Reality" (November 21, 2019). *The Diplomat*.

Pempel, T.J. (2010). "Soft Balancing, Hedging, and Institutional Darwinism: The Economic-Security Nexus and East Asia Regionalism." *Journal of East Asian Studies*, Vol.10, No.2, pp.209~238.

Pongsudhirak, Thitinan. (2019). "ASEAN Militaries between US, China" (September 6, 2019). *Bangkok Post* .

Posen, Barry. (2009). "Emerging Multipolarity: Why should we care?" *Current History*, Vol.108, No.721, pp.347~352.

Ross, Robert. (2006). "Balance of Power Politics and the Rise of China: Accommodation and Balancing in East Asia." *Security Studies*, Vol.15, No.3, pp.355~395.

Saunders, Phillip C. and Jiunwei Shyy. (2019). "China's Military Diplomacy." in Scott D. McDonald and Michael C. Burgoyne. eds., *China's Global Influence: Perspectives and Recommendation*. Washington D.C.: National Defense University.

Storey, Ian. (2011). "China's Defence Diplomacy in Southeast Asia." in Bhudinbar Singh and See Seng Tan. *From 'Boots' to 'Brogues': The Rise of Defence Diplomacy in Southeast Asia*. RSIS Monograph No.21. Singapore: RSIS.

US Department of Defense. (2018). "Assessment on US Defense Implications of China's Expanding Global Access" (December 2018).

US Department of State, Bureau of Political-military affairs. (2008). "Foreign Military Training I: Operational Benefits to US forces" (January 31, 2008).

White, Hugh. (2013). "Australia's Choice" (September 4, 2013). *Foreign Affairs*.

The White House. (2017). *National Security Strategy of the United States of America*. Washington D.C.: The White House.

Womack, Brantly. (2003). "China and Southeast Asia: Asymmetry, Leadership and Normalcy." *Pacific Affairs*, Vol.76, No.4, pp.529~548.

Wu, Charles Chong-han. (2019). "Why Do States Hedge in East Asia? An Empirical Study on Hedging." *Asian Perspective*, Vol.43, No.3, pp.557~584.

Xi Jinping. (2014). "New Asian Security Concept for New Progress in Security Cooperation." https://www.fmprc.gov.cn/mfa_eng/wjdt_665385/zyjh_665391/201405/t20140527_678163.html.

Yan, Xuetong. (2019). "The Age of Uneasy Peace: Chinese Power in a Divided World." *Foreign Affairs* (January/February 2019).

Yeo, Andrew. (2008). "Overlapping Regionalism in East Asia: Determinants and Potential Effect." *International Relations of the Asia-Pacific*, Vol.87, No.3, pp.18~43.

제3장

남중국해 문제와 중·아세안 관계*

허재철 | 대외경제정책연구원 부연구위원

1. 서론

남중국해는 어업자원이 풍부하고 석유, 천연가스 등 에너지 자원 매장 및 세계적인 무역 항로로서 중요한 전략적 의의를 갖고 있다. 그런 만큼 남중국해와 지리적으로 접해 있는 중국과 동남아시아 국가뿐만 아니라, 한국, 일본, 미국, 호주 등 국가에게 있어서도 이 해역은 중요한 의미를 가질 수밖에 없다.

이렇게 지정학·지경학적으로 중요한 남중국해를 둘러싸고 분쟁이 끊이지 않고 있다. 중국과 대만, 베트남, 필리핀, 말레이시아, 브루나이 등 연안국들은 이 해역에 위치한 도서 및 암초에 대한 영유권을 주장하며 오랫동안 대립해 오고 있고, 중국과 베트남 그리고 중국과 필리핀 사이에서는 물리적 충돌까지 발생한 바 있다. 게다가 최근에는 미·중 전략 경쟁 속에서 중국이 인공섬 건설 등 활발한 해상 활동을 전개하고 있고, 이에 대해 미국이 항행의 자유(Freedom of Navigation Operations: FONOP) 작전 등으로 대응하면서 양측 사이에 일촉즉발

---

*   이 글은 ≪중소연구≫, 통권 제174호(2022)에 발표된 논문 「남중국해 문제를 통해 본 중·아세안 관계와 한국의 대외전략」을 바탕으로 작성한 것이다.

의 긴장감마저 돌고 있다.

이러한 배경 속에서 이 글은 남중국해 문제를 중심으로 중국과 아세안 사이의 정치적 관계를 살펴보고자 한다.

이를 위해 먼저 남중국해 문제가 무엇인지에 대해서 시사군도(西沙群島)와 난사군도(南沙群島), 항행의 자유를 대상으로 역사적 권원 및 국제법적 근거 등을 중심으로 살펴본다. 그리고 남중국해 문제를 해결하기 위해서 직접 관련국인 중국과 아세안 국가들이 어떠한 노력을 전개해 왔는지 살펴보고, 그 속에 담긴 중국과 아세안 각국의 전략적 의도를 파악한다. 또한 미·중 전략 경쟁이 남중국해 문제 및 이와 관련한 중·아세안 관계에 어떤 영향을 끼칠 것인지 전망해 본다.

2. 남중국해 문제

남중국해에는 약 250개의 섬과 암석, 간조노출지 등 많은 해양 지형(maritime features)이 산재해 있다. 그리고 이러한 도서들은 시사군도(Paracel Islands), 난사군도(Spratly Islands), 둥사군도(東沙群島, Pratas Islands), 중사군도(中沙群島, Maccles Field Bank)의 4개 군도를 형성하고 있다(홍성근, 2019: 307~308).

이러한 4개의 군도를 이루고 있는 해양 지형물 중에서 심해로부터 솟아오른 산호 환초(環礁)의 경우, 과거 19세기 이전에는 선박이 자주 좌초하는 위험 해역으로 유명했다. 이들 지역에 대해 중국은 1947년 이래로 남중국해 해역 전체를 포함하는 U자형의 '9단선'(김화진, 2016: 4에서 재인용)을 내세우며 영유권 및 관할권을 주장하고 있고, 이에 대해 필리핀과 베트남은 9단선이 유엔해양법협약(UNCLOS)을 위반하고 있다고 하면서 인정할 수 없다는 입장이다. 이 해역에서 여전히 강력한 영향력을 행사하고 있는 미국도 항행의 자유를 주장하며 중국의 9단선 주장을 비판하고 있다.

그림 3-1 남중국해에 대한 연안국의 해양 경계선 주장

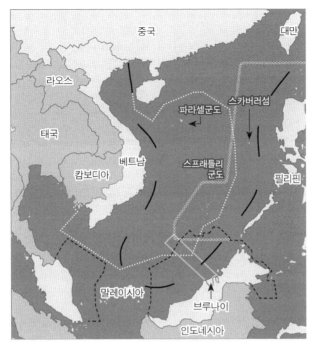

자료: 위키백과.

아래에서는 남중국해 영유권 분쟁의 주요 무대가 되고 있는 시사군도와 난사군도를 중심으로 분쟁의 경과와 현황에 대해 살펴본다.

1) 시사군도

프랑스는 1884년 제2차 후에(Hue) 조약(甲申和約, Treaty of Patenotre)을 통해 베트남을 점령·통치하면서 베트남과 접해 있는 남중국해에 영향력을 행사하기 시작했다(홍성근, 2019: 309에서 재인용). 그리고 20세기 초에 들어서서 일본과 중국도 이 지역에 대해 점차 영향력 확대를 추구하자 이들 사이의 대립과 갈등

이 본격화했다.

일본은 1907년부터 둥사군도에 자국민을 이주시켜 해당 해역에 대한 영향력을 확대하고자 했고, 중국은 1909년 시사군도에 함대를 파견하고 1921년에는 시사군도를 하이난(海南)섬의 행정단위로 편입시키면서 영향력 확대를 노렸다.

이렇게 시사군도를 둘러싸고 프랑스와 중국, 일본 사이의 경쟁이 점차 치열해지는 가운데, 일본은 강력한 해군력을 바탕으로 제2차 세계대전 시기 시사군도를 장악해 이곳을 군사기지로 사용했다. 하지만 일본이 1945년 제2차 세계대전에서 패전해 이곳에서 철수하자, 프랑스와 당시 중국 대륙을 지배하고 있던 국민당 정부(중화민국)가 시사군도의 섬들을 차지하기 위해서 군대를 동원하는 등 격렬하게 대립했다.[1]

한편 제2차 세계대전 종전 이후 베트남에서는 베트민을 중심으로 한 베트남민주공화국(Democratic Republic of Vietnam)이 성립했는데, 일본에게 밀려났던 프랑스가 베트남에 대한 지배권을 되찾고자 하면서 1946년 말부터 양측 사이에 전쟁이 벌어졌다. 이를 제1차 인도차이나전쟁이라고 하는데, 이 전쟁은 8년이나 지속된 후 1954년 5월 프랑스군의 거점인 디엔비엔푸(Dien Bien Phu)가 함락되면서 7월 제네바 합의를 통해 휴전 협정이 성립되었다. 그 결과 베트남은 북위 17도선을 경계로 북베트남과 남베트남으로 분단되었고, 이것이 시사군도에 대한 영유권 분쟁에도 중요한 영향을 끼쳤다(홍성근, 2019: 310에서 재인용).

1956년 프랑스가 베트남에서 철수하던 시기, 남베트남은 시사군도의 서쪽에 있는 크레셴트군도(Crescent Group)를 지배하고 있었고, 중국은 시사군도의 동쪽에 있는 암피트리테군도(Amphitrite Group)를 지배하고 있었다. 그러면서 양측은 시사군도 전체에 대한 영유권을 주장하며 포격전까지 전개했고(홍성근,

---

1   남베트남과 중국이 시사군도를 둘러싸고 대립하고 있는 가운데, 1973년 1월 프랑스 파리에서 평화협정이 체결되면서 8년간 이어졌던 베트남전쟁은 끝나고 미군은 베트남에서 철수했다. 그리고 1975년 4월 30일 북베트남이 무력으로 남베트남을 함락해 통일을 하면서 1976년 베트남사회주의공화국(Socialist Republic of Vietnam)이 탄생했다.

2019: 310에서 재인용-), 이러한 상황은 베트남전쟁 때까지 이어졌다. 특히 1974년 1월에 양측 사이에서 군사적으로 큰 충돌이 발생했는데, 이로 인해 남베트남 측에서는 100여 명의 사상자가 발생했고, 중국 측에서는 18명이 사망하고 67명이 부상을 입었다(홍성근, 2019: 310에서 재인용-). 이 과정에서 중국군은 남베트남군을 물리치고 남베트남이 지배하고 있던 크레센트군도의 패틀섬(Pattle Island, 중국명: 珊瑚島)과 로버트섬(Robert Island, 중국명: 甘泉島) 그리고 머니섬(Money Island, 중국명: 金銀島)을 점령하면서 사실상 시사군도에서의 지배권을 확보하게 되었다.

그 후 1991년 중국과 베트남이 국교 정상화를 이루면서 양국 관계는 전환기를 맞는다. 양국은 1999년 12월에 국경 조약을 체결해 육상에서의 국경 문제를 해결했고, 2000년에는 통킹(Tongking)만의 해양 경계선 문제도 해결했다(홍성근, 2019: 310에서 재인용-). 하지만 시사군도를 둘러싼 양측의 대립은 여전히 해결되지 못하고 있으며, 그런 가운데 중국이 시사군도 전체에 대한 영유권 주장과 관할 활동을 강화하고 있는 상황이다(홍성근, 2019: 309~311; 두산백과).

2) 난사군도

난사군도를 둘러싼 영유권 분쟁은 시사군도에 비해 늦게 촉발되었다. 처음에는 프랑스와 일본 사이에서 먼저 분쟁이 발생했고, 이후 중국과 베트남 그리고 현재는 중국과 베트남, 필리핀, 타이완, 말레이시아, 브루나이 사이에서 영유권 분쟁이 나타나고 있다.

19세기 말 청일전쟁과 20세기 초 러일전쟁에서 승리한 일본은 점차 지역 강대국으로 부상하고 있었고, 강력해진 해군력을 바탕으로 동남아시아 지역에 대해서도 세력을 확장해 나갔다. 1917년경부터 일본인들은 난사군도에서 조류의 배설물이 퇴적해 생긴 조분석(鳥糞石, guano)을 채취했다고 알려지는데, 1920년대에는 아예 일본 정부가 자국민을 이 지역에 보내 거주하게 하면서 난

사군도에 대해 세력을 확장해 나갔다. 이에 베트남을 통치하고 있던 프랑스도 난사군도에 대한 영유권을 주장하며 대응 조치를 취했다. 프랑스는 1930년 4월에 전함을 파견해 난사군도를 점유하고 남중국해 일부 해역에 대한 권리를 선언했으며, 1933년 7월 스프래틀리섬을 포함한 6개 도서를 공식적으로 병합하면서 그 사실을 관보에 게재했다(김화진, 2016: 5). 이렇게 프랑스와 일본이 난사군도를 둘러싸고 대립한 끝에 일본은 1940년 10월 프랑스를 몰아내며 이 해역을 장악했다(ジャパンナレッジ). 당시 일본은 1937년에 둥사군도를, 1939년에는 시사군도를 점령해 남중국해의 전 군도를 점령할 정도로 세력을 확장했으며, 전시에는 난사군도를 잠수함 기지로 사용하기도 했다.

하지만 1945년 일본이 제2차 세계대전에서 패전하면서 난사군도에서 철수했고, 이에 당시 중국 대륙을 지배하고 있던 국민당 정부(중화민국)와 프랑스가 난사군도에 대한 영유권을 주장하며 대립을 하게 되었다. 중화민국은 1946년 12월에 이 해역으로 함정을 보내 난사군도를 점령했고, 1947년에는 남중국해의 대부분을 포함하는 U 자의 구단선이 표시된 지도를 발행하기도 했다(ジャパンナレッジ). 하지만 국민당의 중화민국은 이후 공산당에 패배해 대만으로 밀려났고, 대신 중국 대륙을 장악한 공산당의 중화인민공화국(이하 중국)이 난사군도를 포함한 남중국해 도서들에 대해 영유권을 주장하게 되었다. 특히 중국은 1953년 중화민국과 마찬가지로 남중국해에 구단선을 설정하며 영유권을 주장했다.

한편 제1차 인도차이나전쟁에서 패한 프랑스군이 1956년 베트남에서 철수하자, 남과 북으로 갈라진 베트남의 남베트남군이 프랑스를 대신해서 난사군도의 주요 섬을 점령했다. 남베트남 정부는 1956년과 1973년 두 차례에 걸쳐 칙령을 통해 난사군도에 대한 영유권을 선언했고 이에 대해 중국은 강력하게 반발했다(홍성근, 2019: 311에서 재인용). 그 후 베트남전쟁을 통해 남베트남이 패망하고 북베트남이 무력으로 베트남을 통일하자, 새롭게 성립된 베트남사회주의공화국(Socialist Republic of Vietnam, 이하 베트남)이 시사군도와 난사군도에 대

한 영유권을 주장하며 중국과 대립했다.[2]

마침내 양측은 1988년 3월 난사군도의 일부 도서를 둘러싸고 군사적으로 충돌하기에 이르렀는데, 중국 측 자료에 따르면 이 충돌로 인해 중국군은 1명이 부상을 당했고, 베트남군은 400여 명이 사상을 입었다고 한다(홍성근, 2019: 311에서 재인용). 그리고 이 군사적 충돌의 결과, 중국이 난사군도의 6개 도서를 처음으로 점령하게 되었고, 다음 해인 1989년 1개의 도서를 추가로 점령했다.

이렇게 난사군도의 영유권을 둘러싸고 처음에는 일본과 프랑스가 그리고 이어서 중국과 베트남이 분쟁을 벌어왔는데, 1992년 중국이 난사군도 전체를 자국의 영토로 귀속시키는 영해법을 제정하면서 중국과 베트남을 넘어 주변 연안국 6개국들도 본격적으로 난사군도 영유권 분쟁에 나서게 되었다. 현재 중국과 대만, 베트남은 난사군도 전체에 대해 영유권을 주장하고 있고, 필리핀과 말레이시아, 브루나이는 일부 도서에 대한 영유권을 주장하고 있다.[3]

이상에서 살펴본 바와 같이, 남중국해의 영유권 분쟁은 주로 시사군도와 난사군도를 중심으로 전개되고 있으며, 여기에는 다양한 당사자들이 관련되어 있으나 주로 중국과 베트남 사이에서 첨예한 대립이 있어왔다. 양측의 영유권 주장 근거를 정리하면 〈표 3-1〉, 〈표 3-2〉와 같다.

중국과 베트남의 주장을 종합하면, 시사군도 및 난사군도를 둘러싼 영유권 분쟁은 크게 다음과 같은 쟁점을 가지고 있음을 알 수 있다.

첫째, 영유권을 주장할 수 있는 역사적 권원과 관련해 시사군도에 대한 기록은 중국의 고문헌에서 더 일찍 나타난 것이 사실이나, 그렇다고 이 기록만으로 중국이 시사군도에 대한 주권을 공식적으로 주장했다고 말할 수 있는지 여

---

2   이에 대해 중국은 북베트남이 남북 대치 시기에는 전략적으로 남중국해에 대한 중국의 영유권을 인정하다가, 무력으로 베트남을 통일한 이후에는 기존의 남베트남처럼 통일된 베트남이 시사군도와 난사군도에 대한 영유권을 가지고 있다고 주장한다며 비판한다.

3   현재 베트남 22개, 중국이 14개, 필리핀이 11개, 말레이시아가 10개, 대만이 1개의 해양 지형 (도서, 암석, 암초를 포함)을 점유하고 있다(홍성근, 2019: 312에서 재인용).

표 3-1 시사군도와 난사군도에 대한 베트남의 영유권 주장 근거

- 베트남은 적어도 15세기부터 이 섬들을 발견했거나 인지했음.

- 17세기부터 19세기 말까지 황사대(黃沙隊)와 북해대(北海隊)라는 부대를 보내 황사대는 시사군도를 북해대는 난사군도를 체계적으로 관리했음.

- 19세기에는 난사군도에 표지석을 세우고 사찰을 짓기도 했으며, 지도 제작을 위해 실측을 하는 등 주권 행사를 지속했음.

- 1887년 프랑스가 베트남을 점령한 이후에도 프랑스가 시사군도와 난사군도를 통치했으며 독립 후 이를 베트남이 승계했음.

- 1951년 샌프란시스코 강화조약 체결과 그 이후 프랑스군이 철수한 후에도 베트남은 두 군도에 대한 주권을 재확인하는 조치를 취했음.

자료: 홍성근(2019: 312~313)의 내용을 바탕으로 필자 편집.

표 3-2 시사군도와 난사군도에 대한 중국의 영유권 주장 근거

- 중국은 두 군도를 한나라(BC 202~AD 220) 시대에 발견했으며, 역사적 유적을 통해 5세기부터 청나라 시대까지 중국인들이 이들 섬에서 생활했다는 것을 알 수 있음.

- 두 군도의 섬들에 대한 기록은 8세기 중국의 사서 등에도 나타남.

- 15세기 명나라 시대에는 탐험가 정화(鄭和)가 난사군도를 중국에 편입시킬 것을 조정에 표명했는데, 이는 난사군도에 대한 국가 관할이 있었음을 보여줌.

- 1887년 청불 조약에 의해서도 시사군도와 난사군도가 중국에 속하고, 1909년 청나라 정부는 난사군도와 시사군도, 즉 남해제도(南海諸島)를 중국의 영토라고 선언했으며, 그 후 다른 나라들도 두 군도를 중국의 영토로 인식해 왔음.

- 1947년 중국(중화민국)은 남해제도를 광둥성의 행정 관할로 한다는 명령을 내렸음.

- 1948년에 중국은 점선 11개(U라인)가 표시된 지도를 발행했고, 이 점선 안에 있는 시사군도, 중사군도, 난사군도, 동사군도 등 모든 섬에 대해 영유권을 주장했으며, 국제사회는 이에 대해 어떠한 이의도 제기하지 않았음.

- 1951년 8월 당시 저우언라이 총리는 샌프란시스코 강화조약의 영미 합동 초안에 대해 성명을 발표하면서 난사군도는 중국의 영토라는 점을 피력했음.

- (베트남이 남북으로 분단되어 있을 당시) 북베트남도 남해제도가 중국의 영토라는 것을 승인했었음.

자료: 홍성근(2019: 312~313)의 내용을 바탕으로 필자 편집.

부다. 영유권의 근거가 되는 역사적 권원을 확보하기 위해서는 먼저 발견하고 동시에 공식적으로 주권을 공표해야 하는데, 중국의 고문헌에는 후자가 결여되어 있다고 베트남은 주장한다.

둘째, 1887년 청나라와 프랑스가 체결했던 청불 조약이 베트남 북부와 중국 사이의 통킹만에 대해서만 적용되는지 아니면 남중국해 전체에 적용되는지의 쟁점이다. 베트남은 단지 통킹만 지역에 해당하는 조약이라고 주장하는 반면, 중국은 남중국해 전체에 적용되는 내용이라고 주장한다.

셋째, 베트남이 북과 남으로 분단되어 있었을 당시, 북베트남이 시사군도와 난사군도에 대한 중국의 영유권을 인정했는데 이에 대한 유효성 여부다. 중국은 당시 북베트남의 인식을 시사군도와 난사군도에 대한 중국의 영유권 근거로 삼고 있는 반면, 베트남은 당시 시사군도와 난사군도는 남베트남이 관할하고 있었기 때문에 북베트남은 제3자로서 이들 도서의 영유권과 관련해 아무런 효력이 없다고 주장한다.

넷째, 1951년 체결된 샌프란시스코 강화조약의 모호함 문제이다. 제2차 세계대전에서 패배한 일본은 샌프란시스코 강화조약을 통해 시사군도와 난사군도에 대한 영유권을 포기했는데, 문제는 이를 누구에게 넘겨주었는지를 명확하게 나타내지 않았다는 것이다. 따라서 베트남과 중국은 각각 자국이 영유권을 되찾게 되었다고 주장하고 있다(김화진, 2016: 6~7; 홍성근, 2019: 311~312; ジャパンナレッジ).

3) 항행의 자유 분쟁

남중국해에서는 앞서 살펴본 시사군도와 난사군도에 대한 영유권 분쟁과 함께 최근 새로운 문제가 더 등장했다. 이는 시사군도와 난사군도의 영유권 분쟁과 관련되어 있으면서 동시에 중국의 부상과 이를 견제하고자 하는 미국 사이에서 벌어지는 전략 경쟁의 산물이라고 할 수 있다. 바로 남중국해에서 미군이 전개하고 있는 항행의 자유 작전을 둘러싼 미·중 갈등이다.

중국은 1974년 인근 국가들이 남중국해에 있는 해양영토를 점령할지 모른다는 생각에 자국에서 가장 가까운 시사군도에 진출해 분쟁 중인 섬들을 점령했다. 그리고 오바마 정부 시기 미국이 '아시아 회귀(pivot to Asia) 전략'을 채택하고, 중국의 부상을 견제하기 위한 재균형(rebalancing) 정책을 펼치자 2012년에 필리핀이 점령하고 있던 스카버러섬(Scarborough Shoal, 중국명: 黃巖島)을 탈취했다(이학수, 2018). 이후 중국은 남중국해 전체에 대한 영유권 및 관할권 주장을 더욱 강화하면서 급기야 난사군도의 암초 위에 인공섬을 조성하고 활주로와 레이더 기지 등을 건설하기에 이르렀다.

이렇게 중국의 부상과 이를 견제하기 위한 미국의 전략 조정 그리고 이에 대응한 중국의 남중국해 활동 강화라는 악순환이 이어지는 가운데, 미국은 유엔해양법협약이 규정한 무해통항권(無害通航權, right of innocent passage)을 전면에 내세우면서 2015년 10월부터 중국이 건설하고 있던 남중국해 인공섬 주변(Mischief Reef, 美濟礁)에 본격적으로 군함을 진입시키기 시작했다(이학수, 2018: 63에서 재인용).

이러한 활동에 대해 미국은 "암초는 섬이 아니며 암초에 조성한 섬도 섬이 아니다"라고 하며, 중국이 조성하고 있는 인공섬은 섬이 아니기 때문에 영해를 가질 수 없다고 주장한다. 그러면서 해당 수역은 중국의 영해가 아닌 공해(公海)이기 때문에 정보수집이나 군사 활동은 보장되어야 한다고 주장한다. 또한 설사 인공섬을 국제법이 섬이라고 인정해 영해를 갖는다고 하더라도 미 군함은 무해통항을 했기 때문에 유엔해양법협약에 저촉되지 않는다고 주장한다(이학수, 2018: 66에서 재인용). 유엔해양법협약 제17조 '무해통항권'에서는 "연안국이거나 내륙국이거나 관계없이 모든 국가의 선박은 이 협약에 따라, 영해에서 무해통항권을 향유한다"라고 규정하고 있고, 제19조 제1항 '무해통항의 의미'에서는 "통항은 연안국의 평화, 공공질서 또는 안전을 해치지 아니하는 한 무해하다. 이러한 통항은 이 협약과 그 밖의 국제법 규칙에 따라 이루어진다"라고 규정하고 있기 때문이다.

하지만 중국의 생각은 다르다. 먼저 중국은 유엔해양법협약에 가입도 하지 않은 미국이 유엔해양법협약이 규정한 무해통항권을 주장하는 것은 어불성설이라고 반박한다. 그리고 중국이 난사군도의 암초 및 환초 위에 조성하고 있는 인공섬은 중국이 영유권을 보유한 자연 섬의 중국 영해 안에 위치하고 있기 때문에, 인공섬 조성은 자국 영해 내에서 이뤄지고 있는 합법적 행위로서 유엔해양법협약에 근거한 정당한 주권 행사라고 주장한다(Baidu百科).[4]

이와 함께 남중국해에서 미군이 진행하고 있는 항행의 자유 작전은 다음과 같은 쟁점도 포함하고 있다.

먼저 항행의 자유를 누릴 수 있는 대상에 군함도 포함되는지 여부다(邢廣梅·汪晋楠, 2020: 74). 유엔해양법협약 제17조 무해통항권은 앞서 언급한 것처럼, "연안국이거나 내륙국이거나 관계없이 모든 국가의 선박은 이 협약에 따라, 영해에서 무해통항권을 향유한다"[5]라고 규정하고 있다. 즉, 무해통항권의 대상을 '선박(ships)'으로만 규정하고 있는데, 미국은 이 선박에 군함도 포함된다는 입장이고, 중국은 상선 등 비군사적 용도의 선박만이 대상이라는 입장이다. 유엔해양법협약 제19조는 "연안국의 평화, 공공질서 또는 안전을 해치지 않는" 것이 무해통항의 조건이라고 규정하고 있는데, 미국은 미 군함이 이러한 행위를 하지 않았다는 주장이고, 중국은 군함의 존재 자체가 연안국의 안전에 위협이 된다는 주장이다. 또한 타국의 배타적경제수역(EEZ) 내에서도 미국은 군사 활동이 가능하다는 입장이고, 중국은 연안국의 사전 허가가 필요하다는 입장이다.

다음으로 항행의 자유의 목적과 관련된 문제이다. 과거 국제사회에서 상선이건 군함이건 항행의 자유를 주장하기 위해서는 그 목적이 교역의 자유에 있어야 했고, 다른 대체 항로가 없어 불가피하게 타국의 영해를 통과해야 하는 경우에 한해서였다. 하지만 미국이 현재 실시하고 있는 항행의 자유 작전은 사

---

4   중국은 유엔해양법협약 제13조의 "간조노출지(low-tide elevations)의 전부 또는 일부가 본토나 섬으로부터 영해의 폭을 넘지 아니하는 거리에 위치한 경우 그 간조노출지의 저조선을 영해기선으로 사용할 수 있다"라는 조항을 영유권 주장의 근거로 들고 있다. 즉, 매립 작업이 진행된 곳은 중국이 영유하고 있는 자연 섬의 연장선상에서 이뤄지고 있기 때문에 중국의 영해 안에 들어 있다는 것이다(이학수, 2018: 72에서 재인용).

5   "Subject to this Convention, ships of all States, whether coastal or land-locked, enjoy the right of innocent passage through the territorial sea."

실상 교역의 자유와는 거리가 있으며, 넓은 남중국해에는 다른 대체 항로가 존재하고 있다. 또한 중국은 구단선을 주장하는 것과는 별개로 남중국해에서 항행의 자유가 보장된다고 말하고 있다.[6]

그럼에도 미국의 입장에서 생각해 보면, 중국이 남중국해에서 영향력을 확대해 이 해역을 장악할 경우, 향후에 과연 교역의 자유를 위한 항행의 자유가 보장되리라는 법이 있는가라는 의문을 가질 수 있다. 결국 항행의 자유를 둘러싼 미·중 갈등은 서로에 대한 신뢰 결핍이 그 근본에 자리 잡고 있다고 할 수 있다.

3. 분쟁 해결 노력

남중국해를 둘러싼 분쟁이 중국과 아세안 구성국 사이에서 첨예하게 전개되어 중·아세안 관계에 부정적 요인으로 작용하고 있다. 특히 미·중 전략 경쟁이라는 국제질서의 변화가 더해지면서 이러한 대립은 더욱 복잡하고 첨예하게 전개되는 양상을 보이고 있다.

그럼에도 불구하고 중·아세안 사이에서 남중국해 분쟁을 해결하기 위한 노력도 동시에 진행되고 있는데, 아래에서는 크게 세 가지의 사례를 통해 중·아세안 사이의 남중국해 분쟁 해결 노력에 대해서 살펴본다.

1) 중·베트남의 정치적 타협

중국과 베트남은 오랫동안 육상 경계 및 통킹만에 대한 해상 경계를 둘러싸고 대립을 해왔지만, 이를 평화적으로 해결한 경험이 있다.

---

6   중국 외교부 대변인 자오리젠(趙立堅)은 다음과 같이 말했다. "關于南海問題, 各國依据國際法在南海享有航行與飛越自由, 根本不存在問題, 有關國家對此心知肚明"(中國外交部).

중국과 베트남 사이의 육상 경계는 베트남이 중국으로부터 독립한 10세기부터 형성되었으며, 본격적 논의는 프랑스와 청나라가 프랑스의 베트남 점령을 승인한 1885년 톈진(天津) 조약을 체결하면서 시작되었다(홍성근, 2019: 319에서 재인용).

그 후 1887년과 1895년의 청불 조약을 통해 양국 사이의 국경선이 그어졌는데, 1954년 제네바 합의 이후에 양국 사이의 국경선 문제가 다시 불거지기 시작했다. 중국 측에서는 1887년과 1895년에 획정된 경계가 불평등한 '식민지 국경선'이라며, 국경의 재획정을 요구한 반면(홍성근, 2019: 319에서 재인용), 베트남은 1887년과 1895년 조약의 준수를 요구하며 이에 반대했다. 이러한 대립이 계속되다가 마침내 1991년 중국과 베트남이 국교 정상화를 이루면서 육상 경계선을 둘러싼 협상도 새로운 국면을 맞이하게 되었다. 양국은 경제 및 군사적 요충지 등 분쟁지역에 대한 조정 작업을 거쳐서 1999년 12월 30일 '베트남과 중국 간의 육상 영토 획정에 관한 조약'을 체결함으로써 육상 경계를 비교적 원만하게 매듭지었다(齊鵬飛, 2013: 65).

비슷한 역사적 배경으로 양국 사이의 분쟁지역이 되어왔던 통킹만 부근의 해양 경계 문제도 양국의 국교 정상화를 계기로 빠르게 진전되었다. 중국과 베트남은 각각 1996년과 1994년에 유엔해양법협약을 비준한 후, 1996년 외교적 교섭을 시작해 2000년 12월 25일 마침내 육상 국경에서 통킹만 입구까지 영해와 배타적경제수역, 대륙붕을 획정하는 어업협정을 체결했다. 오랜 기간의 육상, 해상 경계를 둘러싸고 분쟁을 이어왔음에도 불구하고, 국교 정상화를 계기로 분쟁을 비교적 원만하고 신속하게 해결한 사례라고 할 수 있다.

2) 필리핀의 국제상설중재재판소 제소

반면 중국과 필리핀의 사이의 분쟁은 조금 다르게 전개되었다.

1995년 1월 25일에 필리핀 정부는 중국이 미스치프 암초(Mischief Reef, 중국

명: 美濟礁)에 군사시설을 건설한 것으로 보인다고 발표했다. 이 암초는 중국이 여덟 번째로 점령한 난사군도의 암초로서, 중국 해군은 1998년 10월부터 1999년 1월까지 두 번째의 건축물을 짓고, 최종적으로 3개 동의 건조물과 5층 규모의 건축물을 완성했다. 필리핀 정부는 중국과의 양자 교섭에서 건조물의 철거를 요구하면서 동시에 남중국해에 있어서 중·필리핀 사이의 행동 규범을 체결했다(ジャパンナレッジ).

남중국해의 영유권을 둘러싸고 중국과 필리핀 사이에 대립이 이어지는 가운데, 2012년에 스카버러섬에서 양국 사이의 긴장이 한층 고조되었다. 2012년 4월 8일 필리핀 정찰기가 스카버러섬 해역에서 중국 어선 8척이 어업 행위를 하는 것을 발견하고 이를 필리핀 군함이 체포하려 했다(≪경향신문≫, 2012.5. 11). 그러자 중국 감시선이 출동해 이를 저지하고 양국 사이의 대치가 격화되었다. 이러한 대치는 필리핀에 대한 중국의 경제 보복 그리고 중국을 겨냥한 필리핀과 미국의 군사협력 강화 등으로 이어지며 해결될 기미를 보이지 않았다. 결국 필리핀은 유엔해양법협약에 따라 중국을 국제상설중재재판소(PCA)에 제소해 승소했다. 국제상설중재재판소는 중국이 영유권을 주장하는 근거로 삼고 있는 남중국해 구단선에 대해 "법적인 근거가 없으며 무효하다"라고 판결했고, "다른 국가의 어민들과 선박들도 중국과 함께 역사적으로 남중국해의 섬에서 활동을 해왔다"라며 "중국이 역사적으로 남중국해 해역의 자원들을 독점적으로 이용해 왔다는 주장에 대해 근거를 찾을 수 없다"라고 설명했다. 또한 국제상설중재재판소는 난사군도 등에서의 중국 측 배타적경제수역을 인정하지 않는다고 밝혔고, 필리핀의 어민들이 남중국해 인근에서 조업할 수 있는 권리를 가지고 있으며 중국이 이를 심각하게 침해하고 있다고 판결했다(≪프레시안≫, 2016.7.12).

하지만 중국은 필리핀의 제소 내용이 국제상설중재재판소가 다룰 수 있는 성질의 것이 아니고, 또한 국제상설중재재판소에 제소하기 위한 사전 충족 요건도 갖추지 않았다고 반발하며 판결을 받아들이지 않았다(馬新民·劉洋, 2019).

결국 중국과 필리핀 사이의 영유권 분쟁에 대해 국제상설중재재판소의 판결이 나왔으나, 이러한 제3자의 판결이 영유권 분쟁을 해결해 주지는 못하고 있다.

3) 아세안 차원의 대중국 협상

한편 1990년대에 남중국해의 영유권 분쟁이 고조되면서, 연안국들은 아세안 차원에서 중국의 영유권 주장에 대응하는 모습을 보였다. 1996년 아세안은 '남중국해 행동강령(COC)'의 채택을 요구하며 남중국해에 대한 중국의 세력 확장을 견제하고자 했다. 이후 6년간 협상이 진행되었지만, 아세안과 중국은 일정한 합의점을 찾지 못했고, 결국 2002년 11월 캄보디아 프놈펜에서 '남중국해 당사국 행동 선언(Declaration on the Conduct of Parties in the South China Sea: DOC)' (2021.5.27)의 체결로 만족해야 했다. DOC를 통해 남중국해 분쟁의 과열을 일정 정도 억제할 수는 있었지만, 그 내용이 다소 모호하고 구속력이 없어 여전히 한계를 갖고 있었다.

이에 중국과 아세안은 계속해서 남중국해 문제 해결을 위해 9년간 논의를 이어오다가 2011년 7월 20일 인도네시아 발리에서 COC의 채택을 위한 'DOC 가이드라인'에 합의했다. 이 합의를 통해 양측은 전면적이고 항구적으로 분쟁을 해결하기 전까지 ① 해양 환경보호, ② 해양과학 연구, ③ 항해와 해상교통 안전, ④ 수색 및 구조, ⑤ 마약 밀매와 해적행위 및 무기 밀매 등으로 협력 범위를 확대 및 구체화했다(전가림, 2020).

비록 DOC의 한계 및 COC 체결의 불투명성 등이 지적되고 있지만, 중국과 아세안은 COC 제정에 좀 더 다가갈 수 있게 되었고, 중국과 아세안이 대화와 평화적인 방법으로서 남중국해 문제를 해결할 수 있을 것이라는 가능성을 보여줬다.

4. 결론: 각국의 전략 및 중·아세안 관계 전망

남중국해 문제의 주요 당사국인 중국은 미국 주도의 '인도·태평양 전략(Free and Open Indo-Pacific: FOIP)'에 기반한 역내 질서 형성 및 미국을 포함한 기타 역외 국가들이 남중국해 문제에 개입하는 것을 저지하고자 한다. 그리고 남중국해에서의 권리 유지와 안정을 전략 목표로 설정하고 아세안과의 협력을 강화해 분쟁의 확산과 국제화를 방지하려 한다. 또한 남중국해 문제를 중재와 판결 등 제3자의 판단을 통해 해결하는 것에 부정적이며, 일대일로(一帶一路) 특히 해상 실크로드 이니셔티브를 남중국해 문제 해결을 위해 적극적으로 활용하고자 한다(전가림, 2020: 136~137).

또 다른 주요 당사국인 베트남과 필리핀의 전략에 대해서는 다양한 주장들이 제시되고 있지만 큰 틀에서는 헤징이라는 특성을 공유하고 있는 것으로 보인다.[7] 즉, 남중국해 분쟁을 둘러싼 베트남과 필리핀의 대중 정책은 편승(bandwagon)이나 균형(balancing)보다는 헤징(hedging)의 성격이 강한 것으로 평가된다.

먼저 베트남은 중국과의 거듭되는 분쟁에도 불구하고 2013년 필리핀의 국제상설중재재판소 제소에 동참하지 않았고 독자 제소도 하지 않았다. 또한 2016년 국제상설중재재판소의 판결에 의해 중국이 불리한 입장에 처했음에도 불구하고 중국에 대한 적극적인 외교 공세 대신에 소극적 정책 대안인 헤징을 택했다. 이러한 배경에는 베트남이 ① 냉전 종식 후 역사적 교훈에 근거한 협력/갈등의 중첩적 국제 정세 인식, ② 안보 역량을 위한 외교 다변화와 군사협력 강화, ③ 중국에 대한 비의존적 경제협력 강화, ④ 아세안, 미국의 코미트먼트(commitment) 한계로 인한 대중국 밸런싱의 한계 등이 작용한 것으로 평가된다(김성철, 2018: 99).

---

7 남중국해를 둘러싼 중국과의 분쟁에서 베트남과 필리핀이 취하고 있는 전략에 대한 다양한 주장은 전상현·이정우(2018)를 참조.

한편 필리핀은 남중국해에서 중국과의 대립이 심각해지기 전에는 군사 안보 차원에서 미국과 일본 등 역외 강대국을 끌어들여 중국을 견제하는 균형 정책을 취했다. 동시에 경제적으로는 부상하는 중국과 적극적인 교류를 통해 경제적 이익을 도모하려는 이른바 편승 정책을 추구했다(김석수, 2015: 63). 앞에서 언급한 바와 같이, 필리핀은 2012년 자국이 실효 지배하고 있던 스카버러 암초(Scarborough Reef)를 중국이 점령하자 2013년 중국을 국제상설중재재판소에 제소해 사실상 승소하기도 했다.

　하지만 2016년 로드리고 두테르테 대통령이 취임하면서 분위기가 바뀌었다. 두테르테 대통령은 미국에 대한 불만을 나타내며 독립적인 외교정책을 표명했고, 반대급부로 친중적인 행보를 보였다. 심지어 2016년 국제상설중재재판소가 필리핀에 유리한 판결을 내렸음에도 불구하고 적극적으로 이를 활용하지 않았고, 취임 후 첫 방문지로 미국이 아닌 중국을 선택하기도 했다. 남중국해 문제에 있어서 미국의 군사적 개입이 불확실한 상황에서 필리핀으로서는 중국과의 관계 개선을 통해 위협을 분산하는 것이 실익이라는 판단을 한 것으로 평가된다(Cook, 2019).

　그렇지만 필리핀이 미국과 등지고 중국에 편승한 것은 아니다. 필리핀은 미국과 안보협력을 지속하고 있는데, 군부의 친미 성향 및 일반 국민들의 대중국 경계감이 배경으로 작용하고 있다. 이러한 대외 전략은 2022년 5월 실시된 대통령 선거에서 마르코스 주니어의 당선 이후에도 지속될 것으로 전망된다. 두테르테 대통령의 지원을 받은 마르코스 주니어는 안보에서는 미국과의 동맹을 강화하면서도 중국의 경제적 영향력을 고려해 친중적인 노선을 유지할 것으로 평가되고 있기 때문이다(신민금·정재완, 2022). 이렇게 필리핀은 미국과 중국에 대한 불확실성을 배경으로 헤징 전략을 구사하고 있는 것으로 평가된다.

　한편 각국마다 입장의 차이가 있기는 하지만, 아세안 전체는 미국, 일본, 호주, 인도와 같은 역외 강대국과 안보협력을 확대하면서 동시에 중국과의 경제적 상호 의존을 심화시켜 경제적 이익을 극대화하는 전략을 구사하고 있는 것으로 보인다(김석수, 2016: 29). 이러한 전략은 아세안이 미·중 전략 경쟁 구조 속에서 어느 일방을 지지하기보다는 양측에 대한 포용적인 협력 관계를 지향한다는 입장을 나타낸 '인도·태평양에 대한 아세안의 관점(ASEAN Outlook on the Indo-Pacific: AOIP)'에도 담겨 있다(ASEAN, 2019).

그렇다면 향후 아세안과 중국 사이의 관계는 어떻게 전개될까?

21세기 국제정치의 핵심 키워드라고 할 수 있는 미·중 전략 경쟁이 남중국해 문제와도 접목되어 향후 중·아세안 관계에 큰 변수로 작용할 것이다. 이에 따라 아세안 및 개별 국가들은 미·중 전략 경쟁이 장기간 계속될 것이라는 전제하에 자국의 이익을 극대화하기 위한 전략을 모색할 것으로 보인다. 남중국해 문제로 중국과 가장 첨예하게 갈등하고 있는 베트남은 미국을 통한 중국 견제를 지속해 나갈 것으로 보이고, 싱가포르나 태국, 필리핀은 미국과의 동맹관계를 현재 수준으로 유지하는 선에서 중국에 대한 균형을 모색할 것으로 전망된다. 한편 인도네시아와 말레이시아는 비교적 중립적인 입장을 유지할 것으로 예상되며, 남중국해를 둘러싸고 중국과 직접적으로 분쟁이 없는 미얀마와 캄보디아, 라오스는 중국과의 전통적인 우호 관계를 계속 모색해 나갈 것으로 전망된다(최인아 외, 2020: 170~172).

결국 아세안은 남중국해 문제에서 중국의 영향력 확대에 대해 미국이 어느 정도 견제의 역할을 해주길 기대하면서도, 미국에 대한 불확실성 및 중국과의 교류를 통한 경제적 이익 등을 고려해 우호적인 중·아세안 관계 구축도 모색해 나갈 것으로 전망된다.

참고문헌

김석수. (2015).「남중국해 분쟁과 필리핀의 헤징전략」.≪글로벌정치연구≫, 제8권, 제1호.

_____. (2016).「남중국해 분쟁 해결과 아세안 방식」.≪세계지역연구논총≫, 제34집, 제1호.

김성철. (2018).「남중국해 분쟁과 베트남의 대중국 헤징」.≪중소연구≫, 제41권, 제4호.

김화진. (2016).「남중국해 분쟁의 현황과 아시아의 국제질서」.≪서울국제법연구≫, 제23권, 제2호.

신민금·정재완. (2022). "2022년 필리핀 대선 결과 평가와 주요 정책 방향 전망". KIEP 세계경제 포커스. https://www.kiep.go.kr/gallery.es?mid=a10102030000&bid=0004(검색일: 2022.7.8).

王佳佳. (2018).「중국과 동남아국가간 남사군도 해양영토분쟁 소고: 중국의 입장을 중심으로」.≪국제해양법연구≫, 제2권, 제2호.

응우옌 냐 외. (2012).『황사와 장사군도는 베트남의 영토이다』. 서울: 동북아역사재단.

응웬 티 한. (2015).「베트남·중국간 영토·영해 경계획정의 역사」.≪영토해양연구≫, 제10호.

이학수. (2018).「남중국해와 항행의 자유」.≪해항도시문화교섭학≫, 제18호.

전가림. (2020).「남중국해 행위준칙' 협상에서 나타난 중국의 전략 분석」.≪중소연구≫, 제44권, 제2호.

전상현·이정우. (2018).「베트남과 필리핀의 대중국 전략 비교연구: 남중국해 해양 분쟁에 대한 대응을 중심으로」.≪동남아시아연구≫, 제28권, 제4호.

최인아 외. (2020).「인도태평양 전략과 신남방정책의 협력 방향」. KIEP 연구보고서.

홍성근. (2019).「남중국해 영토·해양분쟁의 현황과 법적 과제: 중국의 '일대일로'와의 관련성을 고려하며」.≪외법논집≫, 제43권, 제2호.

≪경향신문≫. (2012.5.11). "황옌다오 영유권 분쟁 한 달… '다윗' 필리핀, 미국 믿고 중국과 맞서". http://news.khan.co.kr/kh_news/khan_art_view.html?artid=201205112201505#csidxe79c8bfa40e9dfab096ac7cf38f2a14(검색일: 2021.5.25).

≪프레시안≫. (2016.7.12). "중국이 필리핀에 졌다 … 남중국해 소용돌이". https://www.pressian.com/pages/articles/138994(검색일: 2021.5.25).

두산백과. "베트남의 응웬왕조와 식민시대". https://terms.naver.com/entry.naver?docId=1257272&cid=40942&categoryId=40072(검색일: 2021.5.7).

위키백과. "파라셀 제도". https://ko.wikipedia.org/wiki/%ED%8C%8C%EB%9D%BC%EC%85%80_%EC%A0%9C%EB%8F%84(검색일: 2021.5.13).

_____. "Territorial claims in the South China Sea." https://en.wikipedia.org/wiki/Territorial_disputes_in_the_South_China_Sea#/media/File:South_China_Sea_claims_map.svg(검색일: 2022.9.2).

馬新民·劉洋. (2019).「≪南海仲裁案裁決之批判≫評述」.≪亞太安全與海洋研究≫, 2019年 第1期.

齊鵬飛. (2013).「中越陸地邊界談判的歷史及其基本經驗再認識」.≪當代中國史研究≫, 20(3).

邢廣梅·汪晉楠. (2020).「美國南海"航行自由行動"與軍艦无害通過問題研究」.≪亞太安全與海洋研究≫, 2020年 第1期.

中國外交部. (2021.5.24). "2021年5月24日外交部發言人趙立堅主持例行記者會". https://www.fmpr

c.gov.cn/fyrbt_673021/jzhsl_673025/202105/t20210524_9171271.shtml(검색일: 2021.5.25).

Baidu百科. "美濟島". https://baike.baidu.com/item/%E7%BE%8E%E6%B5%8E%E5%B2%9B/166403 50?fromtitle=%E7%BE%8E%E6%B5%8E%E7%A4%81&fromid=918093&fr=aladdin(검색일: 2021. 4.25).

ジャパンナレッジ. "南シナ海問題". https://japanknowledge.com/introduction/keyword.html?i=333 (검색일: 2021.5.13).

The ASEAN Secretariat. (2019). "ASEAN Outlook on the Indo-Pacific" (June 23, 2019). https:// asean.org/speechandstatement/asean-outlook-on-the-indo-pacific/(검색일: 2022.7.8).

Cook, Malcolm. (2019). "The Philippines' alliance problems with the USA." *ISEAS Perspective*, No.48 (June 13).

Djalal, Hasjim. (2009). "The South China Sea: The Long Road Towards Peace and Cooperation." Myron H. Nordquist, Tommy T.B. Koh and John Norton Moore(ed.). *Freedom of Seas, Passage Rights and the 1982 Law of the Sea Convention*. Netherlands: Martinus Nijhoff Publishers.

Gau, Michael Sheng-Ti. (2012). "The U-Shaped Line and a Categorization of the Ocean Disputes in the South China Sea." *Ocean Development & International Law*, Vol.43.

Keyuan, Zou. (2012). "China's U-Shaped Line in the South China Sea Revisited." *Ocean Development & International Law*, Vol.43.

Kuok, Lynn. (2016). "The U.S. FON Program in the South China Sea. A lawful and necessary response to China's strategic ambiguity." *East Asia Policy Paper 9*. Center for East Asia Policy Studies at Brookings.

La Grone, Sam. (2015). "U.S. Destroyer Comes within 12 Nautical Miles of Chinese South China Sea Artificial Island, Beijing Threatens Response." *USNI News* (October 27, 2015).

Miyoshi, Masahiro. (2012). "China's "U-Shaped Line" Claim in the South China Sea: Any Validity Under International Law?" *Ocean Development & International Law*, Vol.43.

Spitzer, Kirk. (2015). "China condemns US Warship's Route in South china Sea." *USA TODAY* (October 27, 2015).

ASEAN. "DECLARATION ON THE CONDUCT OF PARTIES IN THE SOUTH CHINA SEA." https:// asean.org/?static_post=declaration-on-the-conduct-of-parties-in-the-south-china-sea(검색일: 2021.5.27).

Centre for International Law. "2011 GUIDELINES FOR THE IMPLEMENTATION OF THE DECLARATION OF CONDUCT ON THE SOUTH CHINA SEA." https://cil.nus.edu.sg/wp-content/uploads/2019/10/2011-DOC-Guidelines.pdf(검색일: 2021.5.27).

Dryad Global. "South China Sea." https://dg.dryadglobal.com/south-china-sea-dispute(검색일: 2021.5.13).

제4장

미·중 전략 경쟁에 대한 베트남·필리핀의 대응*

민귀식 | 한양대학교 국제학대학원 부교수

1. 남중국해 분쟁에 대한 아세안의 입장

남중국해에서의 미·중 패권 경쟁이 단기간에 심각한 충돌로 비화할 가능성
은 적지만, 이 지역 주변 약소국들이 겪어야 할 분쟁과 국지적 대리전 등 갈등
비용은 크게 오르고 있다. 미·중의 높은 경제적 상호 의존성이 여전히 안전판
역할을 하지만, 중국의 도전 의지를 꺾으려는 미국은 중국의 경제적 영향력을
제한하려는 다양한 시도를 하고 있어서 이 지역의 안정은 한정적일 수밖에 없
다. 그래서 미·중 경쟁의 충돌 지점에 있는 남중국해 연안국가들은 '균형 전략
(balancing strategy)'과 '편승 전략(bandwagon strategy)' 두 가지를 적절히 사용하면
서 국가 안전과 경제 이익을 지키려고 한다. 중국과 해양 영유권 분쟁을 겪고
있지만 국력 차이가 워낙 심한 베트남과 필리핀의 경우 미국에 의존하는 균형
전략을 중시할 수밖에 없다. 반대로 중국의 지원이 절대적인 국가 또는 남중국
해에서 이해관계가 적은 라오스와 캄보디아 및 미얀마는 대중 편승 전략으로

*   이 글은 2018년 정부(교육부)의 재원으로 한국연구재단의 지원을 받아 수행된 연구(No. 2018
    S1A5A2A03037189)를 수정·보완한 것이다.

기울고 있다. 이에 비해 말레이시아나 인도네시아는 중국의 '구단선' 주장을 인정하지 않고 또 해상 분쟁도 있기는 하지만 어느 쪽에도 치우치지 않는 '실리 외교'를 추진한다.

아세안은 이렇게 이해관계에 따라 각각 외교 전략을 달리하기 때문에 하나의 통일된 행동을 하기가 점점 어려워지고 있다. 물론 아세안은 정상회담 등 여러 지역 협력 기제를 운영하고 있지만, 미·중 갈등이 심화되면서 분화 현상도 점차 분명해지고 있다. 2012년 캄보디아가 의장국일 때 외교장관회의 공동성명을 채택하지 못한 사례는 이 기구의 결집력 약화와 중국의 영향력 확대를 상징적으로 보여주었다. 그러나 아세안이 비록 결집력은 약해졌지만 미·중 군사적 대결이라는 최악의 시나리오를 피하려는 입장은 동일하다. 또 자국이 강대국의 대리전을 수행하게 될 가능성과 미·중 가운데 선택을 강요받는 상황전개를 극도로 경계한다. 따라서 아세안은 특정 국가와 개별적 동맹을 맺지 않으려고 하고, 이데올로기에 묶이는 것도 회피하는 유연하고 실용적인 국가전략을 구사한다. 동시에 '아세안 중심성'을 강조하면서 지역 이익을 지키기 위한 단결 필요성에 공감한다. 결국 아세안은 국가 안전에 대해서는 미·중과 상호 이해관계를 조정하면서도, 중국을 활용한 경제성장 사이에서 불안한 곡예를 계속할 수밖에 없다. 중국은 여전히 최고의 무역 파트너이자 중요한 사회간접자본 투자국인 동시에 공적개발원조(ODA)에 크게 기여하는 실체이기 때문이다.

이 글은 미·중의 이 전략이 아세안에 미친 영향은 무엇인지를 밝히고, 아세안의 대응 특히 중국과 해양 분쟁이 심한 베트남과 필리핀의 국가전략 변화를 분석한다. 이를 통해 아세안이 전략적 유연성을 발휘할 수 있는 배경과 그 성과 및 한계를 규명하고, 균형과 편승 사이에서 좌표를 이동할 수 있는 조건이 무엇인지 찾아보고자 한다.

1) 국가이익과 아세안의 미·중 선호도

남중국해 분쟁은 중국, 대만, 베트남, 필리핀, 말레이시아, 브루나이 등 직접 이해 대상 6개 국가 이외에도 아세안 전체 안보에 절대적인 영향을 미치는 문제이다. '평화공존 5원칙'을 기초로 결성된 아세안은 개별 국가의 열세를 집단적 단결을 통해 보완하고자 했다. 이 지역은 태국을 제외하고는 모두 식민지를 겪은 공통의 경험이 있으나, 종교와 문화의 편차가 심해 정치적 통일성을 유지하기가 어려운 곳이기도 하다. 그러나 냉전 체제에서는 생존을 위해 비동맹 체제에 관심을 가졌고, 동남아시아비핵지대조약(Southeast Asia Nuclear Weapon Free Zone: SEANWFZ)이 강대국의 지지를 확보함으로써 지역 문제에 대한 주도적 목소리를 낼 수 있었다.

그동안 아세안은 집단 안보 이외에도 미국, 일본, 호주 등 주변 강국들과 양자 안보 조약을 통해 국제 체제와 안정적 관계를 유지했으나, 중국의 부상으로 기존 패러다임이 변화를 겪고 있다. 미국과 중국을 양 축으로 하는 초강대국과의 관계에서 균형 전략과 편승 전략 및 그 사이에서 접점을 조정하는 생존 전략을 구사해 오고 있다. 따라서 아세안은 미·중 세력전이가 군사적 충돌로 나가는 것을 결코 원하지 않으며, 어느 한쪽과도 일방적 관계에 빠지지 않도록 자율적 균형 외교를 추구한다. 이를 통해 남중국해 분쟁의 직접적 위협을 회피하면서 '아세안 중심성'을 확보하고자 한다.

그런데 중국의 부상으로 아세안은 통일성을 유지하는 데 큰 어려움을 겪고 있다. 중국과 국경을 맞대고 있어 정치·군사적으로 중국과 밀접한 미얀마와 라오스 이외에도 전통적인 친중 국가인 캄보디아는 중국의 구심력에 더욱 빨려 들어가고 있다. 반면에 남중국해 분쟁을 겪고 있는 베트남과 필리핀은 급속히 친미 성향으로 기울어지면서 아세안에서 가장 반중국적 태도를 보인다. 싱가포르, 인도네시아, 말레이시아, 브루나이는 그 중간쯤에서 선택적인 협력과 갈등을 반복하고 있다.

그림 4-1 아세안의 국가별 미·중 양자 선택 선호도 비교(2021)　　　　　　　(단위: %)

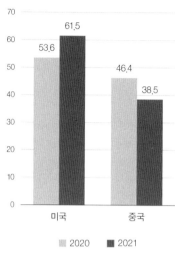

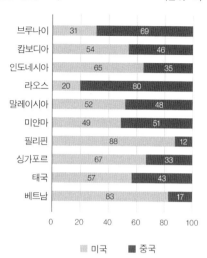

자료: KIEP(2021.7.16).

　　이들 아세안 회원국은 지정학적 위치뿐만 아니라 중국에 대한 경제의존도
에 따라 선택을 달리하기 때문에, 남중국해 분쟁에 대한 입장도 상당한 차이를
드러내고 있다. 그 대표적인 사례가 2012년 캄보디아가 의장국으로 아세안 장
관회의(ASEAN Ministerial Meeting: AMM)를 개최하면서 기구 설립 이래 처음으로
공동성명 채택에 실패한 것이다. 친중국인 캄보디아가 필리핀과 베트남의 요
구 사항인 남중국해에 대한 아세안의 공동 입장 채택을 거부했기 때문이다.
　　또한 각 정부의 대외 정책과 미·중에 대한 국민 선호도가 상당한 차이가 있기
도 하다. 그 전형적인 나라가 필리핀인데, 로드리고 두테르테는 '친중·반미'를
공개적으로 선언하며 대통령에 당선되었고, 첫 임기 동안 다섯 차례나 중국을
방문할 정도로 중국과 밀접한 관계를 유지했다. 그러나 〈그림 4-1〉에서 보는
바와 같이, 필리핀 대중의 반중 정서는 아세안에서 가장 높게 나타났다. 베트남
도 경제적으로는 대중 '편승 전략'을 쓰지만, 군사·안보에서는 '균형 전략'을 활
용하면서 상당히 균형 잡힌 독자 노선을 걷고 있다. 하지만 베트남 대중은 친

미·반중 정서가 매우 뚜렷해 정부 정책과 사뭇 다른 색채를 보여주고 있다.

2) 남중국해 분쟁에 대한 아세안 각국의 대응

남중국해 갈등이 오랜 잠복기를 지나 국제적 이슈로 부상한 것은, 중국이 2009년 유엔대륙붕한계위원회(Commission on the Limits on the Continental Shelf: CLCS)에 '구단선'을 표시한 지도를 제출하고 남중국해에 대한 권리를 공식적으로 주장하면서부터이다. 중국이 2010년 남중국해가 '핵심 이익'이라고 주장하자, 힐러리 클린턴 국무장관은 같은 해 아세안지역안보포럼(ARF)에서 남중국해를 미국의 '국가이익'이라고 반격하면서 갈등이 본격화했다. 이후의 과정은 양국이 강대강으로 맞서고, 아세안 회원국들도 '편승'과 '균형' 사이에서 어려운 곡예를 벌이고 있다.

물론 직접 당사자인 아세안은 남중국해를 평화적으로 이용하기 위해 2001년 '남중국해 당사국 행동 선언(DOC)'에 합의했다. 그러나 이는 구속력이 없는 단순한 선언에 불과해 중국과의 분쟁을 해결하는 데 도움이 안 되는 상황이다. 아세안은 중국에게 보다 구속력이 있는 '남중국해 행동강령(COC)' 채택을 요구하고 있으나, 중국은 여전히 동의하지 않으면서도 2018년 11월 리커창 총리가 3년 이내에 이 강령을 발효시키자고 약속했다. 그런데 중국은 이 강령을 통해 아세안을 통제하려는 의도를 가지고 있고, 아세안 각국의 최근 상황 역시 통일된 입장을 유지하기 어려워, 당분간 이 강령이 실행될 가능성은 상당히 낮아 보인다. 여기에 G7 국가들은 "중국이 이 강령으로 아세안을 통제해서는 안 된다"라는 성명을 발표하면서 아세안에 힘을 실어주는 동시에 중국에 양보해서는 안 된다는 압력을 가하고 있다. 이는 남중국해가 그만큼 이해관계가 복잡하고 첨예하다는 것을 보여준다.

이런 복잡한 상황에서 아세안은 남중국해 분쟁에서 중국의 강경 대응에 대한 세 가지 정책 방향을 견지하고 있다. 첫째, 아세안의 통합을 유지하면서 중

표 4-1 남중국해 분쟁에 대한 각국의 대응

연도	남중국해 분쟁과 각국의 대응 조치
1947	중화민국: '11단선' 선포
1953	중: 베트남 통킹만 등 2개선 포기 → '9단선' 선포
1974	중: 파라셀군도(시사군도) 모든 도서 무력 점령
1982	유엔해양법협약(UNCLOS) 통과 → 남중국해 분쟁 격화
1988	중: 스프래틀리군도(난사군도)에서 존슨 암초 점령 → 베트남 군인 64명 사망; 난사군도 전역 장악
1991	중: '영해 및 접속구역법' 제정 → 시사군도·난사군도 영유권 재선포
1992	중: 스프래틀리군도에 파병 → 베트남 비난 → 중, 베트남 무역선 20척 억류 필: 미군기지 철수, 양국 군사협력 약화
1994	중: 베트남과 해양 석유 탐사 분쟁 → 각각 서방국가와 탐사 협정 체결
1997	필: 해병대, 스카버러섬(황옌다오) 점령
1999	ASEAN: '남중국해 행동강령(COC)' 통과 → 중국 거부
2000	중: 베트남과 북부만 영해 및 경제 구역 경계 확정(2004년 효력 발생)
2001	ASEAN: '남중국해 당사국 행동 선언(DOC)' 합의, 2002년 중·아세안 동 협정 승인
2009	중: 유엔대륙붕한계위원회(CLCS)에 구단선 지도 제출 → UNCLOS와 충돌; 시사군도 여행 허가 필: '해양기선법' 통과 → 중국 항의
2010	미: 남중국해를 미국 '국가이익'이라 천명 중: 남중국해를 '핵심 이익'이라 선언; 인공섬 조성 시작
2011	중: 베트남 선박 해저케이블 훼손 미: 의회, 남중국해에서 중국 무력 사용 반대와 자유항행 보호 결의 필: 수비크만 해군기지, 클라크 공군기지 재가동 결정(미군 사용); 스프래틀리군도 부근 명칭을 '서필리핀해'로 명명 베: 실탄사격 훈련 및 국민 총동원령 발동; 미국과 국방 협력 양해각서 체결
2012	중: 융싱섬에 싼사시 설립, 해역 순시선 배치, 남중국해 조업 금지 기간 선포 베: 남중국해 섬 주권을 명시한 해양법 통과 → 갈등 격화 필: 스카버러섬에서 중국 어선 나포 → 중국 해군과 2주 대치; 미군 순환 배치 확대, 합동군사훈련·전략 동맹 강화; 미국과 '2+2 전략 대화' 시작
2013	중: 시진핑, 남중국해 분쟁 비타협 선언, 인공섬 건설 필: PCA에 남중국해 문제 제소 → 중국 불인정 선언
2014	미: 오바마 필리핀 방문 → 군사협정 체결, 무기 수출 금지 부분 해제 중: 중국 해양 석유 981(HD981)유정 탐사 갈등; 말레이시아 점령지 탄환초 접수 → 0.1에서 0.35km² 로 확장(당시 최대 인공섬) 베: 중국과 100여 척 선박 해상 대치(수교 이후 관계 최악)
2015	중: 인공섬 6만 km² 이상 건설, 암초(美濟礁)를 섬(美濟島)으로 명명; 7개 인공섬 완성 → '불침 항모' 역할 → 미, 일, 호주, 아세안, G7의 중단 요구

연도	남중국해 분쟁과 각국의 대응 조치
	미: 중국 인공섬 12해리 이내로 미 구축함 '항행의 자유' 작전 일·베·필: 남중국해에서 해상 합동훈련 강화 베: 쯔엉사군도(스프래틀리군도) 여행 개방
2016	PCA: '구단선' 무효 결정(필리핀 승소) → 중국 불인정 중: PCA 결정 전, 남중국해에서 건국 이래 최대 규모 군사훈련 미: 오바마 베트남 방문, 대대적 지원 약속 베: 미 해군 함정 전후 최초 캄란만 입항 필: 미 항모 전단 남중국해 진입, 필리핀 항구 사용
2017	중: 남중국해 30일 금어기 선포, 위반 선박 처벌 공포 미: G7 외무장관, PCA 결정 존중 성명 베: 중국과 포괄적 전략 협력 파트너십 구축 필: 분쟁 해역에서 미군과 발리카탄 합동훈련; 두테르테, 입항 중국 군함 2척 참관
2018	미: 여덟 차례 '항행의 자유' 작전 전개; 영국 군함 최초 시사군도 '자유항행' 일: '자위대법'에 의거 최초로 외국(필리핀)에 무기 장비 무상 제공 베: 중국과 북부만 해역 공동 활동 합의; 종전 후 처음 미국 항모 입항 필: 대중 관계 중시 → 시진핑 방문; 대미 관계 개선
2019	중: '중국 해양 지질 8호' 조사 활동 → 베트남 해경과 수일간 대치 미: '미·필 상호방위조약' 범위 남중국해로 확대; 여덟 차례 '항행의 자유' 작전 전개 베: '해경법' 실시 계획 발표; 미국에서 해양 순시함 6척 무상 도입 필: '서필리핀해전 승전일' 특별 공휴일 지정; 난사군도에서 인공섬 구축 → 중국 95척 선박 파견; 미 7함대 마닐라 입항; 두테르테 제5차 방중
2020	중: 해경 최초 마닐라 입항; '중국 해양 지질 8호' 조사 활동 → 말레이시아 항의 미: 구축함 월 1회 대만해협 통과; 남중국해 자원 탐사 기업 25개사 제재 베: 미 구축함 입항; 어선, 시사군도에서 중국 해경선과 충돌 후 침몰 필: 미국의 중국 기업 제재 명단 접수 거부; 미군과 정기 합동군사훈련; 스카버러섬 주권 주장
2021	중: 필리핀 배타적경제수역(EEZ) 내에 220여 척 선박 대규모 정박 → 장기 대치 미: '항행의 자유' 작전, 월 1회 대만해협 통과; 파라셀군도 12해리 해역에 구축함 진입

자료: 필자 정리.

국과 경제협력을 강화하고, 둘째, 미국의 정치·군사적 힘을 지렛대로 활용하며, 셋째, 국제상설중재재판소(PCA)에서 결정한 국제법 규정을 적절히 활용하는 것이다. 그런데 국제법으로 중국의 구단선을 견제하는 나라는 필리핀뿐이고, 다른 나라는 정치적 협상을 원하거나 중국의 눈치를 보고 있다. 또 필리핀도 두테르테가 집권한 이후에는 국제법 결정을 거론하지 않고 중국과 협력을 중시하고 있어, 국제상설중재재판소 결정은 당분간은 미국과 유럽이 중국을 억제하는 용도로 활용될 것으로 보인다.

여기서 남중국해 분쟁이 대외적으로 표출되는 양상은 크게 두 가지이다. 첫째, 각국이 인공섬을 건설해 암초를 섬으로 만들면서 서로 국제법을 위반하고 있다. 중국은 가장 적극적으로 인공섬을 만들어 '불침 항모'로 사용하려는 의도를 숨기지 않고 있다. 중국은 이미 7개의 인공섬을 비행장으로 활용 가능한 정도까지 전력화했다. 이에 베트남과 필리핀도 인공섬을 만들고는 있으나 중국과 비교할 수 없는 수준이다. 따라서 인공섬 건설은 지역분쟁에서 가장 공격적인 행태로 나타나는 갈등이라고 할 수 있다. 둘째, 2016년 7월 국제상설중재재판소가 중국의 '구단선' 주장에 역사적 근거가 없다고 결정하면서 남중국해 분쟁이 격화되고 있다. 중국은 영해 획정 문제는 국가 주권에 해당되기 때문에 국제상설중재재판소의 결정 대상이 아니라는 입장을 내세워, 이 결정을 인정하지 않고 있다. 그러나 서방국과 아세안의 당사국은 이 결정을 근거로 남중국해를 중국 영해로 인정할 수 없다고 주장한다. 그 연장선에서 미국과 쿼드 회원국 및 동맹국은 '항행의 자유'를 명분으로 남중국해에 군함을 파견하거나 통과시키고 있다.

3) 미·중의 흡입력 강화, 아세안의 결집력 약화

국제상설중재재판소 결정으로 중국은 국제법 규정을 준수하지 않는다는 이미지가 덧씌워졌을 뿐만 아니라, '무해통항(無害通航)'을 주장하는 외국 군함을 무력으로 저지할 명분도 약해졌다. 물론 중국도 배타적경제수역(EEZ)에서 일반 선박의 '항행의 자유' 원칙에는 동의한다. 다만 군함이나 군사 목적의 선박이 항해할 때는 사전 승인이 필요하다는 주장이다. 그런데 유엔해양법협약에는 이에 대한 명시적 규정이 없어 각자 유리한 대로 해석할 수 있게 해 논란을 키우고 있다. 즉, 국제법 해석에서 군함도 무해통항이 가능하다는 주장이 다수설이기는 하지만 중국은 이를 부정하고 있다. 중국은 위험물질을 선적한 선박에 대한 사전 신고와 승인은 해상 안전을 위해 당연한 조치라고 주장한다. 이런 논리의 연장선에서, 중국은 2021년 9월 1일부터는 국내법을 강화해, 원유선과 LNG선에 대해서도 사전 신고를 의무화했다. 중국의 새 규정은 정보수집 등 군사적 목적으로 활동한다고 의심되는 민간 선박을 통제할 수 있다는 신호로, 중국의 판단에 따라 외국 선박을 통제할 수 있다는 것이다. 이 조치에 대해 미국과 북대서양조약기구(NATO) 회원국은 거부할 것이지만, 원유 수송이 많은 한국이나 중국 인접 국가들은 상당히 고민이 될 상황인 것도 사실이다. 예를 들면, 한국은 미국과 보조를 맞춰 신고 없이 이 지역을 통과할 것으로 보이지만, 중국과 갈등은 언제든지 발화할 수 있다. 당분간은 중국이 2013년 일방적으로 동중국해 방공식별구역(ADIZ)을 선언했을 때와 비슷한 상황이 오겠지만, 중국이 필요하면 자국의 국내법을 들어 타국 선박에 대한 강제조치를 시도할 수도 있기 때문이다.

미국 역시 남중국해에 직접 개입할 명분이 약하다. 왜냐하면 남중국해 영유권 분쟁의 직접 당사자가 아니기도 하지만, 유엔해양법협약을 비준하지 않았기에 때문이다. 그래서 미국은 '항행의 자유'라는 보편적 국제규범을 들어 개입을 정당화한다. 즉, 유엔해양법협약에 가입하지 않아 협약 제56조 통항의 자유를 근거로 인용할 수는 없지만, 미국이 배타적경제수역 자체를 인정하지 않기 때문에 항행의 자유를 주장할 수 있는 근거는 된다면서 조금 억지 주장을 하는 것이다. 이에 대해 중국은 미국의 군사작전을 '주권을 위협하는 도발 행위'로 규정하면서 강력히 반발한다.

이에 대해 미국은 중국의 '기정사실화 전략'에 말려들지 않겠다는 의지로 지속적인 군사작전을 전개하면서 이 지역이 적어도 '분쟁지역'임을 분명히 하고 있다. 미국은 그동안 동남아시아에 대한 관여가 주춤한 사이 중국이 이 지역에서 영향력을 급속도로 확대했다고 평가하고, 반전을 시도하는 적극적인 전략을 펴고 있다. 특히 아프가니스탄에서 특별한 대책도 없이 철수함에 따라 국력이 약한 국가들에서 미국에 대한 신뢰가 하락하고 있어, 이에 대한 대책이 시급한 상황이기도 했다. "앞으로 미국이 무엇을 하는지가 이 지역을 향한 미국의 헌신과 결의에 대한 인식에 영향을 줄 것"이라는 리셴룽 싱가포르 총리의 말은 미국에 대한 이런 동남아시아의 의구심을 잘 나타내고 있다. 그는 또 "2021년 미국의 아프가니스탄 철수 이후 장기적으로 중요한 것은 미국이 아시아·태평양 지역에서 위치를 어떻게 재정립하는지이다"라며 이는 "미국의 글로벌 우선순위와 전략적 의도에 대한 각국의 인식을 정할 것이기 때문"이라고 말하면서 불안감을 보이는 동시에 미국의 분명한 의지 표명을 요구했다. 이것은 아세안 각국의 공통된 입장으로 봐도 무방하다고 판단된다.

따라서 미국은 세계 각국에 자신의 권위를 증명하고 아세안의 신뢰를 확보하기 위해 중국 압박 수위를 높이고 있다. 군사적으로는 중국의 반발을 노골적으로 무시하면서 '항행의 자유' 작전을 정례화하고, 정찰 활동도 부쩍 늘려, 중국과 분쟁 중인 국가와 신뢰를 구축하려는 의지를 확실히 보여주고 있다. 조바이든 취임 이후 미 해군은 매달 한 번꼴로 '항행의 자유' 작전을 구실로 대만해협을 통과하고 서태평양에서 군사 활동을 강화하고 있다. 또 2021년 8월 인도·태평양에서의 합동군사훈련을 전개했는데, 이는 냉전 시대였던 1981년 NATO 회원국과 실시한 대규모 훈련 이후 40년 만에 최대 규모였다. 이 합동군사훈련에는 미국, 영국, 호주, 일본의 해군함정 36척과 50여 개 부대가 참가했다. 또 이 훈련과 별개로 쿼드 회원국 군함을 동시에 남중국해에 두 달 동안 배치했으며, 영국·독일과는 '항행의 자유' 합동작전을 펼쳤다. 다만 독일은 중국 연안 12해리 이내 해역을 통과하지만, 중국을 도발할 의도가 없음을 알리기 위해 상하이 기항을 요구했으나 중국은 이를 거절했다. 이것을 보면 영국과 독일은 자국과 멀리 떨어진 남중국해 문제에 대해 적극적으로 관여할 의사는 없으나, 미국의 강력한 요구에 따라 어쩔 수 없이 끌려들어 오는 측면도 있어 보인다. 이에 대해 우첸(吳謙) 중국 국방부 대변인은 2021년 4월 기자회견을 열어, 바이든 취임 이후 미국 군함의 중국 관련 해역 활동 빈도가 전년 동기 대비 20%, 정찰기 활동이 40% 넘게 늘었다면서 "미국이 이 지역을 군사화하고 지역 평화와 안정을 위협한다"라고 비난하는 등 반발의 강도를 높이고 있다.

이와 동시에 바이든은 '가치 동맹' 기치를 내걸고 동맹국을 하나로 묶는 장기적 이데올로기전을 펼치고 있다. 그런데 그의 이데올로기 공세는 냉전적 사고가 아니라, '보편 가치'와 '특수 가치'라는 선악 개념에 기초한 특징을 보인다. 즉, 중국은 국제사회의 보편적 가치를 반영한 국제법에서 벗어난 자신들만의 가치를 주창하며 국제법을 준수하지 않는다는 논리이다. 그 가장 명징한 사례가 바로 남중국해에서 '항행의 자유'를 지키려는 미국과 이를 거부하는 중국이라는 대비라고 선전을 강화하고 있다.

그렇지만 아세안 각국이 미국의 이런 군사행동을 긍정적으로만 평가하는 것은 아니다. 아세안은 미·중 갈등이 커지면 자국의 외교적 선택지가 줄어들고, 결과적으로 국가 안전과 경제 번영에 필요한 지렛대를 상실할 위험성이 증가하기 때문이다. 그래서 이들의 희망은 중국 시장을 활용하면서도 남중국해 영유권 주장을 미국이 적절히 제어하는 선에서 갈등이 유지되는 것이다. 다만 이들이 주도적으로 상황을 견인할 능력이 없기 때문에, 두 대국의 흡입력에 각각 빨려 들어가면서 아세안의 결집력이 급속히 약화되는 위기를 맞고 있다.

2. 베트남의 안보 헤징 전략과 중국 경제 활용론

베트남은 과거 중국의 지배를 받았지만 끈질긴 독립운동을 전개했고, 아시아 조공 체제에 편입되어 있었으면서도 스스로 황제를 칭할 정도로 자존심이 강한 민족이다. 또한 20세기에는 프랑스·미국·중국과 전쟁에서 승리한 유일한 국가이기도 하다. 베트남 국민은 강인한 저항 정신과 세계 최고의 인내심을 갖은 민족이기도 하다. 이런 인내심이 제국을 상대로 한 전쟁에서 이길 수 있는 비결이었다. 그리고 현재는 경제발전을 위해 또 다른 각도에서 인내하고 있다. 즉, 미국과는 전쟁의 원한을 묻어주고 경제·기술 협력을 강화하며 개혁개방을 추진해 왔다. 최근에는 중국의 위협에 대응하기 위해 정치·군사적 협력이 '준동맹' 차원으로 격상되었다. 이를 위해 반미 정서가 일어나지 않게 관리하고 있다. 동시에 중국과 경제협력을 추진하는 것도 국가적 과제로 삼고 있다. 하지만 중국에 대한 경계를 완화한 것은 아니며, 국민 대중의 반중 정서 역시 매우 높은 편이다.

1) 해상 영토 갈등과 베트남의 헤징 전략

베트남은 중국에 대한 애증이 극단적으로 반복되는 나라이다. 또 남중국해 분쟁 국가 가운데 유일하게 육지와 해상에서 중국과 국경을 맞대고 있다. 그리고 역사적으로 천 년 이상 중국의 직접 지배를 받아 중국에 대한 배타적 감정이 강하고, 1974년에는 파라셀제도를 모두 중국에 빼앗긴 아픔이 있으며, 1979년에는 전쟁까지 치른 사이이다. 지금도 남중국해에서 가장 직접적인 무력 분쟁을 겪고 있다. 따라서 베트남이 전쟁까지 치른 미국과 군사적 준동맹에 가까운 정책을 취하는 것도 완전히 중국 요인이라고 할 수 있다.

그렇지만 중국과는 동일한 사회주의 체제와 개혁개방에 성공한 공통점이 있고, 경제발전을 위해서는 반드시 협력해야만 한다. 베트남이 미국을 활용한 변형된 '균형 전략', 즉 헤징 전략을 쓰면서도, 중국과 협력관계를 유지해야 할 수밖에 없는 이유가 바로 여기에 있다. 이런 고민은 베트남 지도부가 미국과 중국을 어떻게 대하는가를 보면 충분히 알 수 있다. 2021년 8월 24일 팜민찐(Pham Minh Chinh) 총리는 카멀라 해리스 부통령과 면담이 하루 연기되자, 기습적으로 슝보(熊波) 중국 대사와 먼저 회담을 개최해 전형적인 미·중 등거리외교를 보여주었다. 그는 이 면담에서 "베트남은 중국과 관계 발전을 중시한다. 이는 베트남 대외 정책의 전략적 선택이자 우선순위"라고 강조하며, 미국 부통령 방문에 대한 중국의 우려를 불식시키려 노력했다. 동시에 미국이 무상으로 제공하는 100만 회분의 코로나19 백신을 토대로 중국에게는 200만 회분의 백

표 4-2 중국·베트남의 남중국해 갈등과 미국의 대응

	중국	베트남	미국
2010~ 2011	· 핵심 이익 선언(2010) · 인공섬 조성 시작(2010) · 베트남 선박 해저케이블 훼손	· 국민 총동원령 발동(32년 만에 대중 총궐기) · 미국과 국방 협력 양해각 서 체결	· 국가이익 선언(2010) · 중국 무력 사용 반대(의회) · 항행의 자유 보호 결의(의회)
2012	· 융싱섬에 싼사시 설립 · 남중국해 어업 금지 기간 선포	· 남중국해 섬 주권 포함된 해양법 선포 → 중국 반발	-
2014	· HD981 유전 탐사 · 베트남과 북부만 영해 및 경제 구역 경계 획정 효력 발생	· 100여 척 선박 중국과 대 치(수교 이후 최악) · 인도, 러시아 등과 조약 없 는 동맹관계 구축	· 미·베트남, 전략적 동반자 관계로 격상 · 베트남에 살상 무기 수출 금지 해제
2015	· 7개 인공섬 완성 → 불침 항모 · 시진핑, 베트남 방문	· 아세안, 인공섬 중단 요구 · 쯔엉사군도(난사군도) 여행 개방	· G7, 중국에 인공섬 중단 촉구 · 구축함 중국 인공섬 12해리 이내로 자유의 항행
2016	· PCA 결정 전날, 최대 규모 해상 군사훈련	· 미 함정 최초로 캄란만 방 문	· 오바마 베트남 방문, 대대 적 지원 약속
2019	· 중국 해양 지질 8호, 조사 활동 → 베트남 해경과 수 일간 대치	· 해경법 실시 계획 발표 · 해양 순시선 6척 미국에서 무상 도입	· 여덟 차례 항행의 자유 작 전 실시 · 핵항모 레이건호, 일본과 군사훈련
2020	· 중국 해경선, 베트남 어선 과 충돌 → 어선 침몰	· 미 구축함 입항	· 남중국해 정찰 활동 강화 · 중국해저 지원 탐사 기업 제재

자료: 필자 작성.

신 제공을 이끌어내는 양동작전을 성사시켰다.

1947년 국민당의 중화민국이 '11단선'을 선포했는데, 1953년 중국은 이 가운 데 베트남 통킹만이 포함된 2개를 포기하고 '9단선'으로 조정해 자국의 영해라 고 재차 선포했다. 또 중국은 1974년 베트남전쟁이 끝나기 전 어수선한 틈을 타 파라셀제도(西沙群島)의 모든 섬을 무력으로 점령해 자국의 영토로 편입시켰 다. 1979년에는 베트남이 캄보디아를 점령한 것을 이유로 전쟁을 벌여 양측이 2~3만 명이나 사망하는 대규모 충돌이 일어났다. 1988년에는 스프래틀리군도 (南沙群島)에서 베트남과 무력 충돌[존슨 암초(Johnson Reef) 사건)]을 일으켜 이 지역을 장악했다. 이때 베트남은 군인 64명이 전사했으나 중국에 넓은 해역을 빼앗기고 말았다. 양국 군대가 전투를 벌인 마지막 충돌이었다. 그 이후 1991년 수교를 하면서 양국은 경제협력을 기초로 비교적 원만한 관계를 유지해 왔다.

그런데 중국은 2007년 남중국해를 관할하는 싼사시(三沙市)를 창설하고, 2010년 남중국해를 '핵심 이익'이라 선포하고, '해도보호법(海道保護法)'을 발효시켜 남중국해를 정기적으로 순찰하자 이 지역의 긴장감이 높아지기 시작했다. 미국도 이때부터 이 해역이 자국의 '국가이익'이라며 중국에 반격하고 아세안 보호자를 자처하며 분쟁에 적극적으로 개입하기 시작했다. 중국은 2010년 아세안과 '남중국해 당사국 행동 선언(DOC)'을 원칙적으로 합의했으면서도, 다음 해에는 베트남 선박의 해저케이블을 절단하는 등 매우 거친 행동을 지속했다. 그러자 베트남은 이 해역에서 실탄훈련과 전 국민 총동원령을 발동하는 초강경 대응으로 맞섰다. 이 동원령은 1979년 양국이 전쟁을 벌인 이후 32년 만에 발동한 최고 수위의 대응이었다. 양국의 긴장이 크게 높아진 상황에서 베트남은 2012년 6월 해양법을 제정하고 남중국해 일부를 자국 관할 구역에 편입했다.

그러자 중국은 다음 날 곧바로 싼사시를 지급시(地級市)로 격상해 남중국해 전역을 관할하도록 행정 개편을 시행하고, 동시에 군대를 파견해 이곳이 자국 영해라고 압박했다. 중국의 이런 고강도 압박에 대응하기 위해 베트남은 2009년 미 함정의 기항을 허용하고, 다음 해에는 미 국방 장관을 초청해 전략 대화와 합동군사훈련 개최 등 4개 분야의 방위 협력에 합의했다. 또 2013년에는 미국의 최정예 구축함 2척이 다낭(Da Nang)항 근처에서 합동군사훈련을 실시하는 등 미국에 편승해 안전을 확보하는 '균형 전략'을 한층 분명히 했다.

특히 중국은 시진핑이 집권하면서 2013년 남중국해 분쟁에 대해 비타협을 선언하는 등 강경 일변도 정책을 펼치자 주변국들의 대미 접근은 한층 가속화했다. 2014년 중국이 해양 석유 탐사를 시작하면서 양국이 대치했고, 말레이시아가 실효적으로 지배하고 있던 탄환초(彈丸礁)를 중국이 무력으로 점령하고 이곳에 당시까지 최대의 인공섬을 건설하자 양국 관계는 최악으로 치달았다.

베트남은 이 사건을 계기로 중국의 위협을 재인식하고, 외교정책에도 많은 변화를 가져왔다. 미국·일본뿐만 아니라 인도와 러시아 등과도 '전략적 동반자 관계'를 구축해 '조약 없는 동맹관계'를 맺기 시작한 것이다. 이와 더불어 미국은 공식적으로 '항행의 자유' 작전을 시작했고, 베트남은 최초로 미 해군 함정의 자국 기항을 허용하면서 이를 지원했다. 또 버락 오바마 대통령이 교전국이었던 베트남을 공식 방문해 대대적인 지원을 약속하는 등 대중 견제를 위한 베트남 껴안기에 공을 들였고, 양국은 합동군사훈련을 실시하는 등 군사 분야에서 빠르게 협력관계를 강화하고 있다.

2) 시진핑의 강경책, 미국의 베트남 껴안기

미국이 중국의 해양 진출을 막고 해양통제 전략이 성공하기 위해서는 베트남과 필리핀의 협력이 절대적으로 필요하다. 중국의 구단선 지역의 상당 부분은 이 두 나라가 자국 영해라고 주장하는 해역이기 때문이다. 그래서 이미 필리핀과 군사동맹인 미국이 베트남을 '준군사동맹'으로 견인할 수 있다면, 중국의 해상 작전을 크게 제약할 수 있다. 인도·태평양 전략을 핵심으로 중국에 최대 압박 전술을 쓰고 있는 미국이 베트남에 다방면의 지원을 강화하고 있는 이유이다.

다만 베트남은 비동맹을 국가전략의 핵심으로 여기고 있어 명시적인 동맹 체제 구축은 어려울 것이다. 하지만 중국에 자국 바다를 빼앗겼고, 몇 년 전에도 국민 총동원령까지 발동할 정도로 경계심을 갖고 있는 베트남이 중국의 구단선 점유를 기정사실화하는 전술을 뚫기 위해서는 미국과 협력을 강화할 수밖에 없는 것도 사실이다. 더구나 중국이 남중국해의 암초를 인공섬으로 조성해 불침 항모 역할로 삼고 있는 상황에서 베트남의 선택도 좁아지고 있다. 결국 평화와 번영의 기치를 내세운 일대일로로 영향력을 확대해 왔던 중국이 군사·안보 영역에서 공세적인 자세를 취한 결과, 기존의 회색지대 전략으로 획득한 성과를 잃어버리고, 아세안의 주요 회원국을 멀어지게 만드는 '딜레마'에 빠지게 되었다.

'아시아 재균형'을 선언한 오바마 행정부는 2016년 베트남에 대한 무기 금수를 전면 해제하면서 베트남 끌어안기에 적극성을 보였다. 그 결과 2018년 핵추진항공모함이 베트남에 기항하게 되었다. 이는 베트남전쟁이 끝난 1975년 이후 처음 있는 일로 미국과 베트남이 준군사동맹까지 나아갈 수 있음을 보여주는 사건이다. 처참한 전쟁의 상처를 준 미국에게 핵추진항공모함의 기항까지 허용한 베트남의 선택은 국제 현실의 비정함을 단적으로 보여주는 사례이다. 또한 베트남에 무인기(drone)와 순시선(patrol boat)을 제공하기로 하는 등, 중국에 대한 베트남의 불안감을 이용하면서 많은 공을 들이고 있다. 바이든 정부 역시 지원을 대폭 강화하고 있다. 2021년 8월 해리스 부통령은 오스틴(Austin) 국방장관의 순방 한 달 후에 다시 싱가포르와 베트남을 방문해 중국 견제 의지를 분명히 했다. 해리스 부통령은 베트남에서 "남중국해에 대한 중국의 지나친 해상 청구권에 도전해야 한다. 미국이 베트남 해상 안보를 지원하겠다"라고 공개적으로 약속하는 등 매우 적극적인 구애 작전을 폈다. 또 베트남에 대한 공적개발원조 액수를 늘리고, 코로나19 백신 100만 회분을 무상으로 제공하는 등 중국과 지원 경쟁에서도 밀리지 않겠다는 의지를 보인다. 이런 지원을 적극 활용하려는 베트남의 안보 분야 친미 헤징 전략은 미국에 대한 우호적인 정서를 가진 국민 지지를 바탕으로 한동안 계속될 것이다.

3) 베트남의 대중 무역의존도 심화

강대국 사이에 낀 약소국이 생존하기 위해서는 유연하고 다양한 외교 전략이 필요하다. 여기에는 균형 전략, 편승 전략, 헤징 전략 등 여러 선택지가 있다. 베트남은 중국의 군사력을 인정하면서도 경제력을 활용할 수밖에 없는 다차원적 헤징 전략이 필요하다. 이 전략은 강대국 관계에서 자율성을 어느 정도 유지하면서 국익과 안보를 위한 대외 전략이라 할 수 있고, 균형 전략과 편승 전략을 복합적으로 구사하는 것이다. 즉, 경제적으로는 중국에 기대는 '편승 전략'을 쓰고, 군사·안보에서는 중국과의 비대칭을 미국을 활용해 조정하는 '균형 전략' 추구에 적극적으로 참여한다.

베트남과 중국은 1991년 수교 이후에도 여러 곡절을 겪어왔다. 1994년 해양 석유 탐사 분쟁에서는 양국 모두 서방국가와 합작을 맺어 외국 기업을 끌어들였다. 이 방식은 베트남에게 더 절박했는데, 충돌을 외주화하는 방식으로 중국과 직접적인 대치 위험을 줄이려는 일종의 헤징 전략이었다. 이 사건 이후에는 비교적 안정적인 관계를 유지해, 2000년에 북부만 경계를 확정하고 4년 후에 효력을 발생시키는 등 국경분쟁 해결을 위해 노력했다. 그러나 중국은 2011년 베트남이 국민 총동원령을 내릴 정도로 분노한 해상케이블 절단 사건을 일으켰고, 2014년 분쟁지역에서 유정 탐사(HD981)를 시도하자 수교 이래 최악의 관계로 변하고 말았다. 이를 계기로 베트남은 중국을 냉정하게 바라보게 되었고, 인도와 러시아 관계를 적극적으로 격상시켰다.

이에 맞서 중국은 베트남 여행을 금지하고, 국영기업을 중심으로 베트남에서 경제활동을 축소하거나 중지하도록 했다. 그 결과 2015년에는 여행객이 즉각 줄어들었고, 다음 해 양국 무역액도 크게 축소되었다. 물론 시진핑이 하노이를 방문함으로써 이런 금지가 풀리면서 여행객이 원래 증가 속도를 회복했지만, 베트남은 이를 통해 대중 정책을 재정립하자는 목소리가 높아졌다.

하지만 중국에 대한 이런 강경한 목소리에도 불구하고, 베트남은 중국과 갈등이 경제발전에 지장을 초래해서는 안 된다는 점을 분명히 인식하고 있다. 중국도 장기적인 갈등을 원하지 않았기 때문에 다시 봉합되었다. 시추선 사건 이후에 양제츠(楊潔箎) 외교 담당 국무위원이 베트남을 방문했고, 베트남도 군 대표단을 베이징에 파견해 직통전화 개설에 합의했다. 이런 곡절에도 불구하고, 중국과의 무역량은 최근 4년 동안 2배가 증가해 경제적 관계는 더욱 깊어지고 있다. 2020년 대중 무역량은 1923억 달러로 미국 922억 달러의 2배 이상이다.

그림 4-2 베트남의 대미·대중 수출입 총액   (단위: 억 달러)

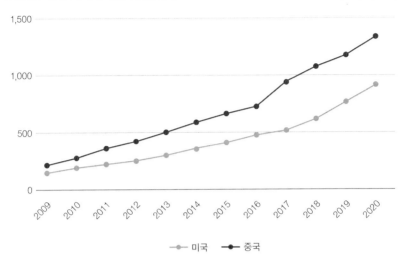

자료: Bureau of Economic Analysis; WITS; TRADING ECONOMICS; UN Comtrade Data; Statista2021; 中國商務部; 中國商務部中國對外直接投資總計公報.

하지만 〈그림 4-2〉와 〈그림 4-3〉에서 보는 바와 같이, 중국에는 매년 300억 달러 이상 적자이지만, 미국에는 대중 적자의 2배 정도의 흑자를 내고 있다. 이것은 중국에서 중간재를 많이 수입하기 때문이다. 즉, 베트남의 대중 무역적자는 기술력 차이에 기반한 국제적 수직분업(GVC)에서 오는 것이기에, 수치상으로 나타나는 무역적자는 다국적기업이 부담하는 것이 상당하다. 따라서 대중 무역적자가 곧 베트남의 경제에 심각한 타격을 주는 것만은 아니라는 점을 명확히 해야 한다.

그렇지만 베트남은 대중 무역의존도를 축소하기 위해 무역 다각화를 추진하고 유럽과도 다양한 경제협력을 추진하고 있다. 물론 아직 눈에 띄는 성과는 적지만, 최근 중국에 있던 공장이 베트남으로 대거 이전하는 경향을 감안하면, 이 무역적자도 상당히 개선될 것으로 예상된다. 특히 트럼프에 이어 바이든이 강력하게 추진하는 세계 공급망(GVC) 재조정 정책에 따라, 중국에 투자했던 많은 다국적기업이 새로운 생산기지로 베트남을 주목한 이후에 양국의 경제 관계

그림 4-3 베트남의 대미·대중 무역흑자액　　　　　　　　　　　　　(단위: 억 달러)

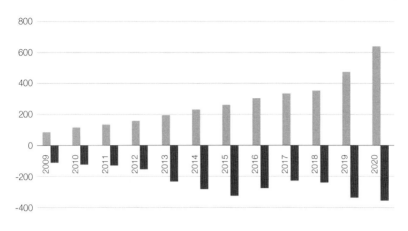

자료: Bureau of Economic Analysis; WITS; TRADING ECONOMICS; UN Comtrade Data; Statista 2021;
　　中國商務部; 中國商務部中國對外直接投資總計公報.

도 조정될 것으로 보인다. 또한 베트남은 중국에 대한 의존도를 줄이기 위해 환태평양 경제 동반자 협정(Trans Pacific Partnership: TPP) 등 다자 무역 협정에 적극적으로 참여하고 있다는 점도 중국 편승 전략 이후를 대비하는 정책이라 할 수 있다.

4) 베트남의 무역·자본 수지 버팀목 미국

한 가지 짚고 넘어갈 것은, 베트남에 대한 미국의 경제적 영향도 결코 무시할 수 없다는 점이다. 중국이 무역에서 차지하는 비중이 높고, 코로나19가 발생하기 이전인 2019년 베트남 여행객 1800만여 명 가운데 중국인이 580만여 명으로 약 32%를 차지해 베트남의 무역적자의 상당액을 상쇄한 것도 사실이다. 여행객으로만 보면, 미국은 겨우 17만 3000여 명으로 베트남을 찾은 전체 관광객의 4.7%에 불과하다. 그러나 직접투자(FDI)에서는 미국의 기여가 중국

표 4-3 미·중의 대베트남 직접투자액 (단위: 100만 달러)

연도	2011	2012	2013	2014	2015	2016	2017	2018	2019	2020
중국	189	349	481	333	560	1,279	764	1,151	1,303	1,380
미국	964	1,143	1,348	1,746	1,816	2,433	2,461	2,895	2,883	2,820

자료: Bureau of Economic Analysis; WITS; TRADING ECONOMICS; UN Comtrade Data; Statista 2021; 中國商務部; 中國商務部中國對外直接投資總計公報.

보다 훨씬 크다. 〈표 4-3〉에서 알 수 있듯이, 2020년 미국의 직접투자는 28.2억 달러인 반면, 중국은 13.8억 달러에 불과하다. 중국은 2016년에 대베트남 직접투자액이 10억 달러를 넘어섰으나, 미국은 이미 10년 전 10억 달러를 초과한 이후 지속적으로 투자액을 늘려오고 있다.

따라서 해외 기업을 유치해 선진기술을 습득하고 일자리를 늘려 빠르게 성장한 중국 모델을 모방하는 베트남으로서는 미국의 직접투자 유치에 국가적 노력을 할 수밖에 없는 상황이다. 베트남의 수출이 다국적기업에 의해 이뤄지고 있는 점을 상기한다면, 경제발전에서 수출 증가보다도 직접투자의 증가가 더 실질적인 도움이 된다고 할 수 있다. 이는 베트남의 전략을 단순하게 정치와 경제를 분리해 미국 균형론과 중국 편승론만으로 설명할 수 없는 점을 보여주는 지표라 하겠다.

베트남에 대한 미국과 중국의 영향력을 가늠하는 또 한 가지 지표는 공적지원금(ODA) 규모이다. 중국은 동남아시아에 대한 ODA를 크게 늘리고 있다고만 알려졌을 뿐 구체적인 액수를 확인할 길이 없다. 왜냐하면 중국은 상무부에서 대외 원조를 한다고는 하지만 정확한 통계를 공개하지 않고, 실질적인 대외 협력은 다른 부서에서 관장하는 사업이 많기 때문이다. 그래서 여기서는 미국의 공적지원금 규모의 변화를 통해 미국이 베트남을 얼마나 중시하는지를 살펴본다.

미국은 '아시아 회귀'를 선언한 2011년에 약 1억 달러를 지원했으나, 2020년에는 2배가 넘는 2.18억 달러를 지원하고 있다. 이는 순수한 지원금이기 때문

표 4-4 미국의 베트남에 대한 공적지원금 지원　　　　　　　　　　　　　　　　(단위: 1000달러)

연도	2011	2012	2013	2014	2015	2016	2017	2018	2019	2020
지원금	103,076	126,934	131,441	123,563	114,983	157,432	162,051	164,017	201,677	217,970

자료: USAID.

에 매우 소중한 금액이다. 또 군사용 지원을 별도로 하고 있어 미국이 베트남을 포섭하려는 의지를 충분히 알 수 있다. 결론적으로 베트남은 미·중 경쟁이 격화되면서 불안한 측면도 있지만, 양국을 지렛대로 활용하면 안보 위험보다 많은 실익을 확보할 공간도 존재한다고 볼 수 있다.

3. 필리핀의 헤징 전략 불가와 전략적 모호성

필리핀은 태국과 함께 아세안에서 미국과 군사동맹을 맺고 있는 국가이다. 그만큼 필리핀의 지정학적 위치는 미국의 인도·태평양 전략에서 중요한 의미를 가진다. 물론 서태평양에서 필리핀을 대체할 국가로는 호주와 싱가포르가 있기는 하지만, 필리핀에 필적할 만한 요충지는 되지 못한다. 호주는 너무 멀리 떨어져 있어 작전 효율이 떨어지고, 싱가포르는 공간이 협소해 작전이 원활하지 못하기 때문이다. 미국이 인도·태평양 전략을 전개할 때 태평양의 오키나와 공군기지와 인도양의 디에고 가르시아(Diego Garcia) 기지를 잇는 중간 급유지로 필리핀 기지가 꼭 필요하다. 따라서 미국의 대아세안 정책 재건의 관건은 필리핀과의 관계 복원에 달려 있다고 할 수 있다.

그런데 두테르테 집권 이후 미국과 필리핀 관계는 급속히 악화되었다. 두테르테가 2016년 집권하면서부터 '반미·친중' 행보를 보이자 미국은 그가 벌인 '마약과의 전쟁'에서 생긴 인권 문제를 구실로 수억 달러에 달하는 경제원조를 유보했다. 또한 2017년 1월 미국이 필리핀에 무기고 건설을 추진하자, 두테르테는 "상호방위협정(Mutual Defense Treaty: MDT)을 무효화하겠다"라는 경고와 함께 "방문군지위협정(Visiting Forces Agreement: VFA)에는 항구적인 시설을 설치하지 않도록 명기되어 있다"면서 미국의 일방주의에 강력히 반발했다. 또 그는 2020년 2월 일방적으로 'VFA 파기'를 선언해 미국을 당혹하게 만들어놓고, 4개월 후에는 파기 효력을 6개월간 중단한다는 강온 양면 전략을 사용하면서 필리핀의 몸값을 올렸다. 그 결과 최종 협약은 2021년 11월까지 결정하기로 미뤄졌다. 만약 필리핀이 VFA를 파기할 경우, 미군은 이 지역에서 활동이 사실상 불가능해지는 치명적 손실을 입기 때문에 협상에서 불리한 입장이다. 그래서 바이든 정부는 협정을 조기에 타결하기를 원하지만, 두테르테는 미국과 중국 사이에서 느긋하게 행동하면서 이익을 최대한 챙기려고 한다. 이런 두테르테의 일방적인 VFA 파기 선언과 번복은 외관상 일관성이 없는 즉흥적인 행동으로 보이지만, 주권국가 통치권자로서 대미 협상을 고려한 상당히 전략적 판단에서 나온 것으로 평가할 수 있다.

이러한 두테르테의 성향을 반영해, 그는 집권하자마자 중국을 자극하는 남중국해에서의 미군과 합동군사훈련에 부정적인 의견을 피력했다. 그는 "중국이 원하지 않는 전쟁 게임이 예정되어 있으며, 이번 훈련이 미국과 필리핀의 마지막 훈련이 될 것이다, 미국과의 오랜 방위조약을 존중하지만, 중국이 필리핀과 미국의 해상 합동훈련에는 반대한다"면서 기존의 친미 정권과는 확실히 다른 의식적인 친중 행보를 하고 있다. 그 전형적인 사례로 중국 해경이 필리핀 EEZ를 침범하거나 민간 어선의 잦은 충돌에 대해서도 이를 교통사고에 비유하며 애써 모른 척하며 양국 관계를 관리한 것을 들 수 있다.

1) 식민지 유산과 3대 안보협력의 위력

동시에 그는 러시아와도 관계 증진과 신뢰 구축에 노력하는 등 친미 일변도 외교 노선에서 벗어나 균형 외교를 추진하고 있다. 이는 자주외교와 등거리외교를 통해 실리를 확보하려는 독자 노선으로 전환한 것이다. 이런 그의 반미 정책은 미국에 대한 개인적 불신 성향과 대미 협상력을 높이려는 두테르테의 전략이 동시에 작용한 것으로 보인다. 400년 넘게 식민지로 살아온 필리핀 국민들은 종주국에 대한 굴종이 내재화해 있다고 평가되기도 하지만, 두테르테 는 미국 지배에 대한 혐오가 매우 강한 것으로 알려져 있다. 그러나 중국이 지속적으로 해양 공세를 강화하고, 국민 여론 역시 일방적으로 친미·반중 정서를 보이는 가운데 대선이 다가오자, 그는 친중 행보에 급제동을 걸며 다시 미국에 손짓을 보내고 있다. 그야말로 실용주의라고 하기에는 너무나 예측할 수 없는 대외 정책이라고 할 수 있다.

사실 미국과 필리핀 관계는 대국 간 세력 변화에 따라 극적으로 재조정되어 왔다. 이는 필리핀이 독자적인 역량을 인정받은 적이 없으며, 지정학적 가치 변화에 따라 양국 관계가 규정되어 왔음을 의미한다. 냉전 시기 필리핀은 매우 중요한 전략적 요충지였으나, 냉전이 해체되면서 그 가치가 급락했다. 이 과정 에서 발생한 대규모 화산 활동은 미국이 필리핀의 군사기지를 포기하도록 작용했다. 다시 말하면 1991년 6월 피나투보(Pinatubo) 화산이 폭발하자 미국은 클라크(Clark) 공항을 폐쇄시키고 터무니없이 적은 보상액을 제시했다. 이것은 필리핀의 지정학적 가치 상실이 대미 협상력 급락으로 이어진다는 것을 여실 히 보여준 사건이었다. 그러자 필리핀 국민은 분노하며 "이제 형 동생 관계는 끝났다"라는 선언을 하게 되었고, 군사기지협정(Military Bases Agreement: MBA)이 종결되면서 1992년 미군은 모두 철수했다.

필리핀에서 미군 철수는 아시아 냉전 종식을 상징하는 사건이었으며, 필리 핀에게는 1951년 군사동맹 이후 최대의 안보 위기로 비춰졌다. 그러나 상호방 위조약은 여전히 유지되었기 때문에 정기적인 합동군사훈련은 계속되었다. 그런데 피델 라모스나 베니그노 아키노 대통령은 미국과의 관계 개선에 적극 적인 인물들이었고, 미국도 태평양에서 군사기지를 상실하는 부담이 있어 다 시 협상이 시작되었다. 이로써 기지 철수 6년 만인 1998년 방문군지위협정을

표 4-5 미국·필리핀 안보협력 3대 축

	상호방위조약(MDT)	방문군지위협정(VFA)	방위협력확대협정(EDCA)
체결	1951년 8월 체결 1952년 비준	1998년 7월 체결 1999년 비준	2014년 4월 행정 협정은 비준 불필요
법적 지위	· 안보협력 기본 틀 · 군사동맹 근거(현재) · 외부 침략 받을 시 상호 지원 · 협정 대상에 남중국해 포함 　여부 쟁점	· MDT 보완 협정 · 미군의 필리핀 일시 주둔 관 　리 지침 · 미군 합동군사훈련, 순환 배 　치, 주둔, 방문, 지원 활동 법 　적 근거 · 미군 범죄 형사 관할권 규정	· MDT와 VFA 토대로 설계 · 영구 군사기지 설치 불허 · 10년간 군기지 이용 허용 · 미군 부대 내 시설물 별도 　설치 권한 인정
기타 사항	· 군사기지협정(MBA) 1947년 　체결, 1992년 종결 · 주둔군지위협정(SOFA) 1952 　년 체결, 1992년 종결	· 2020년 2월 필리핀, 일방적 　파기 통보 · 2020년 6월 협정 파기 6개 　월 중단 통보 · 2020년 11월 협정 파기 6개 　월 연기 통보 · 2021년 6월 협정 파기 6개 　월 연기 통보	· MDT·VFA·EDCA 체결로 양 　국 군사협력 1991년 수준 　회복 · 미·필리핀 합동군사훈련: 　연 250~300회 실시

자료: 필자 작성.

통해 1992년 이전 수준인 사실상의 군사동맹을 회복했다.

　그러나 양국 관계는 과거의 상하 관계에서 수평적인 협력관계로 전환되었으며, 미군은 영구 주둔이 아닌 순환 배치 형식으로 필리핀에 배치되어 있다. 이후 9·11 테러를 계기로 군사 관계가 강화되었고, 오바마의 '아시아 회귀' 선언으로 필리핀의 전략적 가치는 결정적인 전환을 맞았다. 한편 필리핀은 2012년 4월 스카버러섬에서 중국과 무력 충돌을 겪은 후 힘의 열세를 절감했다. 그래서 미국과 합동군사훈련을 전개해 지원을 확보하고, 물자 보급이라는 명분으로 미국 핵잠수함을 수비크만에 재입항시키도록 개방했다. 이것은 필리핀이 미국의 '아시아 재균형' 전략에 결정적인 역할을 할 수 있다는 점을 보여주는 동시에 군사력이 약한 국가의 어쩔 수 없는 선택이라고 할 수 있다.

2) 두테르테의 전략적 모호성

이와 동시에 중국이 2009년 구단선이 포함된 영해 지도를 국제기구에 제시하면서 영해 갈등이 본격화하자, 필리핀은 2013년 PCA에 중재 신청을 함으로써 국제법에 의한 해결을 시도했다. 이 사건은 미국의 지원이 절대적으로 필요했고, 이를 반영해 2014년 양국은 새로운 '방위협력 확대협정(Enhanced Defense Cooperation Agreement: EDCA)'을 체결했다. 그 결과 미국은 수비크만 해군기지와 클라크를 비롯한 4개의 공군기지 등 5개 지역에 다시 순환 배치 형식으로 주둔할 수 있게 되어, 태평양으로 진출하려는 중국을 저지하는 전략적 요충지를 확보했다. 이렇게 미국이 필리핀으로 돌아올 수 있었던 것은, 미국의 전략적 판단이 주요하게 작용했지만, 중국이 남중국해에서 주변국의 권리를 침해해 이들 국가가 친미로 전향하도록 구실을 제공한 측면도 상당하다.

그렇다면 이렇게 중국의 압박이 강해지고 미군이 다시 돌아온 상황에서 두테르테가 이렇게 방문군지위협정 종료를 선언하면서까지 미국을 압박하는 이유는 무엇일까? 첫째, 두테르테 본인의 뿌리 깊은 반미 의식을 들 수 있다. 그는 필리핀이 위정자들의 친미 성향 때문에 국가이익이 심각하게 침해되었다는 시각을 가지고 있다. 그렇다고 실익을 추구하는 그가 미국을 적으로 돌릴 수는 없었다. 그는 2018년 4월 "오늘날까지 미국은 우리의 강력한 군사·경제 동맹"이라고 공개적으로 언급하면서 우호적인 관계 유지 의사를 밝힌 것에서도 필리핀의 현실을 반영한 인식을 보여준 것으로 평가할 수 있다. 둘째, 상호방위조약을 재협상을 유리하게 하기 위한 디딤돌로 활용하는 측면이 있다. 특히 상호방위조약 제4조와 제5조에 명기된 '무력 공격'과 '메트로폴리탄'에 대한 해석이 필리핀의 요구를 충족시키지 못하고 있어, 반드시 이 문제를 해결해야 한다. 즉, 필리핀이 무력 공격을 받을 때 NATO처럼 미국이 자동으로 개입하지 않기 때문에 안보에 치명적인 약점이 있다. 또 메트로폴리탄에 대한 미국 측 정의에는 남중국해 분쟁지역이 포함되어 있지 않아, 미국과 재협상이 필요하

표 4-6 중국·필리핀의 남중국해 갈등과 미국의 대응

	중국	필리핀	경과	미국
2009	· CLCS에 구단선 포함 해양 지도 제출	· 해양기선법 통과	· 각각 항의, 현상 유지	· 구단선 불인정 입장
2010	· 남중국해, 핵심 이익 규정		· 남중국해 분쟁 표면화	· 남중국해, 국가이익 선언
2011	· 중국 우려 표시	· 수비크만 기지, 클라크 공군기지 재사용 결정	· 미군 작전기지 확보	· 스프래틀리군도를 '서필리핀해'로 명명
2012	· 융싱섬에 싼사시 설립	· 스카버러섬에서 중국 어선 나포	· 양국 해군 2주간 대치	· 미군 순환 배치 확대, 합동군사훈련 강화
2016	· PCA 결정 불인정 · PCA 결정 전날, 최대 규모 해군 훈련 → 압박	· PCA, '구단선' 무효 결정 · 미와 합동군사훈련	· 국제법 준수 논쟁 · 남중국해 영유권 분쟁 격화	· PCA 결정 환영 · 미 항모 전단 남중국해 진입 + 필리핀 항구 사용
2019	· 95척 선박 파견 → 대치	· 난사군도에 인공 건축물 조성	· 필리핀 무성과	· 미 7함대 마닐라 입항
2020	· 해경 최초 우호 방문 마닐라 입항	· 중국 기업 제재 명단 접수 거부	· 필리핀의 미·중 등거리외교	· 남중국해 자원 탐사 기업 25개사 제재
2021	· 필리핀 EEZ 내에 220여 척 선박 정박	· 해군 파견 대응	· 장기 대치 후 철수	· 필리핀에 무기 지원 확대

자료: 필자 작성.

다. 그래서 두테르테는 이 두 문제를 해결하지 못하면 중국을 효과적으로 견제할 수 없다고 판단하고 있다. 이런 관점에서 보면 두테르테의 대미 강경책은 '미치광이 전술' 또는 '벼랑 끝 전술' 속에 숨은 매우 전략적인 행동이라고 볼 수 있다.

그런데 느긋한 두테르테에 비해 미국의 입장은 다급할 수밖에 없다. 어떤 경우에라도 방문군지위협정을 유지해야 하기 때문이다. 이 협정은 상호방위조약, 방위협력확대협정과 함께 미국·필리핀의 동맹관계를 규정하는 3대 축의 하나이다. 그래서 만약 이 협정이 폐기된다면 미군은 필리핀에서 주둔할 법적 규정이 모호해져, 합동군사훈련 등 핵심적인 활동에 큰 지장을 초래하게 된다. 또한 미국이 다시 필리핀에서 철수해야 할 가능성도 제기될 수 있다. 특히 중국을 견제해야 하는 '항행의 자유' 작전이 불가능해질 수 있어 필리핀뿐만 아니라 주변국들의 안보 불안을 가중시킬 수 있다.

두테르테는 이를 이용해 미국과 빅딜을 추진하면서 협상 연장을 거부하는 전술로 미국에 압박을 가하고 있다. 여기에 호응하듯 미국은 두테르테가 집권한 2016년 이후 4년 동안 약 5억 5000만 달러 상당의 지원을 했는데, 2016년과 2019년에는 군사 지원이 경제 지원액보다 많아 중국과 갈등이 생기면 미국의 안보 지원이 강화되는 패턴을 볼 수 있다. 그러나 2020년에는 코로나19와 두테르테의 방문국지위협정 종료 선언 등으로 갈등이 커지면서 군사 지원이 96%나 감소하는 특이한 현상을 보였다.

미국과 필리핀은 이렇게 정치적으로 불편한 관계 같지만 여전히 활발하게 군사협력을 진행하고 있다. 2019년 양국은 280여 차례나 군사훈련을 실시해 인도·태평양사령부 관할 지역에서 가장 많은 훈련을 소화했다. 양국은 매년 250~300회에 달하는 크고 작은 연합훈련을 실시하는데, 대표적인 훈련이 발리카탄(Balikatan)과 살락니브(Salaknib)로 10여 일 이상 진행되는 대규모 훈련이다. 미국 역시 두테르테 집권 이전부터 필리핀에 강력한 지원을 하고 있다. 필리핀 안보 공약 재확인과 연안 경비선과 F-16 전투기 제공을 약속했을 뿐만 아니라, 힐러리 클린턴 국무장관은 남중국해를 서필리핀해(West Philippine Sea)라고 명명하면서 강력한 메시지를 전달했다. 미국은 인공섬을 불침 항모로 사용하려는 중국을 견제하려고 필리핀 기지를 영구 사용하는 방안을 추진 중이다. 이미 제7함대가 필리핀을 기항지로 사용하고 있지만, 현재는 순환 배치 형식으로만 주둔하고 있어 작전에 한계가 있다. 따라서 미국은 필리핀의 요구를 상당 부분 수용하면서 1992년 이전처럼 군사기지 사용을 장기적으로 확보하려고 한다.

필리핀도 '구단선' 무효화를 위해서는 미국의 지원이 절대적으로 필요하고, 중국이 점령해 자국 영해로 기정사실화하려는 스카버러 암초에 대한 주권을 지키려면 미국의 힘이 없이는 불가능하다. 그래서 두테르테는 친중 성향에도 불구하고, 중국이 계속 영토분쟁을 일으키자 최근 다시 중국과 거리 두기를 시도하고 있다. 두테르테는 지지율이 상당히 높은데 특히 군대의 지지를 받고 있어 미국과 중국을 선택적으로 활용할 수 있는 조건과 동력을 갖추고 있다. 또한 본인이 반미 성향이라는 이미지를 앞세워 두 대국과의 협상을 주도할 수 있는 카드도 쥐고 있다.

결론적으로 두테르테는 미국과 긴장을 유지하는 것이 국익에 유리하다고 판단했을 것이다. 또 PCA 결정문을 받아놓은 유리한 입장에서, 중국에는 이를 사용하지 않으면서도 다른 대가를 요구하는 유연한 전략으로 실리를 확보하는 현실적인 방안을 강구하고 있다. 즉, 중국 경제력을 활용하는 '편승 전략'도 포기하지 않으면서, 중국의 공세적 회색 전략을 막아내기 위해 미국에 기대는 '균형 전략'을 동시에 전개하는 이른바 헤징 전략을 사용하고 있다. 따라서 필리핀은 미·중과 갈등을 두려워하지 않는 모습을 보임으로써 국익을 극대화하는 효과적인 전략을 사용하고 있다고 볼 수 있다.

3) 필리핀의 대미·대중 경제 관계 딜레마

중국으로서는 필리핀이 신청한 PCA 중재 결과가 나온 2016년 7월 이후 대응에는 큰 차이가 날 수밖에 없다. 중국이 주장하는 '구단선'이 국제기구에 의해 부정되어 중국의 영유권 주장 명분이 크게 약화되었기 때문이다. 서방국가는 물론 아세안도 이를 근거로 중국을 압박하고 있다. 이에 중국은 중재 신청 단계에서부터 PCA의 결정을 인정하지 않는다는 입장을 견지하며, 그 결정과 영해 관할권은 무관하다고 강경한 주장으로 맞서고 있다. 동시에 중국과 영해 분쟁을 겪고 있는 다른 나라들이 국제법을 활용해 이를 해결하려는 시도를 봉쇄하는 노력도 계속하고 있다.

남중국해에서 중국과 분쟁 중인 국가들도 실제 효과가 크지 않는 국제법에 호소하기보다는 정치적 협상을 선호한다. 필리핀의 두테르테 역시 PCA에서

그림 4-4 필리핀의 대미·대중 무역 총액 (단위: 억 달러)

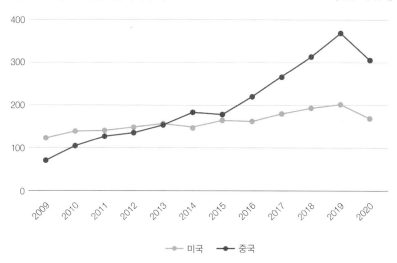

자료: Bureau of Economic Analysis; WITS, TRADING ECONOMICS; UN Comtrade Data; Statista 2021;
中國商務部; 中國商務部中國對外直接投資總計公報.

자국에 매우 유리한 결정을 했음에도, 국제법을 무기로 중국에 공세적인 입장을 취하지는 않고 있다. 대신 인프라 건설에 필요한 재원을 중국에서 도입하는 실리적인 방침을 선택했다. 필리핀은 2020년까지 필요한 약 720억 달러의 사회간접자본(SOC) 자금 가운데 150억 달러를 중국 차관으로 해결하기로 했다. 또한 남중국해 자원의 공동 개발을 중국과 논의할 용의가 있다는 화해 제스처를 보여, 2017년 5월 처음 열린 차관급 양자회담을 매년 두 차례씩 열기로 정례화했다. 이로써 양국은 타협점이 없는 국제법 대결에서 한발 물러나 협상을 통해 공동 발전을 추구한다는 방침을 공식화한 것이다.

필리핀과 미·중의 경제 관계를 보면, 두테르테는 중국과는 경제적 실리를 추구하는 기능주의적 자세를 취하고 있다. 〈그림 4-4〉에서 보는 바와 같이, 2009년 필리핀의 대중 무역은 70억 달러였으나 2020년에는 거래액이 306억 달러로 3.5배 정도 증가할 때, 미국은 같은 기간에 123억 달러에서 168.2억 달러로 약 1.5배 증가하는 데 그쳤다. 그 결과 2020년 교역량으로만 보면 중국은

그림 4-5 필리핀의 대미·대중 무역흑자액 (단위: 억 달러)

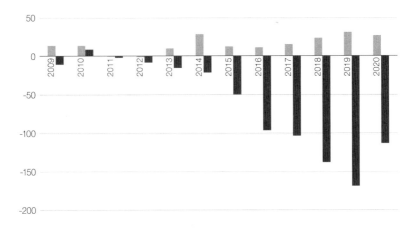

자료: Bureau of Economic Analysis; WITS, TRADING ECONOMICS; UN Comtrade Data; Statista 2021;
　　 中國商務部; 中國商務部中國對外直接投資總計公報.

미국의 1.8배 정도이고, 필리핀의 대중 무역 비중이 20%가 넘어 경제적 의존
도에서도 큰 차이가 나고 있다.

　그러나 여기서 간과해서는 안 되는 사실은, 대부분의 개발도상국이 중국에
무역흑자를 기록할 것으로 생각되지만, 사실 많은 개발도상국은 만성적인 적
자를 보고 있다. 필리핀도 예외는 아니다. 〈그림 4-5〉에서 보여주는 바와 같
이, 미국은 필리핀이 매년 20~30억 달러를 벌어들이는 나라이지만, 중국에게
는 100~150억 달러 이상의 적자를 보고 있다. 특히 2015년 이후 적자액이 급
증해 필리핀에게 부담으로 작용하고 있다. 적자 폭 확대 이유는 바로 중국에서
가전제품 등을 많이 수입하면서도 수출품은 주로 바나나 등 1차산품 위주로
구성되어 있기 때문이다.

　이런 무역구조는 필리핀의 열악한 산업구조를 볼 때 장기적으로도 극복하
기 어려울 것이다. 베트남은 국제분업체계에 편입되어 있어, 대중 무역적자가
나더라도 대부분 다국적기업이 부담하는 것인 반면, 필리핀은 이런 산업 인프

그림 4-6 미·중의 연도별 대필리핀 투자액 (단위: 100만 달러)

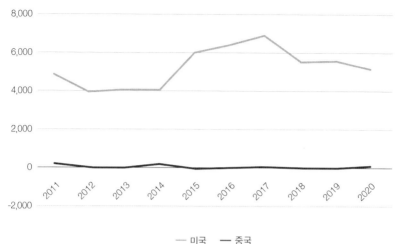

자료: Bureau of Economic Analysis; 中國商務部; 中國商務部中國對外直接投資總計公報.

라나 고급 기술 노동력이 존재하지 않아 적자의 상당 부분은 자국에서 소비되는 공산품 수입 때문이다. 그래서 두테르테가 이런 무역적자 상황까지 대중국 협상용으로 활용하면서 대중 접근을 강화해도, 그의 전략이 과연 국익에 도움이 되는지는 전혀 다른 평가가 나올 수 있다.

다만 중국 관광객의 증가는 눈여겨볼 만하다. 〈표 4-7〉에서 나타난 바와 같이, 코로나19 전인 2017년 중국 관광객은 96.8만 명(전체 비중 14.6%)으로 미국 방문객을 처음으로 추월했다. 그리고 2년 후에는 그 숫자가 2배나 증가해 필리핀 관광 수입에 크게 기여했다. 필리핀은 매년 800만 명이 넘는 외국인이 찾는 관광대국이기 때문에 중국인 비율이 아직은 20% 정도에 머물고 있지만, 코로나19가 끝나면 이 비율은 크게 증가할 것으로 기대하고 있다. 이에 비해 2019년 미국 관광객은 10년 전과 비교해도 2배 정도 증가하는 데 그쳤고, 그 비중도 19.3%에서 12.9%로 상당히 크게 줄었다. 필리핀 경제에서 관광업이 차지하는 비중을 볼 때 두테르테가 중국을 중시하는 것은 이해할 수 있으나,

표 4-7 필리핀의 미·중 여행객 변화　　　　　　　　　　　　　　　　(단위: 1000명, %)

연도	2009	2010	2011	2012	2013	2014	2015	2016	2017	2018	2019	2020
전체 방문 수	3,017	3,520	3,917	4,273	4,681	4,833	5,361	5,967	6,621	7,168	8,261	1,483
중국인	155	187	243	251	426	395	491	676	968	1,258	1,743	170
비율	5.1	5.3	6.2	5.9	9.1	8.2	9.2	11.3	14.6	17.6	21.1	11.5
미국인	583	600	625	653	675	723	779	869	958	1,034	1,064	212
비율	19.3	17.1	15.9	15.3	14.4	15.0	14.5	14.6	14.5	14.4	12.9	14.3

자료: Department of Tourism, Republic of the Philippines.

문제는 필리핀 대중이 베트남처럼 반중 정서가 매우 강하다는 사실이다. 국민 정서가 관광업에 미치는 영향이 큰 점을 감안하면 필리핀의 이런 정서는 향후 민간교류에 상당히 부정적으로 작용할 것으로 보인다.

한편 직접투자에서는 미국과 중국이 상당히 다른 패턴을 그리고 있다. 미국은 식민지 종주국으로서 오랜 정치경제 관계를 반영하듯 투자를 꾸준히 해왔으나, 중국은 투자액이 매우 적을뿐더러 진폭도 커 필리핀에 대한 투자가 안정적이지 않음을 보여준다. 이는 필리핀에 투자할 만한 제조업이 적은 것이 하나의 요인이고, 중국이 관심을 갖는 원자재 분야는 양국 관계의 정치적 분위기에 크게 좌우되어 안정적이고 지속적인 투자가 이뤄지지 못하는 사정을 반영하고 있다. 직접투자 분야에서만 본다면, 중국은 미국의 투자액을 능가하지도 못하고 있을 뿐만 아니라, 투자 환경도 훨씬 불리한 조건에 처해 있다. 그래서 당분간 일대일로와 같은 국책사업을 제외하고는 중국 민간기업이 필리핀에 대형 투자를 할 가능성은 많지 않아 보인다. 객관적 조건이 이러함에도 필리핀 지도자들이 중국 시장을 과대평가해 냉정한 판단을 하지 못하고 중국 편승 전략의 성공을 너무 낙관하고 있는 듯이 보인다.

또한 19세기 말부터 미국의 식민지였던 필리핀은 현재 400만 명 정도의 노동 이민자가 미국에 살면서 연간 10억 달러 이상을 본국으로 송금하고 있다. 이는 필리핀 전체 이주노동자 송금의 35%에 해당할 정도로 큰 비중을 차지한다.

표 4-8 미국의 대필리핀 ODA 규모 　　　　　　　　　　　　　　　　(단위: 1000달러)

연도	2011	2012	2013	2014	2015	2016	2017	2018	2019	2020
지원금	200,340	608,886	226,865	226,290	366,939	265,000	290,905	167,047	366,870	428,282

자료: USAID.

또한 미국 국제개발처(United States Agency for International Development: USAID) 자료에 따르면, 미국은 두테르테가 집권한 2016년 이후 5년 동안 군사 지원 약 5억 8552억 달러, 경제 지원 8억 6215억 달러를 포함해 총 14억 4768억 달러 이상의 재정을 지원했다.

　마지막으로 관심 있게 볼 만한 통계는 미국이 제공하는 공적원조금 규모이다(〈표 4-8〉 참조). 필리핀에 대한 미국의 ODA는 2010년 처음으로 2억 달러를 넘었고 2014년에 3.6억 달러, 2019년에 4.4억 달러를 지원했다. 그런데 '아시아 회귀'를 선언한 다음 해이자 수비크만 해군기지와 클라크 공군기지를 사용하기로 결정한 2011년 ODA는 6억 달러를 넘는 특이한 현상을 보였다. 이는 ODA가 공여국의 이익을 관철하는 방식으로 활용되고 있다는 것을 보여주는 명백한 증거이다. 미국은 두테르테가 친중·반미를 기치로 집권한 이듬해인 2017년에는 1.67억 달러만 지원해 3년 전에 비해 무려 2억 달러나 지원금을 축소했다. 그러나 중국이 인공섬을 완성한 2018년부터는 지원금이 예전 수준을 회복했다. 그런 추세는 2019년에 분명해져, ODA가 처음으로 4억 달러를 초과해 베트남에 대한 지원의 2배를 뛰어넘었다. 이는 미국이 필리핀의 지정학적 가치를 높게 평가하고 있는지를 추측하게 한다.

4) 헤징 전략이 안 통하는 필리핀의 비애

　결론적으로 필리핀은 기존의 친미 일변도에서 벗어나 미국과 중국을 동시에 활용하는 전형적인 헤징 전략을 추진하고는 있으나 큰 성과를 기대할 수 없는 상황이다. 그 이유는 첫째, 자국의 역량에 비해 지정학적 가치가 너무 커서 패권국가의 통제 대상이 될 수밖에 없다. 냉전이 해체되자 미군은 미련 없이 필리핀을 떠났지만, 중국의 부상을 억제할 상황이 되자 여러 수단을 동원해 필리핀에 군대를 재배치했다. 둘째, 필리핀 자신이 중국과 해상 분쟁 당사국이기 때문에 국력의 비대칭을 극복하기 위해서는 미국에 기댈 수밖에 없다. 미국의 경쟁국이 제3국이라면 필리핀의 협상력도 높아질 수 있을 것이지만, 자국과 분쟁 당사국이 중국이기 때문에 별다른 선택지가 없이 미국의 보호를 통한 국가안보를 확보하는 길을 걷고 있다. 셋째, 자국의 경제 규모가 작고 산업이 미미해 중국 편승 전략의 한계가 명백하다. 특히 경제 규모에 비해 대중 무역적자가 크고 개선 가능성이 높지 않은 점은 편승 전략 효과를 반감시키고 있다. 더구나 중국의 직접투자가 많지 않은 점도 중국을 이용한 성장 전략이 대미 협상력을 약화시키면서까지 추진할 가치가 있는가에 대한 의문을 낳게 한다. 넷째, 해상 영토에 대한 비타협 원칙을 선언한 중국이 향후 분쟁 과정에서 경제보복을 취할 가능성이 높다. 중국은 분쟁국들에게 경제보복을 반복적으로 행사하며 정치·경제를 동일하게 취급하는 행태를 보여왔다. 이미 중국의 갑작스런 바나나 수입 금지로 피해를 입었던 사례나, 해상 분쟁을 이유로 경제보복을 당한 베트남 사례는 필리핀이 미래에 겪을 거울이라고 할 수 있다. 남중국해에서 미·중 간 갈등이 격화되면, 중국은 미군기지를 제공하는 필리핀을 상대로 경제보복 할 가능성이 높아 편승 전략이 어느 순간에 위기를 맞을 수 있다는 점이다. 다섯째, 국민들의 친미·반중 정서가 강해 두테르테의 친중 정책이 지속되기 어려운 환경이다. 세계경제 포커스 조사에 따르면, 2021년 현재 필리핀 국민의 12%만이 중국을 좋아하고 88%는 친미 성향을 보였다(KIEP, 2021.7. 16). 이는 아세안에서도 가장 미국 지지도가 높은 수치이다. 이런 성향은 장기간 미국 식민지를 겪었지만 '아메리칸드림'을 염원하는 대중의 심리가 반영된 것이다.

이런 이유 때문에 강대국과의 갈등을 두려워하지 않는 두테르테의 개성이 현재는 미·중 사이에서 일정한 성과를 내고는 있지만 지금의 정책이 오래 지속될 가능성은 적다고 본다. 필리핀은 미·중 강대국의 갈등이 격화되면서 잠시 반사이익을 취하고 있는 상당히 드문 사례라고 할 수 있다. 이것은 두 강대국이 당장 충돌을 원하지 않기 때문에 서로 회색지대 전략 혹은 저강도 전략을 취하기 때문에 가능한 일이다. 이 상황에서 전략적 요충지인 필리핀의 가치와 개성 강한 두테르테의 행보가 미·중 모두에게 양보를 받아내고 있다. 하지만 주체적인 역량이 부족한 필리핀에게 언제까지 이런 전략이 통할 수 있을지는 여전히 의문이다.

4. 베트남과 필리핀의 전략 효과 비교

중국과 국경을 맞대고 있고 경제성장의 기초 조건을 갖춘 베트남은 헤징 전략으로 설명할 수 있는 뚜렷한 특징을 보이고 있다. 천 년을 중국의 직접 지배를 받았던 베트남은 중국의 공세적 접근에 체질적 거부 반응을 가지고 있는데, 1979년의 전쟁뿐만 아니라 난사군도와 시사군도의 암초를 빼앗긴 아픈 상처도 있다. 그래서 역사적으로 최악의 교전국이었던 미국과 준군사동맹이라 할 수 있을 정도로 강력한 협력을 통해 국가안보를 보장받으려 한다. 이런 기조에서 인도·러시아와 전략적 동반자 관계를 맺고, 일본의 군사 지원에 의존도를 높이는 등 중국을 견제할 수 있는 국가와 전략적 관계를 강화하고 있다. 그렇지만 미국 부통령을 만나기에 앞서 중국 대사를 먼저 면담하는 사례에서처럼 중국과 갈등을 키우지 않으려는 자세를 견지하고 있고, 중국의 시장을 활용해 성장한다는 방침도 굳게 지키고 있다. 다만 기술력의 차이로 인해 대중 무역적자를 벗어나지 못한 것은 중국 편승 전략 효과를 반감시키고 있어 상당한 고민을 안고 있다.

베트남은 이를 극복하기 위해 내수 시장 및 GVC의 새로운 기지로 발돋움하며, 동시에 TPP 등 다자간 협력 기구를 최대한 활용한다는 방침을 실행하고 있다. 베트남이 헤징 전략을 쓸 수 있는 조건은, 첫째, 남중국해에서 가장 넓은 영역을 중국과 영유권을 다투고는 있지만 사회주의를 연결고리로 극단적인 적대 관계를 만들지 않을 권력의지가 작동하고 있다. 둘째, 빠른 경제성장과 적정 규모의 인구, GVC 전환은 베트남이 대중 편승 전략을 사용할 정도의 물적 토대가 구축되었다. 셋째, 대중 무역적자는 중국이 베트남 시장을 중시하는 역설로 작용하면서 중국이 편승 전략에 긍정적 인식을 갖도록 작용한다. 넷째, 비동맹을 원칙으로 하는 베트남의 정책이 미국과 적정한 거리를 두고 협력하도록 제도적 장치로 작동하고 있다. 다섯째, 중국위협론에 대한 베트남 대중의 공감대가 대미 균형 전략에 대한 우호적인 분위기를 조성한다. 베트남은 아세안에서 필리핀 다음으로 친미 성향을 가진 국민이 많다. 그만큼 중국에 대한 거부감이 강하다는 뜻인데, 이를 적절히 활용해 중국과 '투 트랙 협상 전략'을 관철할 수 있는 힘이 된다. 이렇게 베트남은 균형과 편승을 동시에 활용해 위험을 분산하는 헤징 전략을 구사할 조건과 능력을 갖추고 있어, 군사·경제력에 비해 강한 발언권을 행사하고 있다.

그러나 필리핀은 아직 낮은 기술력과 소득수준으로 경제적 편승 전략이 큰 효과를 내기가 어려운 조건이다. 그런데 지정학적 가치는 베트남보다 높아 미국이 적극적으로 포섭하려는 대상이며, 동시에 군사동맹 국가이다. 그러나 지정학적 가치는 미·중의 선택 강요에 직면하게 되어 힘이 약한 필리핀으로서는 선택의 여지를 빼앗기는 역설에 직면하고, 중국 자본의 투자가 적고 대중 무역 적자를 벗어나기 어려운 구조 때문에 대중 편승 전략에 대해 미국이 큰 걱정을 하지 않은 측면도 있다. 두테르테는 이런 장단점을 고려해 중국을 적극적으로 활용해 미국과 협상력을 높이는 '역헤징' 전략을 과감히 시도하고 있다. 이것은 두테르테의 반미 성향이 강한 개성과 군부의 높은 지지가 있기 때문에 가능한 방법이다. 어쨌든 미·중을 두려워하지 않는 이미지를 활용한 두테르테의 협상술은 '미치광이 전술'이라는 부정적인 평가에도 불구하고 매우 효과적으로 국익을 확보해 나가고 있다. 다만 필리핀 대중의 강한 반중 정서가 지배적이고 만성적인 대중 무역적자를 극복하지 못한 상황에서 중국 시장을 과대평가하고 있는 현재의 정책은 장기적으로 유지되기 어려워 보인다. 그래서 현재의 '역헤징' 전략은 언제든지 바뀔 수 있는 가능성이 커 보인다.

참고문헌

권재범. (2020). 「베트남과 아시아-태평양지역 국가 간 전략적 파트너십 확대연구: 중국의 부상에 대한 베트남의 대응 측면을 중심으로」. ≪한국동북아논총≫, 제25권, 제3호.

김덕기. (2018). 「미국의 남중국해 '항행의 자유 작전'과 중국의 대응이 주는 함의」. ≪군사논단≫, 제96호.

김상걸. (2021). 「미국, 중국, 러시아 및 중동의 법률전(Lawfare) 실행」. ≪미국헌법연구≫, 제32권, 제1호.

김석수. (2014). 「남중국해 분쟁과 미중의 전략적 경쟁」. ≪동남아연구≫, 제24권, 제2호.

_____. (2016). 「남중국해 분쟁 해결과 아세안 방식」. ≪세계지역연구논총≫, 제34집, 제1호.

김성철. (2018). 「남중국해 분쟁과 베트남의 대중국 헤징」. ≪중소연구≫, 제41권, 제4호.

김원희. (2017). 「국제법상 해양에 대한 역사적 권리의 성격과 범위」. ≪영토해양연구≫, 제13권.

김현승. (2017). 「미해군 수상함부대 전략 평가 및 한국 해군에게 주는 시사점」. ≪STRATEGY 21≫, 통권 제41호.

박광섭. (2021). 「필리핀 두테르테 행정부의 방문군지위협정(VFA) 파기문제 연구」. ≪국방정책연구≫, 제37권, 제1호.

박용현. (2019). 「남중국해 분쟁의 평화적 해결방안 모색」. ≪베트남연구≫, 제17권, 제1호.

변창구. (2013). 「중국의 공세적 남중국해 정책과 미·중관계」. ≪한국동북아논총≫, 제69호.

_____. (2016). 「미중 패권경쟁과 남중국해 분쟁: 실태와 전망」. ≪한국동북아논총≫, 제79호.

신종호 외. (2021). 『강대국 경쟁과 관련국의 대응: 역사적 사례와 시사점』. 서울: 통일연구원.

윤석준. (2009). 「동아시아 해군력 현대화 추세와 전망」. ≪국방연구≫, 제52권, 제2호.

윤지원. (2017). 「남중국해 영유권 분쟁의 변화와 필리핀의 전략적 선택」. ≪국방과 기술≫.

이동률. (2017). 「시진핑 정부 '해양강국' 구상의 지경학적 접근과 지정학적 딜레마」. ≪국제정치논총≫, 제57권, 제2호.

_____. (2019). 「남중국해 분쟁에서의 중국의 전략과 딜레마」. ≪의정논총≫, 제14권, 제1호.

이재현. (2020). "필리핀-미국 방문군협정(VFA) 폐기: 양자 군사동맹에 대한 함의와 미래". 아산정책연구원 이슈브리프.

이학수. (2018). 「남중국해 해양분쟁 연구: 시사군도와 난사군도를 중심으로」. ≪인문사회과학연구≫, 제19권, 제1호.

정구연. (2018). 「미중 세력전이와 미국 해양전략의 변화: 회색지대 갈등을 중심으로」. ≪국가전략≫, 제24권, 제3호.

타이, 마이클(Michael Tai). (2020). 『동·남중국해, 힘과 힘이 맞서다』. 서울: 메디치.

프레이블, 테일러(Taylor Fravel). (2021). 『중국의 영토분쟁: 타협과 무력충돌의 메커니즘』. 서울: 김앤김북스.

KIEP. (2021.7.16). "아세안-중국 대화관계 수립 30주년 특별외교장관회담 주요 결과와 시사점". 세계경제 포커스.

제 2 부

중국·아세안의 상호 인식과 협력

제5장

동남아시아 국가들의 대중국 인식 기원과 연혁*

응우옌 주이 중(Nguyễn Duy Dũng) ι 베트남사회과학원 동남아시아연구소 부교수(전 소장)
[옮긴이] **정혜영** ι 건국대학교 중국연구원 학술연구교수

1. 역사 속 동남아시아 국가들의 대중국 인식은 어떠했는가?

1) 동남아시아의 지리·인문 환경과 외래문화 유입

동남아시아 국가의 대중국 인식은 역사 및 전통에 기인해 변화를 거듭해 왔
다. 예부터 이 지역 국가들의 대중 인식은 고정적이지 않았으며, 계속되는 변
화와 내적·외적 동인 속에서 점차 명확해지는 인식의 여정을 겪어왔다. 동남
아시아 국가가 지니는 특성 가운데 큰 비중을 차지하는 문화적 영향은 인도와
중국에서 온 것으로, 오늘날 동남아시아 각국의 대중국 인식 형성과도 깊은 관
계가 있다.

동남아시아 사람들의 삶은 바다로 흘러들어 가는 다섯 개의 강과 밀접한 관
련이 있다. 동남아시아가 육지, 바다, 섬, 특히 강과 개울이 많은 지역에서, 세
계 여러 지역으로 천연자원을 교역하며 발전할 수 있었던 배경에는 자연환경

---

* 참고 자료로 제시한 url 링크가 현재 연결되지 않는 것도 있다. 지은이가 집필 당시의 근거로
삼은 점을 고려해 삭제하지 않고 남겨둔다. — 옮긴이

과 지리가 많은 영향을 미쳤다. 특히 남중국해에서의 몬순기후와 해류 작용 등의 해양 지리 환경은 동남아시아 대륙과 섬들을 연결하는 중요한 역할을 했다. 동남아시아가 대외적으로 교역하는 국가와 교류하는 과정에서 형성된 인식은, 기후와 지리 영향이 그 근본에 자리해 있는 것이다(Cao Xuân Phổ, 2003: 42).

동남아시아의 자연환경은 이 지역 사람들의 부의 원천이자 교류 방식의 근원을 제공했다. 나아가 동남아시아 사람들이 고유한 정체성을 가지는 것과 깊은 관련이 있다. 분명 동남아시아는 각각의 지역마다 독특한 기후와 지형, 자원이 있고 이에 따른 다양성이 존재하며, 경제 수준과 산업 발달 수준도 모두 차별화된 다름을 포괄하고 있다. 따라서 각기 다른 환경에서 발전해 온 사람들의 삶의 방식, 생각에서 비롯된 다양성을 중시하는 사고는 동남아시아를 이해하고자 할 때 매우 중요하다. 특히 자연 지리는 사람들의 교류를 확장하고 문화를 발전시키는 데 중요한 역할을 했으며, 동남아시아 광의의 지역뿐 아니라 협의의 지역에서 지역화된 민족적 특성에 영향을 주는 요인이기도 하다.

동남아시아의 문화 및 역사적 배경에 대해 베트남사회과학원(Vietnam Academy of Social Sciences)의 동남아시아연구소 연구원들은 다음과 같이 밝힌다. 첫째, 동남아시아 역사는 중국과 인도 문명의 영향 이전에, 지역 고유의 문명이 있었음을 고려해야 한다. 동남아시아 고유 문명은 그 민족문화의 특징과 기반 형성에 기여했는데, 서구 식민 지배 시기 동남아시아 사람들 개개인의 용감한 저항적 정체성을 지니게 한 고유한 문명 기원은 '쌀 문명'에서 비롯된 것이다. 이러한 문명은 석기시대 초기에서부터 철기시대 후기까지 지속 발전해 온 것이다. 둘째, 동남아시아의 고대 국가와 민족 형성에 영향을 준 것은 고유의 토착문화이다(Phạm Đức Thành, 2003: 12, 14). 인도와 중국 문화가 유입되기 이전, 동남아시아에는 독특한 전통이 존재했는데, 원주민 문화와 수경 농업이다. 이 토착 문화는 상당히 높은 수준으로 발전해 있었는데, 동남아시아 지역 각국에서 공통적으로 발견된다.

기원후 몇 세기 동안 인도와 중국 문화(주로 힌두교, 불교, 유교를 중심으로)는 동남아시아에 영향을 주었다. 이후 서구의 침략으로 인해 라틴 문화와 새로운 차원의 서구 지식 유입, 민주주의 발전, 서구식 기술 전수 등이 동남아시아의 민족문화 발전을 가져왔으며, 지역을 연결하는 새로운 교두보 시대를 불러왔다. 각각의 동남아시아 국가들이 외국 문화를 습득하는 방법은 달랐지만, 공통적으로 자국 독립성을 유지하고 강화하고자 했다. 이러한 경향은 일반적인 동남아시아의 전통이며, 융합을 지향하는 가운데 역내 자립적 문화로 자리매김해 왔다.[1]

외국 문화를 획득하는 과정에서 동남아시아 문화는 이(異)문화에 동화되었을 뿐만 아니라 이를 선택적으로 받아들여 발전하는 모습을 보였는데, 두 가지 특징으로 나눌 수 있다. 첫째, 이국적인 외래문화를 받아들이는 굴절 정도에 따라 문화 계승 과정이 다르다는 것이다. 그리고 그 굴절의 정도는 각 민족의 행동과 외래문화 선택의 현지화 정도에 따라 다르게 나타났다(Phạm Đức Thành, 2003: 17). 둘째, 각 민족마다 문화 수용 방법은 다르지만, 그들은 모두 자민족의 독립성을 유지하고자 하는 적극적인 의도를 가지고 모든 면에서 의식적으로 외래문화를 수용했다는 것이다.[2] 이러한 과정은 최근 동남아시아 전 지역에서 확인되고 있다. 즉, 각각의 민족이 자신의 독특한 지리, 역사, 문화를 체현해내기 위해, 각기 다른 정도와 형태로 이문화를 수용했음이 밝혀지고 있다(Về văn hóa, 2003: 48). 역사 공간과 문화의 질적 측면에서 비교해 보면, 동남아시

---

1   실제로 각 국가의 독특한 문화적 특징과 지역을 연구하는 학자들은 '동남아시아 문화와 역사의 틀'을 해석할 때 공통된 견해를 보이는데, 이는 다음과 같이 정리할 수 있다. '전통문화를 계승한 집단, 인도와 중국 문화를 계승한 집단, 서구 문명의 영향을 계승한 집단, 서구 식민지 문화를 계승한 집단, 그리고 현대 아세안 문화·사회 공동체 건설을 계승한 집단'으로 분류 가능하다(Nguyễn Đức Ninh, 2013: 130, 131).

2   동남아시아는 이문화와 분리 및 응집되는 과정에서 한 가지 특징을 보였는데 '차별성 속에서 자신만의 정체성'을 보인다는 것이다. 동남아시아는 역사 시기에 따라, 동남아시아 전통이 지닌 본질적 고유성을 유지하기 위해 노력했다. 이에 각 시기별로 차별성을 지닌 이 문화를 융합하면서도 동남아시아 고유문화 성질을 유지하게 되는데, 이 때문에 시기별로 동남아시아의 전통적 고유성과 유입된 이문화와의 이질성이 서로 구분되고 있다(Phạm Nguyên Long, 2013: 16).

아 지역에서 융합된 차기 단계 문화는 이전 문화보다 우수한 방향으로 발전했다. 따라서 동남아시아 문화 발전의 역사는 새로운 컨버전스(융합) 단계를 목격하는 과정이기도 하다.[3]

동남아시아 사람들은 무의식 속에 독립국가 건설에 대한 열망을 잠재시킨 후, 이민족 문화의 수렴 과정에서 그 열망을 지속적으로 반영했다. 이러한 의식적 사상은 역사 속에서 각국의 문화 수렴 단계에 중요한 영향을 미쳤으며, 새로운 도약을 위한 원동력이 되었다. 아울러 타 지역 사람들에게도 제시 가능한 동남아시아 고유의 문화 발전 방향이기도 하다. 외부의 침입과 전면적 침략을 견뎌내면서도 동남아시아인들은 문화적인 저항을 했으며, 이는 동남아시아를 발전으로 나아가게 하는 지역 고유의 강한 활력으로 작용했다. 이제 동남아시아는 다시 다가올 많은 어려움과 시련을 극복하기 위해, 더 크고, 더 높은 위상과 정체성이 내재된 협력이 필요하다.

2) 동남아시아 국가의 화인 유입과 이들에 대한 내부 인식

동남아시아에 유입된 외부 이민자들 가운데 중국인은 대표적인 대규모 유

3　실제 동남아시아 문화와 역사는 '선사시대'부터 지금까지 각 지역의 전통을 강화하고 발전시키는 과정 속에 있었으며, 지역 내 타 지역의 문화를 흡수하는 과정에서 문화의 분산과 융합이 일어났다. 동선(Đông Sơn) 문명을 예로 들어보자. 이 문명은 도자기와 관련된 고고학적 연구를 통해 밝혀졌는데, 베트남과 필리핀 지역에서 발견된 솔해임(Solheim)이라고 불리는 전통 유황 도자기(Kalanay)의 연구에서 두 지역이 다수 유사성을 가지고 있음이 밝혀졌다. 베트남과 필리핀, 두 지역에서 동선 문화가 이민족의 문화를 수렴한 첫 번째 과정이었다면, 10세기 이후의 문화융합 과정은 왕조의 독립과 번성 과정 속에서 두 번째로 이민족 문화가 융합된 단계였다고 할 수 있다. 이후 두 지역 민족은 문화 수렴의 성공과 실패의 과정 속에서 각각의 고유한 발전 방법을 찾게 되었다. 16~19세기 동남아시아 사람들은 국가와 문화를 보호하기 위해 고군분투했다. 동남아시아 국가들에게 20세기는 세 번째 문화융합 단계라고 할 수 있는데, 그들이 쟁취해낸 독립은 한 단계 나아간 국가 발전의 새로운 시기를 열었다. 동남아시아는 21세기 '아세안'이라는 획기적인 사회·문화 공동체를 조합했다. 과연 이를 다가오는 새로운 '문화융합의 4단계 시기'로 간주할 수 있을까? Cao Xuân Phố(2003: 12, 42, 48) 참조.

입 사례에 해당하는 민족이다. 사실 기원전 시기부터 중국 한족에 주요 뿌리를 두고 있는 중국 이민자들은, 오늘날 중국과 국경을 접한 14개국 대부분의 국가에 존재했다. 특히 진(秦)과 한(漢) 왕조 이후, 중국의 영토 확장은 많은 한족들이 주변 국가로 이동하는 계기가 되었다. 초기, 군인과 상인을 중심으로 시작된 중국인 이주는, 이후 일반 중국인의 이주로 자연스럽게 이어졌다. 특히 동남아시아 곳곳의 항구와 도시에는 중국인 이주 현상이 두드러졌다(Trần Khánh, 2018: 35). 무역 분야에서 풍부한 경험을 쌓은 중국인들은 동남아시아의 주요한 항구 주변 또는 큰 섬에 정착하면서 상업지구를 형성했는데, 이들은 무역뿐만 아니라 노예매매 또는 노예무역 등의 인신매매에도 능숙함을 보이는 등, 공동체적인 업무를 훌륭하게 해내는 열정으로 경제적 성공을 일군 대표적 민족이었다.[4]

동남아시아에서 중국인 이주가 증가하는 원인을 살펴보자면 다음과 같다. 첫째, 해외무역에 종사하는 중국인들이, 삶의 경제적 가치가 높아진 해외에서 가족과 함께 정착하고 사업 확장을 했기 때문이다. 둘째, 경제적인 이유로 유입되는 노동자의 비공식 이주 때문이다. 중국인 노동자 수는 현지 정부에서 엄격한 규정으로 제한하고 있기는 하다. 그러나 해외로 이주하는 중국 노동자들은 공식 프로젝트는 물론, 비공식 프로젝트의 노동력 필요에 의해 이주하므로 공식적인 수보다 많은 수가 이동한다.[5] 나아가 중국 정부에서는 중국인 남성 노동자가 이주국의 토착 여성과 결혼해 중국 한족 중심의 가족을 구성하는 일

4　최근 집계된 통계에 따르면, 동남아시아 거주 중국인은 약 2400만 명이 있으며, 그중 말레이시아에는 670만 명, 인도네시아에는 280만 명, 태국에는 940만 명, 싱가포르에는 250만 명, 필리핀에는 160만 명이 거주하는 것으로 추산된다. 이 국가들은 중국인을 유인할 만한 가치를 지니고 있는 국가이며, 이로 인해 매년 중국인 유입이 늘고 있다. 증가 속도 면에서, 캄보디아와 라오스는 중국인 노동자와 이민자 수가 가장 빠르게 늘고 있는 국가이다.

5　현실적으로 대부분의 동남아시아 국가에서는 중국 측 자금에 의해 프로젝트를 진행하고 그 필요에 따라 중국인이 유입되므로, 급속하게 유입되는 중국인의 흐름을 통제하기가 쉽지 않다. 중국은 경제적으로 기술 수준이 낮은 국가에서 중국 자금의 투자로 첨단기술 프로젝트를 진행하는 경우가 많은데, 이때 필요로 하는 고급 기술 인력은 현지에서 충당하기 어렵다. 때문에 현지에서는 중국인 유입을 차단할 명분도 없다.

을 암묵적으로 묵인했는데, 혼인으로 인해 순수 토착민으로 구성된 가족 구성원이 줄어들고 중국인 남성이 구성한 가족이 늘어나 중국 문화가 확산되는 문제는 현지 정부가 해결하기 어려운 문제로 전락했다. 이러한 문제가 중국과 국경을 마주한 국경 분쟁 지역에서 종종 발생할 경우, 뚜렷하게 해결하기 어려운 문화적 문제가 된다. 셋째, 중국 정부는 자국민들의 해외 이주를 적극 장려하고 있는데, 특히 동남아시아로의 이주를 장려하고 있다.[6] 중국 정부는 오늘날에도 해외로 향하는 이민자를 장려하기 위해 필요한 서류 준비를 적극 지원하고 있으며, 이들이 해외에서 중국을 위해 행하는 업무와 중국 국내로 보내지는 자금에도 많은 관심을 기울이고 있다.[7] 따라서 중국에 투자된 외국인 투자의 3분의 1은 해외에 거주하는 화인들이 기여한다는 사실이 더 이상 놀라운 일은 아니다.

1995년 호주 외무부(Australian Department of Foreign Affairs and Trade)는 해외 중국 화인 비즈니스 네트워크에 대해 350쪽 분량의 보고서를 작성했다. 보고서에서는 중국 화인 집단을 '해외 지역사회 성장의 주요 동력'으로 보고하고 있다.[8] 특히 싱가포르, 인도네시아, 필리핀, 태국과 같은 국가에서 화인 집단은 최고의 경제력을 지닌 집단으로 언급했다.[9] 〈표 5-1〉은 동남아시아 각국의 화

---

6   중국에는 예부터 전해지는 속담이 있는데, "한 사람이 해외로 나가면 온 가족이 풍요로워지고 열 사람이 해외로 나가면 온 마을이 풍요로워진다"라고 했다.

7   2013년 시진핑 주석은 "중국 화교는 중국 민족과 국가로부터 떨어질 수 없는 일부분으로, 사회와 국가의 필수 부분"이라고 언급했다. 그의 언급 이후 중국 정부는 더욱 적극적인 정책으로 중국인의 해외 이주를 지원했다. 해외 이주는 연구원, 인턴십, 무역, 투자, 노동 및 기타 형태의 이주 등으로 세분화해 장려되었다.

8   호주 외무부 보고서에서는, 1990년대 초, 중국 해외 화교 비즈니스 공동체가 지니고 있던 그들의 보유 자산 규모를 일본 GDP와 경쟁할 수 있는 막강한 경제력을 지녔던 것으로 설명하고 있다(Lee, 2016.9.14).

9   인도네시아에서 중국인은 빵, 면류의 식자재 생산업의 75%를 관할하며, 의류업의 80%, 염료 산업의 65%, 임산물 산업의 80%를 관할하고 있다. 1993년 말까지 인도네시아 대기업의 68%는 화인이 장악하고 있었다. 인도네시아와 중국의 교역 90%는 중국에 뿌리를 둔 인도네시아 화인이 주도하는 교역 활동과 관련된 것으로 추정된다. 태국에서는 화인이 기업 자본의 90%

표 5-1 동남아시아 각국에 대한 중국(화인)의 경제 기여도 (단위: %)

국가	화인의 경제 기여도	중국인(화인) 비율
싱가포르	90	75
필리핀	70	3
인도네시아	70	4
태국	60	10
말레이시아	30	50

자료: Kiều Tinh(2011).

인 경제 기여도를 설명해 준다.

1990년대 중반 이래 중국의 강력한 경제성장과 세계경제에서 강화된 영향력은 상대적으로 동남아시아 화인들의 역할을 약화시키고, 중국 본토인이 직접적으로 개입하는 것처럼 보였다. 2010년 이후 실제 중국은 경제, 정치, 외교, 사업 투자 등의 분야에서 동남아시아에 대한 직접적 영향력을 증대시켰다. 그러나 이와 병행해 동남아시아 화교들 역시 중국의 영향력에 편승해 그들의 대외 영향력을 안팎으로 증대시켰다.[10] 중국 내 외국인 투자의 약 55%는 해외 화인 기업이 주도한 것으로 알려졌는데, 경제적으로 상승된 이들의 지위는 중국 내에서도 '중국인민정치협상회의'를 기반으로 정치적인 힘을 지니게 되었다. 중국 정부는 화인들이 지니는 고향에 대한 애착과 중국 본토에서도 사업을 확

와 은행 자본의 50%를 차지하고 있다. 타이낀 은행(Thai Kinh Bank)과 같은 대규모 화인 은행의 자본금은 69억 달러이며, 타이호아(Thái Hoa) 농민은행의 경우 67억 달러의 자본금을 보유하고 있다. 베트남의 경우, 주식시장에서 가장 부유한 기업가 100명 중 10명은 화인 출신 기업가이다. 킨도(Kinh Do), 띠엔 롱(Thien Long), 민롱(Minh Long), 비티스(Bitis's), 타인꽁(Thanh Cong)과 같은 기업이 대표적이다.

10　적지 않은 중국의 기업가들은 산업부문별로 여러 국가들과의 협력에 중요한 역할을 했는데, 이때 각국의 화인들은 중국이 전 세계 국가들과 경제협력을 확대하도록 돕는 중심적인 연결 다리 역할을 했다. 또한 동남아시아 각국의 화인 기업들은 해당 현지 국가 내에서 경제력이 강화되었을 뿐만 아니라, 중국 본토에 적극 투자하는 세력으로도 경제적 영향력을 발휘했다.

장하려는 욕구를 역으로 이용해 동남아시아 각국에서 중국 영향력을 확장했는데, 특히 각국 엘리트 계층과 기업, 화인 집단에게 영향력을 증가시킬 수 있는 절호의 기회로 화인들을 적극 활용했다.

오늘날 동남아시아에서 화인들의 역할은 경제적인 것을 넘어 정치·문화적 결정권도 가지기 때문에, 동남아시아 각국 정부와 국민들은 화인의 영향력을 우려하지 않을 수 없게 되었다. 화인들의 잠재력과 높아진 경제적 지위는 동남아시아 국가들이 중국에 더욱 의존하는 계기가 되지 않을까 염려해야 되는 상황이다. 동남아시아에서 화인들의 역할은 중국이 동남아시아 국가를 다루는 '평화로운 방식'과 결합해, 무역과 투자로 중국을 더욱 가깝게 만들 수 있다는 데 그 심각성이 있다. 중국의 '화평굴기(和平崛起)'는 평화로운 방식의 중국 부상을 이야기하지만, 실제는 중화 권력을 확장하는 패권국으로서의 중국을 부상하게 해 상대국으로 하여금 전쟁이 아닌 수단으로 권력을 이양하게 만드는 것이다. 권력이양의 측면에서 보자면, 평화롭게 권력을 포기하고자 하는 상대국은 없을 것이므로 사실상의 화평굴기는 불가능한 이야기이다. 그러나 동남아시아 각국 정부와 국민들은 이미 중국으로 인해 적지 않은 변화를 겪었기 때문에, 향후 대중 의존도 심화 문제에 대해 깊이 숙고하게 될 것으로 여겨진다.

전통적으로 동남아시아 국가들의 대중 정책은 지도부의 대중 인식에 따라 변화해 왔으며, 우리는 중국에 대한 각국의 태도 변화로 그 인식의 변화 수준을 읽을 수 있다. 예를 들면 먼저, 중국에 대해 항상 관심과 주의를 기울이는 국가 그룹이 있는데 베트남, 인도네시아, 말레이시아, 싱가포르가 대표적이다. 이들 국가는 완전한 친중 국가는 아니지만, 중국과의 관계를 정치적으로 활용해 정치 엘리트 집권층의 이익을 취하는 데 활용할 줄 안다. 때로는 상대 정치 권력을 약화하는 데 중국을 이용한 공격을 가하기도 하면서 '중국과의 관계'를 잘 이용할 줄 아는 국가들이다. 반면 친중국 국가 그룹인 캄보디아, 필리핀, 태국, 라오스는 중국에게 항상 양보의 모양새를 보여주면서 중국으로부터 많은 실리를 취해왔다. 이들 두 부류의 국가군은 친중적인 자세를 유지하면서 자국의 집권 엘리트 기반을 공고히 하는 공통성을 보인다. 친중 국가들은 정치, 경제, 안보, 문화 교류 등 거의 모든 분야에서 중국과 밀접한 관계에 있다. 또한 경제적 종속 우려가 있는 결정적 사안에서는, 수용 가능한 정도에 따라 중국과 적당한 이익 분배를 위해 양보의 자세를 취하기도 한다. 그러나 이들 친중 국가들은 내부 정치에 관여해 영향력을 행사하려는 중국 당국을 항상 경계해야만 하는 어려움도 있다. 실제로 이들 친중 국가의 정부 고위 정책 관련자들은 화인인 경우가 많다. 예를 들자면, 태국의 전 총리, 탁신 친나왓, 사막 순타라웻, 필리핀 전 총통 글로리아 아로요, 로드리고 두테르테(아버지가 중국인), 싱가포르의 전 총리 고촉통, 리콴유와 그의 아들 리셴룽 등은 해당 국가의 중요한 지위에 있었던 화인들이다. 그러나 친중 국가라 하더라도 중국에 대한 동남아시아 국가들의 인식은 계층별로 생각과 태도, 행동이 많이 다르다. 특히 정치적 이해관계에 따라 중국에 대해 종속적인 의존도를 평가하는 견해도 각국별로 차이를 보인다. 일반적으로 친중 국가 내, 친중 경향의 엘리트 계층에서는 중국과 좋은 관계를 유지해 자신들의 입지가 공고해지기를 원한다. 그러나 중국과 관계없이 살아가는 일반 대중은, 오히려 중국인의 영향력 확대와 화인들의 권력 강화에 대해 우려하는 태도를 보인다. 심지어 일부 사람들은 자국 화인들에 대해 '자신들의 국가 영토 안에서 일상을 보내면서 중국을 위해 일하는 이민자'로 평가한다.

종합적으로 보건대, 동남아시아 국가들의 대중국 인식과 그 변화 과정은 일시적인 것이 아니라, 오랜 역사 배경과 서로 다른 정치·문화 상황과 연계되어 있기 때문에 각기 복잡한 변화 내용을 지니고 있다. 동남아시아에 형성된 대중국 인식 변화 과정은 다차원적이고 변동적이며, 긍정과 부정의 양면 영향을 모두 지니고 있는데, 아래에서는 그 구체적인 몇 가지 사례를 좀 더 살펴보고자 한다.

2. 동남아시아 국가들의 대중 인식을 변화시킨 결정적 사건들은 무엇이 있는가?

1) 동남아시아와 중국 관계 발전 과정에서 생성된 대중국 인식

역사 이래, 동남아시아의 대중국 인식은 내부 및 외부 요인의 복합적인 영향 과정을 통해 형성된 긍정적 인식과 부정적 인식이 혼재해 있다. 동남아시아의 대중국 인식 단계를 시기별로 나누어보면 다음과 같다.

첫 번째 시기는 1960년대이다. 중국에 대한 적대감은 증대하고, 자신감은 부족했던 시기이다. 이 시기 많은 동남아시아 국가들은 저개발 상태로 경제적으로 어렵고 불안정한 시기를 보냈는데, 특히 동남아시아 각국에서는 집권 정당에 대항하는 야당 세력이 급속히 성장하고 있었다. 중국공산당은 이 야당 세력을 지원하고 있었는데, 중국 영향과 공산화에 대한 국가적 불안이 두드러지게 나타난 국가는 인도네시아와 말레이시아였다.

두 번째 시기는 1980년대로 중국을 두고 내부적으로 일어났던 '의견 불일치' 및 중국에 대한 '인식의 모순'이 극복된 시기이다. 동남아시아와 중국 관계가 개선된 시기이도 하다. 이 시기 동남아시아 국가와 중국의 관계는 해빙기를 맞아 경제·정치·외교 관계가 대폭 개선되었으며, 이데올로기적인 갈등이 감소된 시기였다. 특히 인도네시아, 싱가포르, 브루나이, 베트남은 중국과의 관계 회복이 두드려졌다. 그러나 투자와 교역 관계가 증대되면서 경제 의존성이 증대된 싱가포르, 태국, 말레이시아, 인도네시아, 베트남에서는 중국에 대한 의심과 불안 심리도 동시에 커졌다. 특히 싱가포르, 태국, 말레이시아, 베트남은 경제 및 안보 측면에서 역내 다른 주요 국가들과의 관계를 강화했으며, 시장 다양성의 균형을 맞추기 위해 국제 관계를 다자화하고 아세안의 통합에 힘을 기울이게 되었다.

세 번째 시기는 1990년부터 현재까지이다. 중국에 대한 '신뢰성'과 '내재된 의심' 들로 인해 동남아시아 국가와 중국의 관계는 다소 변동성이 존재하는 시기이다. 이 시기 중국과 동남아시아 국가들은 금융위기를 무사히 극복하고 경제 효율성이 제고되면서 각국의 경제가 회복과 발전을 보인 시기였다. 중국 경제성장의 파급효과가 동남아시아 전반으로 확산되면서 서로에게 새로운 경제발전의 돌파구가 만들어진 시기이다.

그렇다면 중국과 동남아시아 국가들 사이, 밀접해진 관계로 인해 서로에 대한 인식 변화가 초래된 계기와 그 영향 요인은 무엇이 있을까? 다음에서 살펴보자면 먼저, 중국의 강력한 경제성장과 강국으로서의 역내 부상 요인을 꼽을 수 있다. 그다음은 동남아시아 각국의 성장 목표 달성뿐만 아니라, 동남아시아와 중국의 공통 협력 목표 달성을 위해 양측이 좋은 경제 관계를 유지하고 발전시켜야 할 필요성이 생겼다는 것이다. 마지막으로 동남아시아 국가들과 중국은 경제협력 관계에서 나아가, 정치·외교·안보 문제 협력으로 확대 발전해야 할 필요성이 생겼다. 기본적으로 이 세 가지 요인은 동남아시아 각국의 대중국 인식 변화에 결정적 역할을 한다. 실제로 중국과 동남아시아 국가들의 양자 관계는 점진적인 우호 관계로 변해왔다. 그러나 중국이 동남아시아 국가들에게 영향력을 확대하고자 하는 일련의 정치적 행동에 대해 동남아시아 국가들의 의심은 여전히 존재한다. 동남아시아 국가와 중국 양자 관계의 긍정적인 발전 이면에는 경제협력이 가져오는 이익에 대한 강한 상호 확신과 경제 의존성이 있었기에 가능했다. 즉, 중국은 동남아시아 협력을 통해 투자 기회 증가, 무역 확장, 시장 확대가 가능했으며, 동남아시아 각국의 화인 사업가들로부터 상당히 큰 규모의 대륙 투자를 이끌어냈다. 또한 경제협력을 통해 각국의 많은 지도자들에게 영향력을 행사할 수 있었고, 경제 관계의 심화로부터 나아가 정치·외교 관계의 발전 단계로까지 확장시킨 것은 중국이 동남아시아에서 얻어낸 중요한 이득이었다. 덕분에 중국은 동남아시아에서 높아진 위상을 바탕으로 전 세계에서도 그 입지를 강화할 수 있었다. 한편 동남아시아 국가들 역시, 수입 및 수출 교역이 급격히 증가된 중국과의 협력 확대에 힘입어, 대규모 자본 유입과 중국 원조의 직접적 수혜를 받을 수 있었다.[11] 따라서 동남아시아 국가들이 얻어낸 최근 몇 년간의 성과는 중국과의 협력으로부터 얻은 결과임을 부정할 수 없다.

2) 중국과 동남아시아의 경제협력 강화와 이로써 각인된 중국 이미지

지난 20년 동안 동남아시아 국가들과 중국 사이의 경제 관계는 무역, 투자, 관광, 인적자원 교류 측면에서 활성화되었는데, 심지어 정치·안보 분야에서도 강력한 협력이 이루어졌다. 2019년 1월 싱가포르동남아시아연구소[12]에서는 지역 정치, 안보, 경제 문제 등에 대한 32가지 항목의 온라인 조사 결과를 다음과 같이 발표했다.

먼저 '미국이 동남아시아 지역에 무관심해진다면, 어떤 국가가 미국을 대신해 정치적 권력을 휘두를 수 있을 것인가?'에 대한 질문의 조사 결과, 응답자의 74.1%가 중국을 지적했다. 이는 일반적인 동남아시아 사람들의 관점을 대변한다고 볼 수는 없으나, 응답자의 3분의 2가 이 지역에서 중국의 영향력과 역할이 커지고 있음을 인지한 결과이다. 과거 중국과 동남아시아의 경제 관계 심화 정도가 양국의 정치적 관계에 따라 국가마다 개별화되어 있었다면, 최근 중국은 동남아시아 국가들에 대해 개별적 접근보다는 지역 전체에 대한 포괄적

---

11 대개 동남아시아 국가들과 중국을 주요하게 연계시킨 것은 이해당사자들의 이익과 연관되어 있는데, 심지어 친중국적 지도자가 중국과 개발 협력을 함께 하고자 하는 강력한 의지는 불안정한 자신들의 정치적 입지를 강화하고자 하는 맥락과 연결되기도 했다. 이러한 증거는 종종 동남아시아의 대중국의 경제 관계 통계지표 자료를 통해 입증 가능하다.

12 싱가포르동남아시아연구소(ISEAS)는 1968년 싱가포르 국회에 의해 설립된 공공 연구 기관으로 2015년 이름을 'ISEAS-Yusof Ishak Institute'로 변경했다. 본문에 인용된 조사 연구는 2018년 11월 중순부터 12월 초까지 동남아시아 10개 국가에서 선발된 1000명의 대상자를 기반으로 실시된 설문조사이며, 그 조사 대상의 구성은 정부 기관 공무원, 사업가, 언론 종사자, 일반인, 시민 운동가 등이 포함되어 있다.

인 접근 전략을 사용하고 있다. 아세안·중국의 경제 관계에 관한 수치는 아세안 통계에서 분명하게 나타난다. 1996년 중국·아세안 무역은 177억 달러로 아세안 전체 무역의 2.3%만을 차지했는데, 2017년 중국·아세안의 무역량은 4416억 달러로 아세안 전체 무역의 17.2%를 차지해 26배나 증가했음을 알 수 있다. 1996년 아세안 각국에 대한 중국의 직접투자(FDI)는 1억 400만 달러에 불과했는데, 2017년에는 113억 달러로 약 75배 증가했다. 1996년 아세안으로 들어오는 중국 여행객 수는 128만 명으로 전체 여행객의 4.1%를 차지했는데, 2017년에는 2030만 명을 차지해 전체 여행객의 17.6%를 차지, 16배나 증가된 수치를 보였다(ASEAN Studies Centre, 2018.12.6: 12). 분명히 동남아시아는 중국과의 경제 관계에서 외적인 변화를 크게 겪었다. 양측이 소규모 교환 파트너에서 무역, 투자 및 관광 분야의 대규모 협력 파트너로 성장했다는 것은, 동남아시아 국가들의 대중 인식 변화를 불러온 결정적인 요인이자, 대대적 사건이며, 동시에 긍정적인 면과 함께 부정적 우려도 커지고 있다는 사실을 뒷받침하는 가장 확실한 근거이다.

3) 중국의 영향력 확산에 대한 동남아시아 국가들의 부정적 우려

중국과 동남아시아의 경제협력 관계 강화는 상호 사업 기회 창출 및 경제발전, 중요한 지역 파트너로서 건전한 관계의 출발을 의미하므로, 남중국해에 대한 중국의 공식적 성명과 중국의 선한 행동에 대한 기대에도 영향을 미칠 것이다. 그동안 중국은 남중국해에서 독단적인 구단선 설정, 인공섬 건설 및 군사 기지화 등의 주권 침해 행동으로 해양영토의 분쟁 중에 있는 동남아시아 국가들과 긴장이 고조된 위험한 갈등을 겪어왔다. 일대일로(Belt and Road Initiative) 사업 역시 각국의 이해 상충 문제로 중국에 대한 경계심을 불러일으켰다.[13] 일

---

13   중국의 거대한 일대일로 사업은 환경적 표준이 명확하지 않고, 상업적(경제성) 잠재력이 결

대일로 사업은 중국 이미지에 부정적인 영향을 미쳤으며, 신뢰성에도 손상을 준 사건으로 현재뿐 아니라 미래에도 아세안이 단합하는 데 직접적 영향을 미칠 것이다. 2012년 캄보디아에서 개최된 아세안 정상회담에서, 지역 및 중국 문제를 다루는 아세안의 내부적 합의에 실패한 사건은 아세안의 내적 갈등을 보여주는 사례이다. 최근 몇 년 동안 중국은 '아세안 분할통치' 정책을 펼쳐왔는데, 2016년 4월 23일 중국 왕이(王毅) 외교부장이 남중국해 문제에 대해 라오스, 캄보디아, 브루나이를 대상으로 중국 정책에 힘을 실어줄 것을 요청한 예가 대표적이다. 아세안 내, 중국 영향력을 증대시키고 아세안 단합을 분열시키는 중국의 전략은 동남아시아의 사람들뿐만 아니라 역내 지도자들의 리더십과 사고방식 전환에도 중요한 영향을 미쳤다. 아울러 현재와 미래의 바람직한 중국과 동남아시아 양자 관계 형성을 방해하는 중요한 문제이다.

동남아시아는 중국에게 수십억 달러 가치에 이르는 일대일로 건설의 중심 지역으로 부상했다. 동남아시아는 3조 달러 이상의 각국의 국내총생산(GDP) 규모와 6억 명 이상의 인구를 보유한 대규모 시장이자, 중국이 세계와 교역하는 주요 해상교통 통로를 제공하고 있는 지역이기도 하다. 싱가포르동남아시아연구소의 조사에 따르면, 아세안 지역 학자의 70%가 "일대일로 이니셔티브 하에서 중국과 협상하는 각국 정부는 이미 적지 않은 국가들이 겪고 있는 부채 함정을 피하기 위해 신중한 결정을 내려야 한다"라고 경고했다.[14] 위와 같은 우려를 가장 강하게 표시한 학자는 말레이시아, 필리핀, 태국의 학자들이다. 중국 측의 사업보고서는 종종 공개와 관련해 투명성이 없다는 비판을 받는다.

여된 사업으로, 동남아시아 각국이 역내 중국에 대한 인식 전환의 계기가 되었으며, 충격을 안겨다준 사건이다.

[14] 그들은 아프리카 국가와 동남아시아 국가 들이 미래 중국의 채무자가 될지도 모르는 상황을 경계해야 한다고 지적했는데, 스리랑카(함반토타(Hambantota) 항구 프로젝트)가 채무국 현실에 직면한 상황을 간과해서는 안 된다고 우려했다. 이러한 부채 함정의 증거들은 미얀마의 90억 달러의 심해 항구 프로젝트, 말레이시아의 300억 달러 인프라 프로젝트 중단에서 찾아볼 수 있다.

이러한 투명성에 대한 의심은 일대일로 이니셔티브에도 적용된다. 설문 응답자의 50% 학자는 시진핑 주석이 일대일로를 통해 "아세안과 중국 궤도를 가깝게 만들어놓고자 한다"라고 응답했다. 30% 이상의 학자들도 일대일로 프로젝트에 투명성이 부족하다고 대답했으며, 16%의 학자는 중국의 일대일로가 실패할 것이라고 예측했다. 45% 이상의 학자들은 "중국은 동남아시아를 자신의 영향력 영역으로 끌어들이려는 의도를 지닌 수정주의 세력이 될 수 있다"라고 응답했다(ASEAN Studies Centre, 2018.12.6: 12). 이러한 결과들은 동남아시아의 대중국 인식 형성 및 그 인식의 변화 과정을 반영한 것으로, 싱가포르동남아시아연구소의 아세안연구소 소장인 탕시우문(Tang Sieu Mun) 박사도 언급한 바 있는 공통된 의견이기도 하며, 사우스차이나 모닝포스트(South China Morning Post)가 공동으로 조사한 내용과도 일맥상통한다. 이 조사는 동남아시아에서 '중국의 표리부동한 행동과 목소리가 커지고 있는 상황'에 대한 동남아시아 각국의 불안감이 증대된 상황을 반영한 결과인 것이다. 요약하건대, 처음 중국과 동남아시아는 조용히 침전된 관계에서 출발해 뜨겁게 가열된 관계로 발전했으나, 시간이 지나자 꽤 길고 조용한 침묵 속에서 양측 관계는 다시 작은 조정이 진행되는 과정에 있다.

4) 중국 영향력 심화와 동남아시아 개별 국가의 새로운 심리 변화

최근 동남아시아에서 보이고 있는 중국의 국가권력 확대는 각국 국민들에게 새로운 심리적 우려와 인식 변화를 불러왔는데, 특히 중국의 행동과 대비되는 차원에서 일본에 대한 신뢰성이 상대적으로 3배나 높아졌다고 보고된 바 있다.[15] 동남아시아에서 중국에 대한 신뢰도 평가와 일본에 대한 인식 변화는

---

15 싱가포르동남아시아연구소 조사 결과에 따르면, 일본은 중국 또는 미국만큼 강력한 힘과 지역적 영향력을 행사하는 국가는 아니지만, 동남아시아 지역에서 가장 보편적으로 신뢰할 수

대중국 신뢰성 부족으로 생긴 '파생 효과'라 할 수 있다. 이러한 파생 현상은 모든 분야에서 중국과 가장 가까운 관계를 유지하고 있는 캄보디아에서도 찾아볼 수 있다. 삼랭시(Sam Rainsy)가 이끄는 캄보디아 구국당(야당)은 줄곧 중국과 가까운 거리를 유지하고 있다. 이유인즉, 캄보디아에서 암암리에 종종 발생하는 '반(反)베트남 정서'가 캄보디아 야당을 중국과 가깝게 만들어왔다는 것이다. 캄보디아와 베트남 간에는 역사적 문제와 국가적 인식으로 인해 갈등(영토 인식) 문제가 내재되어 있는데, 이로 인해 형성된 반베트남 정서는 캄보디아 구국당과 중국을 더욱 밀착시켰다. 즉, 캄보디아에 존재하는 베트남 혐오 감정이 캄보디아와 중국의 결속을 강화시킨다는 논리이다. 미국에서 인도차이나 역사를 공부하는 부민호앙(Vũ Minh Hoàng) 박사의 지적도 같은 맥락이다. "캄보디아와 베트남 관계의 역사는 좋은 기억과 나쁜 기억이 모두 존재한다. 이 때문에 왜곡되지 않은 자연스러운 역사를 기록하는 일은 쉽지 않다. 캄보디아 정치에서 반베트남 정서는 야당이 정치 카드로 사용할 때만 상승함에도 불구하고, 캄보디아 국립학교의 역사교육은 여전히 친중적인 성향으로 일관되어 있을 뿐, 친베트남 인식을 심어주는 것과는 거리가 있다. 우리는 캄보디아 야당이 해산되자 반베트남 분위기도 사라졌음을 알아야 한다"라고 언급한다. 나아가 놀라운 문제는 "캄보디아 사람들이 베트남을 싫어하는데, 중국도 베트남을 싫어한다"라는 캄보디아 대중의 심리적 현상들이 사라지지 않고 있다는 사실이다. '베트남 혐오' 현상의 지렛대가 친중 현상을 부추기는 데 사용된다는 것은 심각한 왜곡이 아닐 수 없다. 이러한 심리적인 상승작용은 캄보디아에서 중국의 영향력이 크게 확대되자, 캄보디아 사람들 사이에서 일어난, 이전엔 볼 수 없었던 새로운 심리적 변화라는 것이다.[16] 이처럼 캄보디아에서 중국인이

있는 국가로 널리 인식되어 있다. "일본은 국제 문제를 올바르게 처리할 수 있는가?"라는 질문에 대해 응답자의 65.9%가 '신뢰' 또는 '매우 신뢰'한다고 응답했으며, 중국에 대해서는 19.6%, 미국에 대해서는 27.3%만이 신뢰성을 지닌다고 응답해, 국제 문제 처리 수준에 대한 평가에서 일본과 중국의 신뢰도에는 큰 차이가 존재했다.

늘어나자 반베트남 정서도 확대되는 현상은, 베트남이 캄보디아와 우호적 관계를 맺고자 하는 데 어려움으로 작용한다. 이와 같이 중국의 영향력 확대로 인한 동남아시아 개별 국가들의 새로운 심리적 변화는 캄보디아와 베트남의 소원한 관계가 보여주는 가장 완벽한 증거이며, 동남아시아 사람들의 왜곡된 현실 인식과 태도에 큰 영향을 미치고 있는 대표적인 사례이다.

3. 동남아시아 국가들은 중국을 진정 위험한 국가로 여기는가?

1) 남중국해에서 위협적으로 부상한 중국

먼저 중국은 동남아시아 지역에서 중요한 지정학적 위치에 있다. 20세기 대두되었던 '중국위협론'은 세계인들에게 중국의 전략적 의도와 능력에 대한 의심을 불러일으켰다. 실제로 '중국위협론'은 국제사회에서 '중국붕괴론'과 함

---

16 중국은 캄보디아 프놈펜의 황무지를 개간해 4개의 현대적 교량과 대형건축물을 건설했다. 건설투자를 통해 중국인이 만든 '다이아몬드 시티'는 프놈펜에 들어선 가장 '비옥한 충적섬'이라 할 수 있다. 또한 중국 학교가 우후죽순 들어서면서 캄보디아 사람들은 중국식 교육의 보급으로 '중국화'를 걱정해야만 하는 처지가 되었다. 특히 시아누크빌(Sihanoukville)은 현지인과 중국인의 관계로 인해 많은 불안정성이 잠재해 있는 곳이다. 시아누크빌의 아름다운 해안 도시에서는 중국인 수가 현지 인구의 20%를 차지하는 것으로 추정되며, 2017년 한 해 동안 시아누크빌을 방문한 중국인 방문자는 12만 명에 달했다. 즉, 126%의 중국인 증가율을 보인 것이다. 2017년 중국이 시아누크빌에 투자한 액수는 총 11억 달러였는데, 이 도시의 2017년 외국인 투자액은 총 13억 달러였다. 더불어 중국 프로젝트의 급속한 증가로 인해 1만 6000명으로 추정되는 중국 노동자들이 캄보디아로 대거 유입되었다. 중국 이민자의 수가 증가함에 따라 캄보디아 국민들의 불안도 증가했는데, 심지어 시아누크빌은 중국 범죄 조직의 항구라는 소문이 있을 정도로 사건 사고가 증가하고 있다. 또한 많은 비즈니스 영역에서 불공정 경쟁이 발생했는데, 중소 상업과 소규모 호텔의 소유주가 캄보디아인에서 중국인으로 바뀌는 경우가 많아졌다. 이에 중국인에 대한 심리적 증오심도 증가했다. 이는 캄보디아인들에게 내재된 반베트남 정서가 반중국 정서로 대체된 대표적인 사례인 것으로 판단된다.

께 논쟁거리가 되어왔지만, 중국의 지도자들은 이 문제에 대해 크게 신경을 쓰지 않았다. 오히려 중국은 경제, 정치, 군사 측면에서 자국의 발전 전략을 지속적으로 추진하며, '평화로운 부상'이라는 새로운 개념을 대외적으로 표방했다. 2003년 5월 후진타오 주석이 유럽 3개국을 순방했을 당시, 오프닝 연설로 발표한 내용은 '평화롭게 부상하는 중국의 길(和平崛起)'과 관련된 강화된 중국의 대외 전략이었다. 중국의 '화평굴기'는 2003년 당시 중앙당교 상무부장이었던 정비젠(鄭必堅)이 처음 소개한 개념이었는데, 그 핵심은 중국이 세계화에 적극 참여하고, 자주독립적인 방법으로 부상하며, 영원히 패권을 추구하지 않을 것이라는 대외 전략적 내용이었다. 그는 2003년 11월 아시아의 다보스 포럼인 보아오(Boao) 포럼에서도 이러한 내용을 담아 '중국의 평화로운 길과 아시아의 미래'라는 제목으로 연설을 한다. 하버드대학교를 방문한 원자바오 총리는 중국의 평화로운 부상에 대한 내용을 재차 언급했는데, 이후 국제 포럼 및 각종 지역 포럼에서 중국 지도자들은 이 개념을 세계 공동체뿐만 아니라 국제사회를 향해 반복적으로 언급한다. 이처럼 중국의 '평화로운 부상'이라는 개념은 국가적 차원의 의지로 제기된 것이며, 중국이 선택한 대외 전략이었다 (Lưu Tuấn Phảng-Tào Vũ Quân, 2014.9.24). 당시 실제 동남아시아 지역에서는 중국의 '평화로운 부상'에 대한 믿음과 확신이 부족한 상태였음에도 불구하고, 중국과 관계가 가까워진 캄보디아·라오스·말레이시아와 같은 국가에서는, 중국의 평화적 부상으로 인한 '위협'이 동남아시아에서 새로운 위험 요소가 될수 있는지 의문을 제기하기도 한다. 30년 동안의 개혁과 개방으로 중국은 세계의 '공장'이 되었으며, 미국을 포함한 전 세계에 상품을 판매하는 채권자로올라섰다. GDP 측면에서는 아시아에서 1위인 일본을 누르고 세계 2위 경제지위를 누리게 되었다.[17] 그동안 중국이 매년 성장한 GDP 폭은 8000억 달러

---

17 중국은 경제·사회적 발전 측면에서 큰 성과를 달성했는데, 특히, 연간 국내총생산이 빠르게 증가했다. 2010년 중국의 GDP는 5조 9490억 달러를 선회했으며, 2013년에는 9조 4690억 달

이상이었다. 이를 바탕으로 과학, 기술, 특히 우주, 무기 분야에서 많은 뛰어난 성과를 달성했으며, 미국과 러시아가 지닌 우주 정거장을 중국에서도 자체 소유하는 염원을 이루었다.

일반적으로 한 국가가 성장잠재력과 경제력이 증가되면, 그 국가는 세계 각 지역에서 리더 역할을 할 수 있는 정치적 역량을 필요로 한다. 그동안 동남아시아 국가들이 중국의 부상에 대해 우려해 온 사항, 즉 중국이 '발전된 경제력과 강력해진 정치권력을 어떤 목적으로 사용할 것인가?'의 문제는 이제 동남아시아가 직면한 현실적인 문제로 대두했다. 중국은 그동안 세계 각 지역과 국가에 대해 각기 다른 직간접적인 수단으로 명백한 권력을 행사해 왔다. 그러나 중국은 남중국해에 대해 변함없는 일방적 행동을 보여주고 있다. 중국이 추구하는 평화롭고 안정적인 지역을 건설하는 방법과는 다른 것이다. 2009년 7월 5일 중국은 일방적으로 유엔대륙붕한계위원회(CLCS)에 '9단선 또는 U 자형 선'을 표시한 지도 문서를 제출해, 분쟁국 간의 분쟁 수준을 초과하는 심각한 해상 안보 위험 문제를 야기했다. 2014년 5월 드릴 장비 981을 베트남 해역에 배치한 사건, 2019년 9월 말부터 10월 초 사이 중국의 해양 측량 선박을 베트남 바이뚜찐(Bai Tu Chinh) 지역에 설치해 경제 해역을 명백히 침해한 사건, 남중국해 해상에 인공섬을 건설하고, 동남아시아 국가들과 분쟁을 일으킨 행동 등은 국제법뿐만 아니라 이웃 국가의 신뢰를 잃는 행동이었다. 필리핀, 베트남, 싱가포르, 말레이시아, 인도네시아에서 중국의 주장과 행동에 대해 경고하기 시작한 주된 이유는 중국이 국제사회를 향해 주장하는 영토주권에 대한 내용과 행동이 일치하지 않기 때문이다.[18]

러, 2014년에는 10조 3800억 달러, 2015년에는 11조 2110억 달러, 2016년에는 11조 9680억 달러를 기록했다. 2020년 중국의 GDP는 14조 7230억 달러로 추산된다. The Statistics 포털 참조.

18 중국군이 현대화를 가속화하고 해상전략 완성을 기하는 것, 공식적이지 않은 조직과 기관을 합법화해 남중국해에서 분쟁을 심화시키고 있는 것, 해상 보안 문제를 다자가 아닌 양자로 해

분명한 점은 중국의 일방적인 요구가 이 지역 국가들의 해상 안보를 불안하게 만들었다는 것인데, 중국이 가하는 자극으로 인해 동남아시아 국가들은 해상 안보 중요성을 다시금 깨닫고 있다는 것이다.[19] 남중국해의 불안정이 역내 다른 새로운 분쟁을 유발시키는 상황에서, 동남아시아 국가들은 이미 해양 안보 유지를 위해 새로운 대책을 마련하고 있다. 필리핀 군 참모 총장 에마누엘 T. 바우티스타(Emnanuel T. Bautista) 장군은 미국을 공식 방문한 자리에서 미 합참 참모 총장인 마틴 뎀프시(Martin Dempsey) 장군과 동남아시아 항행의 자유를 유지, 보호, 강화하기 위한 협력에 합의하는 공동성명을 발표했다. 이 성명서는 두 국가가 '항행의 자유'를 지지하는 데 공통의 관심이 있음을 강조하고 있으며, 바다에서 이루어지는 원활한 물적·인적 이동과 교류뿐 아니라, 남중국해 항로 이용을 존중하는 모든 당사국의 이익을 보호하는 안보 환경 강화 결정 내용을 담고 있다. 호주, 일본 및 한국 등 미 동맹국은 이제 미국의 '아시아 회귀' 전략에 더 많은 기여를 할 준비에 임하고 있으며, 미국이 지역 안보를 보장하는 역할에 더 적극적으로 나설 것으로 기대한다. 종합하건대, '중국 위협'에 대한 동남아시아 국가들은 '세력 균형의 변화를 필요로 한다'는 인식을 현실화하고 있다. 중국에게 불리한 이러한 상황은 오랜 침묵을 깨고 중국과 새로운 진전 관계를 이루어낸 여타 동남아시아 당사국들에게도, 향후 중국과의 관계가 새로운 국면으로 들어설지도 모른다는 우려를 낳고 있다.

결하고자 하는 것, 남중국해 문제를 해결하는 데 국제 공동 사회의 참여를 거부하는 것, 남중국해 문제에서 아세안의 역할과 입장을 축소시키기 위해 여러 가지 방법을 사용하는 것 등의 행동은 중국의 말과 행동이 일치하지 않았던 대표적 사례이다.

19   남중국해 해상운송로는 이 지역 국가들의 중요한 경제 교통로이다. 아세안 상품 무역량의 4분의 3 이상이 해상으로 이동되며, 해상운송량의 3분의 2가 남중국해를 지나고 있다. 이 지역 해양 안보를 위협하고 안전을 가로막는 일은 일본, 한국, 아세안 국가 및 심지어 중국 경제에까지도 직접적인 영향을 미친다.

2) '중국위협론' 대 '중국몽'의 실제

'중국몽(中國夢)'과 관련해 그동안 전 세계의 지식인들은 중국의 역사적 기원과 사상, 중국인의 염원을 분석해 '중국몽'이 의미하는 바를 이해하고자 노력해 왔다.

중국은 세계에서 가장 오래된 문명의 요람 중 하나로, 영광과 굴욕을 모두 경험한 5000년 역사를 지니고 있다. 역사 초기부터 중국인(특히 한족)은 '천하 제국'과 '황제 제국'에 기반한 사고의 틀과 개념을 지니고, 세계 여러 지역과 관계를 맺고, 교류를 확대함으로써 자신의 사상적 개념을 외부 세계에 전파했다. 중국인들은 '중국이 곧 세계의 중심이며, 문화적으로 절대적 우위에 있는 민족이기 때문에, 중국은 주변으로부터 훼손되지 않은 중심 지역'이라는 생각을 가지고 있었다. 이 때문에 4개의 오랑캐 민족, 즉 남만(南蠻), 동이(東夷), 서융(西戎), 북적(北狄)과 자신들을 분리하는 세계관이 존재했다.[20]

옛 중국의 조정은 '천조(天朝)'와 주변 지역인 '번국(蕃國)'의 관계 개념이 명확했다. 중국적인 개념에서 '천조'는 절대적으로 우수한 문화를 가지고 있으며 '하늘', 즉 '천자(天子)'를 상징한다. 그리고 주변의 종속국들은 낙후되었으며 후진적이며 덜 문화적이라고 간주한다. 심지어 중국은 주변국이 야만적인 문화를 지니고 있기 때문에 천조와 천자에 대해 순종해야 한다고 생각했다. 고대

---

[20] 중국의 옛 문명 지역인 주나라(周) 및 그 제후국(諸侯國)은 오랑캐 민족인 주변과의 관계에서 지리적 차이뿐만 아니라 문화적 차이, 즉 '예의와 비예의', '도덕과 부도덕', '문명와 비문명'의 경계가 존재한다고 생각했다. 따라서 중화제국과 오랑캐 민족은 많이 다르다고 생각했다. 중국 유교는 항상 "명정언순(名正言順), 즉 명분이 정당하면 말도 이치에 맞는다"라는 사상을 존중해 왔다. 일찍이 공자는 오랑캐와 주나라(周)를 분명히 구분했다. 공자가 말하길 "문화가 낙후한 국가의 군주 존재감은 군주가 없는 중국만도 못하다(夷狄之有君不如諸夏之亡也)"라고 했는데, 이에 대해 후대 사람들은 "중원에서 발원했던 각 국가들은 모두 예의와 공손함을 존중해 온 문명적 전통을 지니고 있었다. 따라서 중원에 성립된 나라 중 오랑캐는 없었으며, 주나라와 그 봉건 제후국들은 비록 군주가 없었지만, 예법(禮)과 악(樂)이 없었던 오랑캐보다 더 좋은 시절을 보냈다"라고 해석했다(Thụ Long - Kim Uy, 2013: 13~14).

중국이 지녀왔던 개념들에서 우리가 알 수 있는 사실은 다음과 같다. "천하의 왕은 하나이다. 따라서 주변국에는 왕족이 있을 수 없다. 그리고 그 어떤 것도 중국 황제의 통제를 벗어날 수는 없다"라는 이러한 개념에 중국인들은 익숙해 있다. 중국 명나라에서도 중국과 이민족을 구분하는 일이 강조되어 왔는데, 명나라에서는 상국(上國)의 조정이라 칭했던 '천자국과 천조국'은 번국을 통치하며, 천하의 주도권을 쥘 수 있는 권력이 있다고 여겼다. 또한 중국 역사에는 광범위한 '조공 체제'를 갖춘 '중국적 질서'가 존재해 왔는데, 조공 체제의 기본 내용은 "관할국 또는 통치국 자신은 독립적인 행정관리 및 정치권력 구조를 유지한다", "각 조공 관계는 부속(附屬)성이 있는 종속 형태로 있어야 한다"라는 내용을 담고 있다.[21] 동시에 과거 중국의 진 왕조와 한 왕조에서도 천자의 왕조와 남만, 동이, 서융, 북적의 주변 종속국을 구분하기 위해 종종 두 가지 유형의 정책을 적용했다. 즉, 여러 차례 위협을 받고 있는 북서부 유목 민족에게는 군사적 조치, 경제적 감찰, 정치적 견제 및 통제의 조치가 적용되는 정책을 사용했다. 인도차이나, 조선반도 및 기타 동남아시아 국가 들에게는 안정적인 공납 제도를 실시했는데, 이 정책은 본질적으로 중국 왕조의 내부 질서를 주변 지역에게 이전시키는 중국 고대의 국제 정책 일환이었다(Thụ Long - Kim Uy, 2013: 15).

18세기 유럽은 중국이 세계에서 '가장 문명화된 나라'라고 여겼으며, 그다음 이어진 19세기에는 중국을 '잠자는 사자'라 불렀다. 이후 중국은 일련의 군사적 패배로 인해, 서방국가들과 외교적으로 불평등한 조약을 맺어야 했으며, '황제의 나라'에서 '불행한 고아(孤兒)'가 되어야 했다. 실질적으로 중국은 1840년부터 1949년까지 굴욕의 시기를 보내는 동안 '중국 민족과 그 영토'라는 통념에 크게 신경 쓰지 못했다.[22] 1949년 마오쩌둥이 텐안먼 광장에서 세계를 향

---

21 즉, 중국은 '천조'로 간주되기 때문에 그 종속국은 종종 규칙성 있는 의식에 따라 황제에게 경의를 표해야 했으며, 이러한 명령을 위배했을 경우 천자는 그를 벌할 권한을 갖고 있었다.

22 시진핑 주석은 "중국의 과거 역사를 생각하는 모든 중국인은 상처를 받는다"라고 언급한 바 있다. http://www.sdz.cn/research/ShowArticle.asp?ArticleID=623ngày(2004.4.11) 참조.

해 "중국이 드디어 일어선다"라고 선언했을 당시 그가 중국인들에게 감동을 준 사실에서 우리는 다음과 같이 알 수 있다. "현대 중국인은 서구의 노예였으며, 국제적인 지위가 없는 민족이었다"라는 중국인의 이미지를 다시금 떠올리게 만들었다는 것이다(人民網, 2014.4.26). 국제사회는 중국이 부상하면 제국주의 시대에 잃어버린 '중국의 위엄'을 회복하기 위해, 가능한 모든 일은 다 하려 할 것이라는 사실을 쉽게 예측한다. 이 때문에 나폴레옹은 일찍이 "중국이 깨어날 때 세계는 흔들릴 것이다"라고 언급했는지도 모른다. 새뮤얼 헌팅턴(Samuel Huntington)은 중국이 국제사회에서 지니는 새로운 역할은 다음과 같은 내용에 의해 결정될 것으로 예측했다. "첫째, 중국이 국제 관계에서 지위를 나타내는 방식, 둘째, 해외 화교들이 중국의 대외 경제 활동에 참여하는 정도, 셋째, 중국이 형성하는 외교적 연계 관계"이다. 그는 중국에게 결정적인 역할을 할 수 있는 정치·경제적 연계 국가로 홍콩, 대만, 싱가포르를 꼽았고, 이들이 중국과 가까워진 사실을 주목했다. 또한 동남아시아 각국이 중국에게 보이는 증대된 관심으로 인해, 중국에서 동남아시아 각국에 가해지는 정치 영향력도 증가하고 있다는 점을 강조했다(Huntington, 2001: 227).

수천 년의 역사를 간직한 중국을 이끌고 있는 현대의 중국 지도자들은, 그들의 사상적 기반이 된 '핵심 요소', 즉 '중화 민족의 부흥'과 '중국몽' 이론을 바탕으로 중국을 세계적인 강국으로 만들고자 했다. 시진핑의 '중국몽' 이론은 일찍이 쑨원(孫文)이 주장했던 '중화몽(中華夢)'에서 왔다는 의견이 많다(環球網, 2014. 3.13). 그러나 시진핑의 '중국몽'은 쑨원의 '중화몽'이 함의한 의미보다 훨씬 넓은 의미를 지니는 것으로 평가된다. 중국 학자들의 견해에 따르면, 쑨원의 '중국 부흥'은 이를 실천할 출구가 없었다고 평가한다. 중국공산당은 창설 이래 중국몽을 현실로 만들기 위해 끊임없이 노력해 왔으며, 이를 '두 가지 무거운 임무'의 기간인 '두 개의 100년(공산당 창당 100주년인 2021년까지와 건국 100주년인 2049년)'으로 나누어 단계별 미래 비전을 제시하고 있다(人民網, 2014.4.26).

시진핑 주석의 '중국몽' 개념은 중국 내부의 힘을 모아 강화하는 것 외에, 글로벌 전략으로 중국의 '생존 공간'을 넓히고자 하는 것을 주요 목표로 한다. 중국은 항상 '평화로운 발전' 전략을 이행한다고 주장하지만, 이것이 무력을 사용하지 않겠다는 것을 의미하지는 않는다.[23] 오늘날 중국은 '21세기 해양 실크로드(21st Century Maritime Silk Road)' 전략을 수립하면서 600년 전 정화(鄭和)가 사용했던 해상 루트를 사용하고자 하는데, '21세기 해양 실크로드' 길을 다시 열기 위해 힘(무력)을 사용할 준비에 만전을 다하는 중국의 모습은 여러 징후에서 암시되고 있다. 2014년 4월 11일 자 인도 ≪힌두신문(The Hindu)≫에 따르면 "중국의 해상 실크로드는 국제사회에서 지정학적 위치를 강화하려는 중국의 욕구에 의해 그 연계성을 실현시키는 것에 초점이 맞추어져 있는 것"으로 보도했다(The Hindu, 2014.4.11). 에드워드 니콜라 루트왁(Edward Nicolae Luttwak)은 저서 『중국의 부상과 전략의 논리(The Rise of China vs. The Logic of Strategy)』(2012)에서 다음과 같이 언급했다. "중국의 전략가와 지도자 들이 강조해 온 '평화로운 부상'은 실현 불가능하다." 이유인즉 "2008년 금융위기 이후 2012년까지 베이징은 미국의 패권이 쇠퇴했다고 오판했기 때문에, 베이징의 국제 전략은 더욱 과감해졌으며, 이 과감함이 미국으로 하여금 중국의 부상을 저지하도록 자극했기 때문에, 중국이 주장하는 평화로운 부상은 점점 더 실현 불가능해질 것"으로 언급하고 있다.[24] 즉, 그는 중국의 '세계화 전략' 표현 수단을 경제

---

23 15세기 초로 돌아가보면, 정화의 함대가 명나라 황제의 명령에 따라 1402년에서 1433년까지 인도양을 건너 동아프리카를 넘어 대서양을 일곱 차례나 방문했을 당시, 정화는 완전히 무장된 함대의 사령관으로서 함포 외교 정책에 기반한 외교관 역할을 수행했다. 정화는 수마트라, 자바, 심지어 스리랑카 지역의 민사적 분쟁에 적극 개입했으며, 강력한 군대와 28척의 군함을 위한 주둔지를 구축했다. 또한 이 해협을 통과하는 교통을 감독하기 위해 믈라카에 중국군 주둔 초소를 설치했다.

24 그는 중국이 '너무 이른 자만심'에 근거한 경제·무역정책 확신 때문에 중국과 영토분쟁을 하고 있는 국가인 베트남, 일본, 필리핀을 비롯해, 남중국해 지역 전체에 대한 중국의 주권 주장이 노골화되고 있다고 했으며, 심지어 루트왁은 이를 '난폭한 강탈'이라는 문구로 묘사했다. 중국의 권력 확장에 대해 언급한 루트왁의 분석을 빌리자면, "중국의 세계화는 경제 및 군사적 성장력을 바탕으로, 중국 영향력을 전 세계에 빠른 규모로 확장시키는 세계화의 추구"라고

력과 군사력 증강으로 보았는데, 중국의 경제력 강화와 군사력 증가는 실제로 동시에 이루어지기 어렵기 때문에, 확실히 다른 나라의 저항을 불러일으킬 것으로 예상했다. 그러므로 루트왁은 "중국의 전략적 논리 자체가 중국의 부상을 둔화시키는 신호이며, 나아가 중국의 부상 자체는 외부 저항력에 의해 이루어지기 힘들 것"으로 전망했다. 따라서 "부상하고자 하는 중국의 정책적 태도가 연기되거나 더 유연해질 수 있다고 가정할 경우, 중국 부상에 대한 속도 저하는 충분히 가능한 일"인 것으로 분석했다. 그러나 만약 "중국이 부상 속도를 저하시키면서 외교정책에 대한 의지를 강경하게 유지한다면, 언젠가 그 굴기는 이루어질 것"으로 결론지었다(共識網).

중국공산당은 제18차 당대회 이후, 중국 외교전략의 목표가 된 '중국몽'을 적극 전개했다. 먼저 중국의 '특색 있는 대국외교' 는 '아시아 꿈'으로 확장되는 '중국몽'을 실현하기 위한 현대 중국의 중요한 외교전략 조정책이다. 또한 '아시아의 꿈'이 '전 세계를 향한 글로벌 꿈'으로 나아가기 위해 중국은 전 세계에 영향력을 행사하는 국가로 우뚝 서고자 할 것이다. 그 안에서 중국 특색의 새로운 대국외교는 '확실한 이익에 대한 관점'에 초점을 맞출 수밖에 없다.[25] '일대일로' 전략은 위대한 중국 외교의 획기적인 지평을 연 단계로 간주될 것이며, 중국의 특색 있는 대국 전략 안에서 새로운 대국 관계를 맺는 신형 전략의 초석이 될 것이다.

둘째, 중국은 '도광양회(韜光養晦)'에서 '분발유위(奮發有爲)'로 외교정책의 기치를 전환함으로써 더 주동적이고 적극적이며, 강력한 의지로 외교정책을 체현해냈다. '중화세계 흥성' 또는 '중국의 부상'이 의미하는 바는 중국의 옛 왕조에서 현재, 그리고 미래 중국에 이르기까지 '중국 영향권의 확장'을 의미하는 것

언급한다.

25 여기서 중국 측은 "진정한 행복감은 모든 사람이 그들의 행복을 누린다는 데 있는 것이다"라고 말하고 있으며, "그들의 기쁨과 진정한 이익은 상생의 원칙(모두에게 이익이 되고 모두가 승리하는 원칙)을 수호하는 것"이다.

으로 보이는데, 이는 각 시기별 중국 역사 발전의 움직임과 함께해 온 규칙인 것으로 보인다. 분명한 것은 중국의 경제성장과 강화된 국방력은 오늘날의 중국을 만들었으며, 이는 다시 외교적인 관점을 바꾸고자 시도하는 시진핑의 '중국몽'으로 전환되고 있다는 것이다. 특히 영토주권 분쟁이 증가하는 상황에서 중국의 국방력 강화는 이웃 국가들을 불안하게 만들고 있는데, 중국은 매년 자국 방위를 위한 국방 예산을 지속적으로 증가시켜 왔다.

셋째, 중국은 자국 외교의 네 가지 핵심 요소를 '중국몽'을 실현하는 데 초점을 맞추었다. 즉, "대국은 중심적 지위를 지니며, 이웃이 가장 중요하며, 이웃 국가의 발전이 그 핵심이며, 다자는 중요한 중국의 무대이다"에서도 읽힌다. 동시에 중국 외교의 두 가지 구성 요소로 배치된 것은 '일대일로 건설'과 해외에서의 '국익 보호'이다. 이는 온건한 외교정책과 강경한 외교정책을 결합한 중국의 새로운 외교 방식이다.[26] 중국은 일대일로가 자신을 변화시키며, 또 세계에도 영향을 주어, 세계도 변화시키는 전략이라 여긴다.[27] 일대일로는 국제 사회에 '중국의 잔물결을 일게 만드는' 평화로운 파도를 일으키는 시험적인 방법이면서, 동시에 중국의 영향력을 독특한 방식으로 크게 확장하는 방법으로 간주된다. '자신을 숨기고 시간을 기다리는' 외교를 대신해, 중국 외교를 행동

---

26 이웃에 대한 외교 전략으로 중국은 '일대일로' 전략을 개발했다(단, 이 전략은 주변 외교뿐만 아니라 다른 분야의 전략적 영향도 포함한다). 중국은 '일대일로'가 자신을 변화시키며, 또 세계에도 영향을 주어, 세계도 변화시키는 전략이라 생각한다(新華綱, 2015.3.2).

27 일대일로가 지니는 네 가지 뛰어난 기능을 정리하자면 다음과 같다. 첫째, 지역을 관통한다는 것이다. 다시 말해 실크로드는 폐쇄되지 않고 특정 지역에 국한되지 않으며, 아시아, 유럽, 아프리카의 3개 대륙에 걸친 지역 간 전략적 협력이 가능하다는 것이다. 둘째, 비독립성이다. 즉, 개방성의 원칙에 따라 일대일로의 건설은 실크로드 협력에 기여하고자 하는 세계 모든 국가가 참여할 수 있다. 셋째, 개방성이다. 즉, 실크로드 협력에는 장벽이 전혀 없으며 모든 선진국과 개발도상국 사이 차별성 없는 호혜적 협력을 추구한다. 넷째, 비주도성의 성격이 있다. 즉, 중국, 미국, 러시아와 같은 대국에서 건설적인 역할을 수행해야 함을 강조하고 있다. 언제 어디서든 누구를 불문하고 사업 참여국은 그 어떤 지배적인 의식과 주도적인 행동을 포기하고 사업에 임해야 한다는 것이다. Từ Vỹ Tân(2015: 102) 참조.

으로 보여주어야 하는 현실적 실천이 '일대일로'인 것이다. 이와 더불어 중국 문화의 전파도 중국의 '도광양회' 외교 전략의 중요한 수단이 되었다. 중국은 국제사회에 자국 영화 선전, 중국어 학교 증설, 공자학원 등으로 자신의 영향력을 은근하게 확대해 왔다.[28] 중국의 '문화적 침략'은 미국, 아시아, 유럽 등지를 비롯해 세계 곳곳의 대국들과 효율적으로 경쟁할 수 있는 방법인데, 이에 대해 저개발 국가뿐만 아니라, 미국 및 서방국가의 적지 않은 학자들은 중국의 숨은 의도를 파악하고, 새로운 문화적 침략에 대해 경고하기 시작했다.

4. '호랑이 등에 올라탄 중국'의 질주는 언제까지 이어질 것인가?

우리는 이미, 이전 시기 몇 차례의 '중국위협론'과 '중국기회론'을 통해 중국의 부상에 대해 복잡하고 다양한 논쟁을 해왔다. 오늘날 현실적으로 부상한 중국에 대해 동남아시아 각국의 내부는 이전과 마찬가지로, 매우 광범위하고 복잡한 인식 양상을 지닌다. 그러나 최근 동남아시아에서 새롭게 일어나고 있는 대중국 인식에는 역사적 전환기 도래와 함께 명확하고 주요한 변화가 보인다. 중국에 대한 동남아시아 각국의 인식과 반응 수준에는 각 국가의 대중국 정책과 양자 관계, 영도자 경향, 민족, 국가 규모 등 다양한 영향 요인이 작용한다. 그러나 지금까지의 상황으로 판단하건대, 중국의 행동에 대해 동남아시아 각국은 여전히 우려와 불안한 모습을 공통적으로 보인다. 현재 '호랑이 등에 올라탄 중국'의 모습으로 보건대, 동남아시아 국가의 우려를 불식시키기 위해 중

---

28   국제학자협회(International Association of Scholars)의 연구 프로젝트 책임자이면서, 『아웃소싱 차이나(Outsourced to China)』를 저술한 레이철 피터슨(Rachelle Peterson)의 연구에 따르면, 2004년 중국은 해외 곳곳에 공자학원을 설립하기 시작했는데, 2017년에 이르자, 중국의 공자학원은 전 세계 513개 기관으로 확장되었으며, 초등 또는 중등학교에도 1074개 교실이 공자학원을 위해 배정되었다고 한다.

국에게 변화를 기대하기는 힘들 것이다. 국제 관계 변화의 환경적 측면에서도 중국에게 부여된 상황은 안정적이거나 중국에게 유리한 모습은 아니다. 특히 동남아시아 지역 국제 관계의 현재와 미래의 조망 각도에서 보면 중국은 이미 자신들의 '신뢰감'을 스스로 손상시켰으며, 이로 인해 중국은 동남아시아에서 '중국의 꿈'의 구현을 위해 더욱 노력해야 하는 상황과 마주하게 되었다. 이에 중국은 '중국의 꿈(중국몽)'에 새로운 상처가 될 징조들을 간과하기 힘들어졌다.

참고문헌

Cao Xuân Phổ. (2003). Ba mươi năm xây dựng và trưởng thành 1973-2003, NXBKHXH 2003.

Đỗ Minh Cao. (2012). *Sự trỗi dậy về quân sự của Trung Quốc và ảnh hưởng của nó đến an ninh thế giới*//Nghiên cứu Trung Quốc, Số 2.

Dương Văn Huy. (2012). *Tác động của nhân tố Trung Hoa tới hoạt động kinh tế người Hoa ở Lào*. Nghiên cứu Đông Nam Á, số 10 (151), tr.41-50.

GS. TS Nguyễn Đức Ninh. (2013). Nghiên cứu văn hóa Đông Nam : Bốn mươi năm đã qua. 40 năm Viện nghiên cứu Đông Nam Á. NXBKHXH, Hà Nội năm 2013.

Hungtington, Samuel. (2001). *Sự va chạm của các nền văn minh*. Nhà xuất bản Lao Động.

Kiều Tinh. (2011). "Người Hoa ở Đông Nam Á: Thế lực đáng gờm." http://www.tamnhin.net/tieu-diem/11038/Nguoi-Hoa-o-Dong-Nam-A-Theluc-dang-gom.html.

Lê Thị Thu Hồng, Phạm Hồng Thái. (2010). *Chính sách ngoại giao láng giềng của Trung Quốc nhìn từ ASEAN*. Nghiên cứu Đông Bắc Á, số 7.

Lưu Tuấn Phảng-Tào Vũ Quân. (2004). Sự trỗi dậy hoà bình con đường phát triển của Trung Quốc thế kỷ XXI. Bài tham luận Hội thảo khoa học " Cộng hoà nhân dân Trung Hoa-55 năm xây dựng và phát triển, Hà Nội 29/9/2004.

M.L. Titarenko. (2009). *Đánh giá tổng hợp về sự phát triển của Trung Quốc trong thế kỷ XXI*//Nghiên cứu Trung Quốc, Số 5 (93).

Nguyễn Đức Ninh. (2013). Bốn mươi năm đã qua. 40 năm Viện nghiên cứu Đông Nam Á, NXBKHXH, Hà Nội năm 2013.

Nguyễn Duy Dũng. (cb). (2012). *ASEAN: Từ Hiệp hội đến Cộng đồng-Những vấn đề nổi bật và tác động đến Việt Nam*. Hà Nội, Nxb. KHXH.

Nguyễn Sỹ Tuấn. (2014). "*Sự gia tăng ảnh hưởng của Trung Quốc ở Campuchia và tác động của nó đến Campuchia và quan hệ Campuchia-Việt Nam.*" Đề tài cấp Bộ.

PGS. Cao Xuân Phổ. (2003). Viện nghiên cứu Đông Nam Á: Ba mươi năm xây dựng và trưởng thành 1973-2003, NXBKHXH.

PGS.TS Nguyễn Duy Dũng. (2018). Đề tài cấp Bộ «Đánh giá, dự báo tác động của điều chỉnh chiến lược và phương thức phát triển mới của Trung Quốc tới Lào, Cămpuchia ASEAN và gợi mở chính sách cho Việt Nam,' Viện Hàn lâm Khoa học xã hội năm.

PGS.TS Nguyễn Huy Hoàng. (Chủ biên). (2018). Đánh giá, dự báo tác động của điều chỉnh chiến lược và phương thức phát triển mới của Trung Quốc đến ASEAN và gợi mở chính sách cho Việt Nam, NXB Khoa học xã hội, Hà Nội.

Phạm Bình Minh. (cb). (2010). *Cục diện Thế giới đến năm 2020*. Hà Nội: Nxb. Chính trị Quốc gia.

Phạm Đức Thành (Chủ biên). (2003). Viện nghiên cứu Đông Nam Á: Ba mươi năm xây dựng và trưởng thành (1973-2003).

Phạm Nguyên Long. (2013). Một số vấn đề lịch sử Đông Nam Á, "Lịch sử văn hóa Đông Nam Á."

NXB Văn hóa thông tin năm.

Sở Thụ Long – Kim Uy (cb). (2013). Chiến lược và chính sách ngoại giao của Trung Quốc. Nhá xuất bản Chính trị Quốc gia-Sự thật, Hà Nội.

Trần Khánh. (2010). *Lợi ích chiến lược của các nước lớn tại Đông Nam Á*//NC Đông Nam Á, Số 4.

_____. (2018). Cộng đồng người Hoa, Hoa Kiều ở châu Á, NXB Đại học quốc gia Hà Nội.

Từ Vỹ Tân. (2015). Trạng thái bình thường mới của Trung Quốc. Nxb Nhân dân.

Về văn hóa. (2003). Đông Nam Á. PGS. Cao Xuân Phố. Viện nghiên cứu Đông Nam Á: Ba mươi năm xây dựng và trưởng thành (1973-2003). NXBKHXH.

www.tầm nhìn.nét/tiêu-điểm/11038/ngươi-hoa-o-dong-nam-a-the-luc-dang-gom-html.

Xi-khun Bun-vi-lay. (chủ biên). "*50 năm quan hệ hữu nghị Lào - Trung (1961-2011)*." Thủ đô Viêng Chăn - 2011(bản tiếng Lào).

環球網. (2014.3.13). https://taiwan.huanqiu.com/article/9CaKrnJEyUF.

人民網. (2014.4.26). http://theory.people.com.cn/n/2013/0426/c40531-21285625.html.

共識網. http://www.21ccom.net/articles/qqsw/zlwj/article_2012121773085.html.

新華網. (2015.3.2). http://news.xinhuanet.com/globe/2015-03/02/c_134030635.htm.

http://www.sdz.cn/research/ShowArticle.asp?ArticleID=623ngày(2004.4.11).

http://www.szsyj.org/Life3.php?uid=70.

ASEAN Studies Centre. (2018.12.6). ISEAS-Yousf Ishak Institut Issue. p.12.

China Military News. (2010.11.5). "China, Cambodia seek to strengthen military ties, China Military Power Mashup."

Fullbrook, David. (2006.10.6). "China's Growing Influence in Cambodia." *Asia Times*.

The Hindu. (2014.4.11). http://www.thehindu.com/opinion/op-ed/reviving-the-maritime-silk-route /article5896989.ece.

ISEAS. (2009). *Energy and Geopolitics in South China Sea: Implications for ASEAN and Its Dialogue Partners*. Working Papers. Singapore.

Lee, John. (2016.9.14). "The Chinese diaspora's role in the rise of China." *East Asia Forum*.

Luttwak, Edward Nicolae. (2012). *The Rise of China vs. The Logic of Strategy*. Cambridge, Massachusetts: Belknap Press.

Sambath, Phou. (2018). *Cambodia-China Relation: Past, Present and Future*. www.ncku.edu.tw.

제6장

중국과 아세안의 공급망 협력에 관한 연구*

김상규 | 한양대학교 중국문제연구소 학술연구교수

1. 서론

2022년 현재, 국제사회가 가장 주목하는 이슈 중의 하나가 바로 공급망 문제이다. 코로나19 시기 불거진 일련의 문제가 국가이익을 넘어 국가 안보 영역에서 그 중요도를 점하게 되었다. 2022년 4월, 미국 재무장관 재닛 옐런(Janet Yellen)은 '프렌드 쇼어링(friend-shoring)'을 최초로 언급했다. 주요 내용은 "러시아가 지정학적 강압(geopolitical coercion)을 도구로 무역을 무기화하는 것을 알고 있으며, 중국 같이 유사한 국가에 대비하기 위해 미국은 EU와 인도·태평양 국가, 신흥 시장, 개발도상국 들이 함께 공급망 통합을 이루어야 한다"라는 점을 지적한 것이다(*Reuters*, 2022.10.13). 하지만 공급망의 문제는 갑자기 생긴 것이 아니다. 이미 국제사회에서 다양한 형태로 일어났던 문제이고 그 중요성을 인식하고 있었지만, 일부 영역, 지역, 국가에서 단발적·산발적으로 일어났기

---

*   이 장은 ≪Journal of China Studies≫, Vol. 18, No. 1(2015)에 발표한 「韓中供应链安全合作探析 — 以非传统安全的视角为主」와 ≪중소연구≫, 제46권, 제3호(2022)에 발표한 「중국과 아세안의 공급망 협력에 관한 연구」 논문을 기초로 재구성한 것임을 밝힌다.

에 큰 문제로 인식하지 못하고 있었을 뿐이다. 2011년 동일본 대지진, 태국의 홍수 역시 공급망의 위기 상황 중 하나였다. 한국이 가장 크게 인식하게 된 계기는 바로 2019년 8월 7일 일본이 백색 국가 리스트에서 한국을 제외하는 수출무역 관리령 개정안을 공포하면서부터일 것이다. 당시 AP, CNN, WP 등 세계 주요 언론은 일본의 조치가 첨단 산업 분야의 글로벌 공급망(global supply chain)에 악영향을 줄 것이라고 분석했다.

한편 2018년 9월, 미국 국방부는 '13806 행정 명령'에 따라 '미국 제조 및 국방 산업 및 공급망 탄력성 평가 및 강화'에 관한 보고서를 미국 대통령에게 제출했다. 이 보고서는 제조 및 방위 산업 기반이 직면한 공급망의 도전, 즉 고립된 공급원, 단일 공급원, 취약한 공급 업체, 취약한 시장, 생산이 제한된 시장 공급, 축소, 의존한 해외 제조 공급원과 재료 부족, 현지 인력 부족, 현지 지역 인프라 침식, 제품 안전 등 전면적으로 분석했다. 주요 내용은 정기적인 공급망 보안 평가 외에도 중국과 러시아로부터 공급망 위험성이 증가한다는 것과 미·중 무역 마찰이 심화하면서 백악관, 각 정부 부서 및 싱크 탱크가 공급망 안보의 가장 큰 위협요인으로 중국을 지목한 것이었다. 상술한 내용은 초연결 사회로 이루어진 국제사회에서 공급망이라는 새로운 형태의 갈등과 위협요인이 국가 관계에 중요한 이슈로 이미 인식되고 있었다는 것을 보여주는 사례이다.

이 같은 위협 인식은 오바마 정부 시기까지 거슬러 올라간다. 2012년 1월, 미국 오바마 행정부는 '글로벌 공급망 안보 국가 전략(National Strategy for Global Supply Chain Security)'을 발표했다. 이어 재닛 나폴리타노(Janet Napolitano) 국토안보부 장관은 스위스 다보스에서 열린 세계경제포럼(WEF) 연례회의에 참석해 이 보고서를 공개하며 세계의 주목을 받았다. 보고서에 따르면, 글로벌 공급망 시스템은 미국 경제와 안보에 필수적이며 중요한 세계적 자산이라고 정의하고 있다. 지진, 쓰나미, 화산 폭발과 같은 자연재해와 테러리스트의 공격, 범죄에의 이용 등으로 글로벌 경제 성장과 생산성은 큰 타격을 입어왔고, 이런 위협에 맞서 국가 차원과 세계적 차원의 글로벌 공급망 안보 정책이 필요하다는 것을 언급하고 있다. 미국 국민의 이익을 보호하고, 국가 경제 번영을 위해 채택한 '글로벌 공급망 안보 국가 전략'을 통해서 안보와 효율성 사이에서 잘못된 선택을 지양하고 핵심 가치를 지킴으로써 경제성장을 이룩할 수 있다는 점을 강조했다(The White House, 2012.1.23).

오바마 행정부의 발표는 경영학과 물류학 분야에서 주로 다루던 공급망 보안(Supply Chain Security: SCS) 이슈를 국가 안보 차원의 문제로 끌어올렸다. 이는 전쟁과 같은 군사적 위협을 중심으로 연구해 국가 안보 의제가 환경, 에너지, 인간 안보 영역까지 연구 영역으로 확대하고 있는 학계의 추세와도 부합한다. 무역 분쟁과 반도체 갈등도 공급망 안보 전략의 연장선에서 이해할 수 있다. 중국은 일대일로(一帶一路)의 국가 대전략을 통해 국가이익을 극대화하기 위해 적극적인 정책을 시행하고 있기에 해당 분야에서의 중요성은 더욱 클 것이다. 동남아시아국가연합(ASEAN, 이하 아세안)처럼 경제협력과 사회·문화 발전을 기초로 발전을 추동하는 조직도 상호 간의 안정적인 관계를 수립하고 유지하는 데 필요한 시스템이 될 수밖에 없다. 더 나아가 아세안과의 협력을 강화하려는 한국으로서도 해당 분야는 정책적으로나 학술적으로 지속적인 관심을 두고 연구해야 할 필요가 있다.

2. 공급망의 개념 정의와 이해

국가의 탄생에서부터 냉전 종식에 이르기까지 전통 안보는 국가의 생존과 직결된 가장 핵심의제로 다루어져왔다. 이 기간에 국가 간 모순과 충돌은 대부분 군사력, 동맹, 무력 위협과 같은 군사적 수단을 통해 해결되었다. 특히 냉전 시기를 거치면서 안보는 군사적 측면에서 정의했기 때문에 대부분의 연구 초점 역시 국가 안보의 핵심 역량인 군사력에 치우칠 수밖에 없었다. 따라서 경제, 문화, 인구, 환경 문제와 같이 군사적 국가 안보와는 비교적 거리가 있는 저위 정치(low politics) 문제들은 국가 안보 전략에서 주목하지 않았다. 전통적 안보는 무장한 외부 세력이 조직화한 폭력으로부터 국가의 영토를 보호하는 것이다. 그러나 탈냉전기에 접어들면서 안보를 위협하는 요인들이 '비전통화' 하고 다양해짐에 따라 안보의 영역이 확대했고 학자들의 연구 방향에도 많은 영향을 끼쳤다. 즉, 냉전의 종식과 더불어 양극체제가 막을 내리고 국가 간 구조적 모순이 약화하면서 이런 상황은 바뀌기 시작했다. 경제, 환경, 마약 및 테러와 같은 국제범죄, 해킹과 같은 사이버 공간에서의 범죄 확산 등 국가의 핵심 이익을 위협하는 요소들이 다양해지면서 이들 문제도 점차 안보 의제화했고(Busby, 2008), 국가 관계의 확대와 연계는 위험 회피의 협력을 추동했다.

앞서 언급한 것처럼 근대국가는 전통적으로 국가 내부와 외부의 위협을 구별해 외부의 위협으로부터 국가 내부의 안전을 확보하는 것을 목적으로 삼았다. 그러나 국경을 넘어선 상품, 물자, 사람의 이동이 증가함에 따라 세계화 시대의 안보는 근대국가의 안보 개념으로만 논의하기에 한계가 생겼다. 따라서 국가 안보를 다양한 영역의 안전을 확보할 때 가능한 것으로 인식하기 시작했다. 그중 경제 분야의 안보는 국가의 경제성장, 국민 이익의 증대와 직결하기에 더욱더 중요하다. 특히 물류의 이동이 원활하게 이루어지지 않을 경우, 우리가 필요로 하는 기본적인 생산품의 교역은 물론 식량과 의약품의 공급 문제 등 경제적 문제를 넘어 식량 안보와 보건 안보 위협으로 이어질 가능성이 크다. 더 나아가 글로벌 공급망을 안전하게 관리하지 않으면 마약과 같은 불법 의약품과 불법 무기류의 유입 그리고 국제 범죄자들과 테러리스트의 밀입국과 같은 국제적 문제로까지 확대할 수 있다.

'글로벌 공급망(global supply chain)'은 물자 및 인력의 상업적 이동을 위한 국제운송·화물 배송의 경로 및 기반시설(인프라)의 세계적 네트워크와 이를 보조하는 국제 통신 시스템을 지칭하는 것으로 주요 물자와 상품의 생산·가공 및 조립·집산 지역, 주요 운송항만·보관 지역, 그리고 이를 위한 통신 및 기반시설을 포함하는 개념이다(최원기, 2012). 그러나 이는 공급망을 단순히 수출항과 수입항, 관련 제반 시설로 구성된 물류 수송의 네트워크로 바라보는 것이며 공급망이 지니는 또 다른 의미를 간과하고 있다. 즉, 공급망은 수송 네트워크 자체를 의미할 뿐만 아니라 국가와 사회가 필요로 하는 자원과 생산품의 흐름이라고 볼 수 있다. 따라서 공급망은 운송 사슬(chain)과 물류의 흐름(flow)을 포괄하는 유기적 활동의 집합체라고 할 수 있다.

공급망과 관련해 '공급망 보안, 보호' 등의 연구가 있으나 이것은 공급망 구성 요소 간 전체 프로세스를 최적화하기 위해 관리(management)와 효율성 증대를 목적으로 한 기술적 연구에 가까웠다. 그러나 앞서 언급한 바와 같이 공급망의 안정적이고 원활한 흐름을 확보하는 것은 '안보' 차원에서 다루어야 할 문제이다. 자원과 생산품의 원활한 공급은 사회 안정의 전제 조건이자 국가 안보의 필수 불가결한 요소이기 때문이다. 따라서, 공급망 안보(SCS)는 첫째, 수입항과 수출항 등으로 구성된 수송 네트워크 및 제반 시설 네트워크와 둘째, 이사슬을 통한 자원, 생산품 및 물류 등의 안정적 흐름을 관리 및 확보함으로써 셋째, 국가 경제 안보의 위협 요소를 예방 또는 최소화하는 것으로 정의할 수 있다.

본 글에서 사용하는 '공급망(supply chain)'의 뜻은 물류(physical distribution), 로지스틱스(logistics)와는 다르다. 물류는 1960년대 초 일본으로 'physical distribution'이라는 용어가 도입된 후 '물적 유통'으로 번역한 것이다. 물류는 거래를 제외한 장소, 시간의 효용을 창출하는 것이며, 생산품을 수송·하역·보관·포장하는 기업 담당 부분과 수송·통신 기초시설 등 국가 기반 제반 시설을 아우르는 말이다. 로지스틱스는 물류와 비슷해 보이지만, 주로 유통 과정에서 원료 준비, 생산, 보관, 판매를 가장 합리적이고 효율적으로 수행할 수 있도록 하는 시스템이다. 다시 말해, 물류는 로지스틱스라는 종합시스템을 통해 효율적으로 유통하는 것이다. 따라서 본 논문에서는 공급망을 물류와 로지스틱스를 포함한 상위개념으로 수송 네트워크를 이용해 물자의 흐름과 판매자, 고객과의 소통 등 부가가치를 창출하는 행위를 모두 포함하는 '유기적인 관계 사슬'로

그림 6-1 물류, 로지스틱스와 공급망

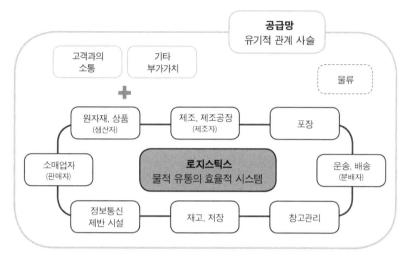

자료: 필자 작성.

정의한다. 물류, 로지스틱스, 공급망의 관계를 도식화하면 〈그림 6-1〉과 같다.

공급망 안전 메커니즘의 운용은 요구 예측, 운수 상황, 배송 빈도, 물류 질량, 제조 시기 변화와 같은 것에서부터 전쟁, 파업, 자연재해 등에 이르기까지 여러 불확실한 요소들에 의해 파괴될 수 있으며 이는 곧 생산과 공급 관계의 붕괴를 일으킨다. 이에 기업들도 손실을 줄이고 경쟁 우위를 점하기 위해 공급망 안보에 주력할 수밖에 없다. 기업의 측면에서 보아도 수입의 증가, 경영 리스크 감소, 효율 상승이라는 효과를 얻을 수 있는 일이다. 특히 복잡하게 얽힌 세계 무역 구도에서, 국제범죄와 테러리즘의 위협에 공급망이 공격받으면 기업뿐만 아니라 국가 경제에 중대한 손실을 초래할 수 있으므로 각국은 국제무역 정책에 있어 앞다투어 안보를 우선순위에 상정하는 것이다. 관련 법률과 규범의 수정 및 추가 제정, 안전 조치 강화 등이 이를 증명한다.

경제의 대외 개방도가 증가하고 교역 네트워크가 복잡해짐에 따라 공급망의 취약성은 더 높아진다. 따라서 주로 도난 검색 위주로 독립적으로 시행하던 정책에 테러 예방을 통한 인명과 재산의 보호 목적이 더해지면서 공급망 안보를 위한 협력은 더욱 중요해졌다. 공급망은 본질적으로 파괴되기 쉬운 특성을 가진다. 공급만 네트워크의 각 단위는 서로 연결되어 있고 상호 의존적 특성이 강하기 때문에 사슬의 한 부분이 고장 나면 전체 네트워크가 마비되기 쉽기 때문이다.

3. 중국·아세안 경제협력과 공급망

2021년 기준, 아세안은 전체 인구가 약 6억 7330만 명으로 중국, 인도에 이어 세계 3위를 차지하고 있다. GDP 규모는 약 3조 3560억 달러로 세계 5대 경제권이다. 중국과 아세안 10개국의 수출입 규모는 10년간 2배 이상 증가했는데, 2021년 중국과 아세안의 상품 수출입 총액은 8782억 706만 달러로 전년 대비 28.1% 증가했으며, 그중 수입 총액은 3945억 1242만 달러, 수출 총액은 4836억 9464만 달러로 각각 전년 대비 30.8%, 26.1% 증가했다(유다형, 2022). 중국과 아세안의 경제협력은 2010년 1월, 다자간 무역협정(China-ASEAN Free Trade Agreement: CAFTA)을 체결하면서 급성장했다. 중국은 싱가포르, 태국, 말레이시아, 인도네시아, 필리핀, 브루나이 등 아세안 6개 회원국 사이의 교역품목에 대해 무관세(90% 이상)를 적용하기 시작했고, 2015년부터는 나머지 아세안 4개 회원국(베트남, 캄보디아, 라오스, 미얀마)도 동등하게 적용했다. 그중에서도 베트남과의 교역은 빠르게 증가하고 있다. 베트남과의 수출입 비중은 2012년 12.6%로 10개 아세안 국가 중 다섯 번째였으나, 2016년 이후 말레이시아를 제치고 1위를 차지했다. 2021년 기준으로 중국과의 수출입 총액은 베트남이 2302억 424만 달러로 가장 많으며, 말레이시아 1768억 441만 달러, 태국 1311억 4940만 달러, 인도네시아 1244억 3400만 달러순이다. 국가별 비중은 베트남 26.2%, 말레이시아 20.1%, 태국·인도네시아·싱가포르가 각각 14.9%, 14.2%,

10.7%이다(유다형, 2022). 이 같은 결과가 나온 것은 중국 기업들이 미국의 관세 부과를 피하고자 주요 부품 생산지를 베트남으로 옮겼기 때문이다(≪이데일리≫, 2019.7.14). 2020년 기준 아세안 5개국의 글로벌 중간재 수출 시장 점유율은 6.7%, 수입 시장 점유율은 6.9%로 생산기지의 역할이 확대하는 상황이다(장병훈 외, 2021. 〈그림 6-2〉 참조). 또한 2021년 기준으로 아세안 5개국의 중국 수입 시장 점유율은 14.7%로 1위를 차지하고 있다(≪연합뉴스≫, 2022.6.8).

아세안 국가 역시 중국의 중요성에 대해 인식하고 있다. 2022년 일본 외무성이 시행한 '아세안 국가 중에서 가장 중요한 파트너 국가'를 선택하라는 질문에 중국이 48%로 1위를 차지했다. 일본 43%, 미국 41%, 한국 28%로 나타났다(≪한겨레≫, 2022.5.26). 이 같은 결과는 아세안의 공급망 의존도 변화를 통해서도 알 수 있다. 2020년 아세안 국가의 국내 생산 공급망 의존도를 살펴보면, 싱가포르를 제외하고 중국이 1위를 차지했다.

아세안은 2015년 아세안 공동체 출범을 계기로 '아세안 연계성 마스터플랜(MPAC) 2025'를 제시했다. 아세안 10개 회원국이 교통·에너지·통신 등 인프라 측면에서 통합할 수 있도록 역내 연계성 강화에 필수적인 대형 인프라 개발 프로젝트 진행을 추진했는데, 지속 가능한 인프라, 디지털 혁신, 원활한 물류, 제도의 혁신, 인적 이동 등 5개 분야이다. 그중에서도 아세안 인프라 시장은 2030년까지 약 3조 3000억 달러의 수요를 예상하고, 아세안 국가들은 최첨단 인프라를 총망라한 스마트시티 발전 계획을 중점 사업으로 인식했다. 특히 디지털 인프라 협력에 기반이 되는 시설인 교통, 통신, 전력 및 경제특구, 직접투자(FDI)를 포함한 민간 부문 참여는 중국·아세안 협력의 핵심 내용이다(정혜영, 2022). 이 같은 발전 가능성은 중국의 '일대일로' 구상과 연계한 것이기에 중국과 아세안 사이의 공급망 협력은 그 중요성이 더욱 증대할 수밖에 없다. 게다가 2022년 5월, 미국이 주도하고 13개국이 참여하는 인도·태평양 경제 프레임워크(Indo-Pacific Economic Framework: IPEF)가 출범하면서 미·중 주도권 경쟁은 더욱 치열해지기 시작했고, 중국은 글로벌 공급망 재편을 위해 역내 포괄적 경

그림 6-2 아세안 5개국 중간재 수출 점유율 추이   (단위: %)

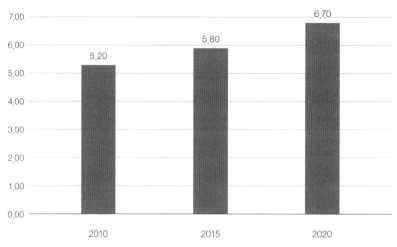

자료: 장병훈 외(2021).

그림 6-3 중국과 아세안 수출입 총액 추이   (단위: 억 달러)

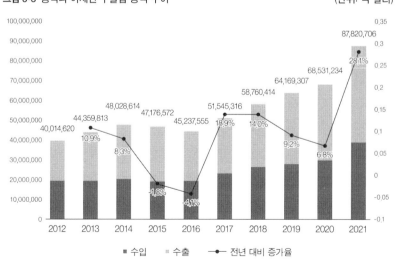

자료: 유다형(2022).

그림 6-4 국내 생산을 위한 아세안 국가 공급망 중국 의존도

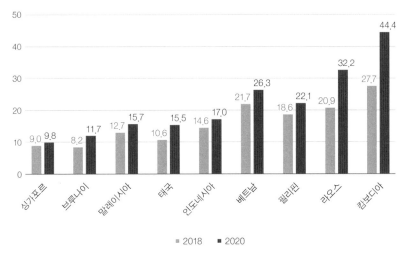

자료: 강내영 외(2021).

제 동반자 협정(Regional Comprehensive Economic Partnership: RCEP), 일대일로, 개발도상국 협력 등을 내세워 자국 중심의 GVC(Global Value Chain) 수립을 본격화하려고 한다(윤보라 외, 2022). 바이든 정부가 첨단 산업 분야에서 중국의 추격과 발전을 억제해 미국 중심의 공급망을 추동하면서 중국 역시 공급망 안보 차원에서 전략적 행보를 보일 수밖에 없는 것이다.

중국 정부는 2022년 양회 업무 보고를 통해 미·중 갈등 장기화에 대응하기 위한 10대 중점 업무를 제시했는데 그중 하나가 바로 산업 공급망 안정화였다(문지영 외, 2022). 공급망 안정화를 위해서는 천연자원이 풍부한 동남아시아 국가와 협력을 통해 자원, 에너지 등을 확보하는 것이 중요하다(백서인 외, 2022). 중국은 이미 2020년 5월, 중국은 쌍순환(双循环) 전략을 제시하고 국내 순환을 통한 내수 시장 활성화로 안정적 공급 체계를 구축하고, 내순환(국내)과 외순환(국제)을 통해 핵심 부품과 중간재 수입 등 원자재와 식량의 안정적 공급을 유지, 강화하고자 했다. 또한 거시 경제정책 목표로 설정한 6개 보장(六保) 중에

산업과 공급망, 식량, 에너지의 안정을 포함했다.

지방정부 차원에서도 공급망 문제를 해결하기 위한 정책 시행에 적극적으로 나서고 있다. 특히 '연장제'(鏈長制, Chain Leader Institution)라는 제도를 적극적으로 시행하고 있다. 이는 지방 경제발전을 촉진할 수 있는 핵심적인 산업을 선택하고 배치하는 것으로, 성 정부의 수장(주요 지도자) 또는 지방정부의 주요 관리가 산업망 전반에 걸친 업무를 맡아 관리 감독 등 일련의 시스템을 총괄하는 것이다. 이는 공급, 정보, 구매, 서비스, 인재, 자금 등 다양한 영역에서 망을 연결하고 산업 생태계 개선과 협력 실현, 군장제(群長制)를 통해 산업클러스터로 확장하는 것을 목표로 한다. 2017년 11월 후난(湖南)성 창사(長沙)시가 처음으로 실시했고, 2020년 9월 국무원은 '중국 저장(浙江) 자유무역 시험구 확대 방안'이라는 문건을 발표해 '연장제' 책임 체계 구축을 처음으로 언급했다. 2021년 4월에는 광둥(廣東)성이 산업클러스터 건설을 위해 해당 제도를 시행했고, 이미 29개성에서 연장제와 유관 정책을 시행하고 있다.

중국은 대내외적으로 불리하게 조성되는 여건 변화에 맞춰 전략 설정과 정책 시행을 하고 있다. 중국은 아세안을 지역 협력의 핵심축으로 삼아 공급망 안보를 확보하려고 한다. 중국이 추진하는 일대일로 전략은 이를 위해 가장 중요한 협력 플랫폼이다. 중국은 경제, 보건, 환경, 디지털 등 다양한 분야에서 일대일로 전략과 결합하고 있다. 일대일로 전략 시행을 위한 구체적인 방법론 중 하나가 정책 소통(政策沟通), 시설 연통(设施联通), 무역 창통(贸易畅通), 자금 융통(资金融通), 민심 상통(民心相通)의 5통이다(丁俊发, 2016). 이는 중국과 아세안 사이의 공급망 안보 구축을 위한 중요한 함의가 있다. 그중 시설 연통과 무역 창통, 자금 융통은 명시적으로 공급망 안보의 중요성과 일맥상통한다. 우선 '시설 연통'은 쉽게 말해 인프라 건설을 통한 국가 간 협력을 원활히 하기 위한 것이다. 일대일로는 육상에는 고속철도와 교통 인프라, 해상에는 항만을 구축해 국가 간 산업과 무역, 자원의 개발과 이동을 안정적으로 운용하는 것을 목표로 한다. 국경이 무너지고 초연결 사회로 이루어진 상황에서 어떤 경로를 통해 안보를 위협하는 물리적 수단이 이동할지 모르기 때문이다. 둘째, '무역 창통'은 앞서 살펴보았듯이 그야말로 중국과 아세안 국가 사이에 증가하고 있는 무역·투자 등 협력 확대를 안정적으로 담보하기 위해 반드시 관리하고 통제하는 시스템을 구축해야 할 분야이다. 상품의 생산과 소비가 확대, 교차하면서 예측 불가의 자연재해와 시설 파괴로 인해 물류와 유통의 혼란이 발생할 수 있기 때문이다. 따라서 선제적 대응책으로 관련국 간 효율적인 전자통관 제도는 물론 유기적으로 결합할 수 있는 공동 관리 시스템을 구축하는 것과 관련 있는 문제이다. 셋째, '자금 융통'은 글로벌 경제 위기를 여러 차례 겪었기 때문에, 교역 국가의 금융 시장을 교란하려는 시도를 파악하고 해결해 안정적인 금융 시장과 금융 기구 운용을 할 수 있는 금융 경제협력을 확고히 하는 것이다. 넷째, '정책 소통'은 상대 국가와의 원활한 소통을 통해 신뢰를 구축하고 실무 차원에서 효과적인 업무 협조와 지원이 상호 원원할 수 있는 정책을 구상하고 실현하는 것이다. 마지막으로 '민심 상통' 역시 인적 교류의 증가로 인해 발생할 수 있는 다양한 형태의 위기 상황, 범죄자의 이동이나 상호 신뢰를 저해할 수 있는 사건을 사전에 방지하고 우호적인 관계를 유지, 확대하기 위한 방법론으로써 활용해야 할 방향성을 내포한다.

4. 결론 및 시사점

공급망 체계를 구축할 경우 공급망 구간 간 화물의 안전을 보장하고 수출입 과정에서 통관검사를 간소화하는 등 시간을 절약하고 절차적 편리함을 이룰 수 있다. 더 나아가 마약과 불법 무기, 국제 테러의 공동 예방에 따른 인명과 재산의 보호라는 가장 핵심적 이익과 국가 간 교역 촉진을 통해 경제적 이익도 창출해 내는 결과물도 얻을 수 있다. 하지만 공급망이 원활하게 이루어지지 않는다면 경제 분야는 물론 안보 영역에서 더 많은 문제점이 발생할 것은 자명하다. 이런 이유로 국제사회는 경제적인 문제를 넘어 자연재해, 테러와 같은 환경 같은 비전통적 안보의 문제와 더불어 공급망 안보를 적극적으로 논의하는 것이다. 현재 국제사회는 공급망 시스템 구축을 위한 경쟁과 협력의 갈림길에 서 있다. 중차대한 시기에 전략적 대안을 수립하지 못한다면 공급망에서 배제되어 국가 안보와 경제발전에 심각한 타격을 입을 수밖에 없다. 하지만 현실적으로 미·중의 첨단 산업 갈등이 격화하고 국제적 문제로 비화하면서 개별 국가의 선택이 쉽지만은 않은 상황이다. 중국이 시도하는 일대일로 전략을 비롯해 미국의 공급망 정책이 관련국의 선택을 강요하는 상황으로 내몰고 있기 때문이다. 세계는 여전히 코로나19가 진행 중이고 러시아와 우크라이나 사태에 따른 원유, 공업용 금속, 식량 등 공급 부족이 심각해졌고 중국의 제로 코로나 정책에 따른 공급망 혼란, 주도권 경쟁 및 자립형 공급망 구축, 자국 우선주의에 따른 공급난 심화가 지속하고 있다(윤보라 외, 2021) 공급망 본연의 협력 요인보다 갈등 요인이 더욱 부각하는 상황이다. 이미 많은 국가가 미·중 양국의 전략과 정책 설정을 통한 협력체 구성에 결부되어 고민하고 있다. 이해 당사국 간 이익 실현을 위한 갈등과 경쟁, 전략의 충돌을 예상할 수 있다. 이 같은 상황에서 아세안 국가들은 개별 협력과 협의체 구성 등 탄력적인 전략을 시행하며 국익 실현을 도모하고 있다. 아세안 주요 국가들은 CPTPP(Comprehensive and Progressive Agreement for Trans-Pacific Partnership, 포괄적·점진적 환태평양 경제 동반자 협정), RCEP, IPEF 등 국제 경제 협의체를 통해 발언권을 키우고 있다. 중국 역시 아세안의 행보에 주목하며 아세안과의 관계 설정에 공을 들이고 있다. 한국 역시 공급망 재편 과정에서 발생하는 미·중 갈등에서 벗어나기 힘들다. 그렇다고 두 관계에만 몰입해 제3의 길을 고민하지 않거나 한 가지 선택을 하는 우를 범해서는 안 될 것이다. 대외적으로는 협력의 다각화를 통한 공급망 개발과 개척, 국내적으로는 리스크 관리를 위한 자체 능력 제고 등 장기적인 전략 수립과 안정적인 정책 시행의 지혜를 쌓는 것이 필요하다.

참고문헌

강내영. (2021). "한국형 가치사슬 구조변화와 우리의 과제". 한국무역협회.

문지영 외. (2022). "2022년 양회를 통해 본 중국의 경제정책 방향과 시사점". KIEP 오늘의 세계경제, 22(7).

백서인 외. (2022). "미·중 EU의 국가·경제·기술 안보 전략과 시사점".≪STEPI Insight≫, 제300호, 과학기술정책연구원.

유다형. (2022). "2021년 중국과 아세안 수출입 현황". ≪최신 중국동향≫, Vol.331.

윤보라 외. (2022). "최근 중국 공급망 이슈의 영향 및 전망". KOTRA.

장병훈 외. (2021). "아세안 5개국의 생산차질이 글로벌 공급망에 미치는 영향". ≪해외경제포커스≫, 제42호.

정혜영. (2022). "아세안과 중국의 디지털 경제 협력 — 중국의 디지털 실크로드와 아세안의 협력 동향". ≪인차이나브리프≫, 제41호.

최원기. (2012.6.11). "미국의 신 글로벌 공급망 안보 전략 검토". ≪주요국제문제분석≫. 국립외교원 외교안보연구소.

≪연합뉴스≫. (2022.6.8). "한국, 중국 수입시장서 대만·아세안에 밀려…중간재 수출 부진". https://www.kita.net/cmmrcInfo/cmmrcNews/cmmrcNews/cmmrcNewsDetail.do?pageIndex=1&nIndex=68765&sSiteid=1.

≪이데일리≫. "美中 무역전쟁, 미국이 비운 자리 아세안이 채웠다". https://www.edaily.co.kr/news/read?newsId=02023766622554520&mediaCodeNo=257.

≪한겨레≫. (2022.5.26). "아세안 국민들이 생각하는 '중요 협력' 국가는? 중국 1위". https://www.hani.co.kr/arti/international/japan/1044536.html.

丁俊發. (2016).「美國全球供應鏈安全國家戰略與中國對策」. ≪中國流通經濟≫, 第30卷, 第9期(2016年 9月).

Altemoller, Jur. Frank. (2011). "Towards an international regime of supply chain security" *World Customs Journal*, Vol.5, No.2.

Busby, Joshua W. (2008). "Who Cares about the Weather?: Climate Change and U.S. National Security." *Security Studies.*

Gkonis, K., H. Psaraftis. (2010). "Container Transportation as an Interdependent Security Problem." *Journal of Transportation Security*, Vol.3, No.2.

Hintsa, J. (2010). "A Comprehensive Framework for Analysis and Design of Supply Chain Security Standards." *Journal of Transportation Security*, Vol.3, No.2.

Lee, Hau L. and M. Wolfe. (2003). "Supply Chain Security without Tears." *Supply Chain Management Reviews*, Vol.7, No.3, pp.12~20.

Reuters. (2022.10.13). "Yellen warns of 'geopolitical coercion' by Russia, China." https://www.

reuters.com/markets/asia/treasurys-yellen-says-global-economy-faces-headwinds-warns-geo
political-coercion-2022-10-12/.

Sheffi, Y. (2022). "Supply Chain Management Under the Threat of International Terrorism." *International Journal of Logistics Management*, Vol.12, No.1.

Thai, Vinh V. (2009). "Effective Maritime Security: Conceptual Model and Empirical Evidence." *Maritime Policy & Management*, Vol.36, No.2.

Whipple, Judith M., M. Douglas Voss and David J. Closs. (2009). "Supply Chain Security Practices in the Food Industry: Do Firms Operating Globally and Domestically Differ?" *International Journal of Physical Distribution & Logistics Management*, Vol.39, No.7.

The White House. (2012.1.23). "National Strategy for Global Supply Chain Security."

제7장

중국·인도네시아 관계의 변화와 전망
'신남방 정책'에 대한 함의

김창범 | 전략문화연구센터 고문(전 주인도네시아 대사)

1. 70년을 이어온 중국·인도네시아 관계의 굴곡

1) 코로나19 상황 속, 중국·인도네시아 협력 전환점 맞아

2021년 1월 왕이(王毅) 중국 외교부장은 인도네시아를 방문해 중국·인도네시아 양국 관계가 새로운 차원으로 전환하고 하고 있음을 선언했다. 1월 13일 레트노 마르수디(Retno Marsudi) 인도네시아 외교장관과 왕이 외교부장 간 회담 후, 발표된 '5개항의 합의 사항(Five-Point Consensus)'에 따르면 양국은 광범위한 공통의 이해를 공유하며 상호 호혜적 협력과 공동 번영이 전략적 나아가 글로벌 차원의 중요성을 지니고 있다는 점에 의견을 같이했다.

2022년은 중국과 인도네시아 간 공식 외교관계가 수립된 지 72년이 되는 해이다. 지난 70여 년간 변화와 굴곡의 시기를 겪어온 양국 관계가 코로나19로 인한 팬데믹 상황 속에서 새로운 전기를 맞이하고 있는 것은 주목할 만한 일이다.

양국은 코로나19 대응 협력을 양국 관계의 최우선 순위에 놓으면서, 왕이 외교부장 방문 기간 중인 1월 13일 조코 위도도(Joko Widodo) 인도네시아 대통령이 중국산 시노백(Sinovac) 코로나19 백신을 제일 먼저 나서서 접종하는 광경이 연출되었다. 왕이 외교부장의 2021년 새해 벽두 인도네시아 방문을 통해 중국은 전략적인 차원에서 인도네시아에 보다 적극적으로 접근하고 양국 관계 발전에 역점을 두겠다는 입장을 밝힌 것으로 보인다.

양국 간 '5개항의 합의 사항'을 살펴보면 앞으로 양국 관계의 발전 방향을 미루어 짐작할 수 있다.

① 코로나19 대응 협력을 강화해 나가기로 했다. 특히 중국 측은 인도네시아와의 백신 연구, 조달, 생산 분야에 있어 협력을 제공하고 인도네시아가 백신 생산의 지역 거점이 될 수 있도록 노력을 지원하겠다고 명시했다.

② 양국은 관계 발전의 새로운 장(new chapter)을 여는 데 노력하기로 했다. 우선 중국의 대인도네시아 수입과 투자를 확대하기로 했다. 중국의 '일대일로(Belt and Road Initiative)' 구상과 인도네시아의 '글로벌 해양 지점(Global Maritime Fulcrum)' 구상을 연계시켜나가기로 했다. 5G, AI, 빅데이터 등 산업 경쟁력 제고를 위한 기술혁신에 있어서도 노력하기로 했다.

③ 양국은 지역협력과 지역발전을 위해 노력하기로 하고, 특히 2021년 중국·아세안 대화 관계 수립 30주년을 맞아 양자 협력을 내실화하는 동시에 새로운 단계로 격상하는 데 주력하기로 했다. 2020년 11월 타결된 '역내 포괄적 경제 동반자 협정(RCEP)'의 조기 발효를 위해 함께 노력하기로 했다.

④ 양국은 남중국해의 평화와 안정 유지를 위해 노력하기로 하는 한편, 남중국해 행동강령(COC)에 관한 협의의 착실한 진전을 촉진해 나가기로 했다. 또한 인도네시아가 제안해 채택된 '인도·태평양에 대한 아세안의 관점(AOIP)'에 관해 심도 있는 의견을 나눴다.

⑤ 양국은 다자주의(multilateralism)를 지지하고 증진하기로 했다. 중국은 2022년 인도네시아의 G20 정상회의 개최를 전폭 지원하고, 글로벌 거버넌스와 협력을 개혁하고 개선하는 데 함께 노력하기로 했다.

그러나 지난 중국과 인도네시아 간 관계는 협력 일색의 단순하거나 순탄한 관계의 역사는 아니었다. 공식 외교관계가 수립된 지 70년 이상이 지나는 동안 양국 관계는 국교 단절과 회복, 불신과 경계, 화해와 상생의 복잡한 경로를 따라 발전해 왔다.

2) 중국·인도네시아 관계의 끊임없는 진화

1950년 6월 25일 한국전쟁이 발발한 바로 다음 달인 1950년 7월 인도네시아는 중국과 공식적인 외교관계를 수립했다. 동남아시아 국가로선 처음으로 중국과 수교한 나라가 인도네시아인 셈이다.

1950년 수교가 이뤄지고 난 후, 중국과 인도네시아는 당시 서구의 신식민주의와 자본주의에 대응하기 위한 연합전선을 펼쳤다. 그러나 중국이 인도네시아 거주 화교들에게 영향력을 행사하고, 인도네시아 공산당(Partai Komunis Indonesia: PKI)에 무기, 재정, 전술적 지원을 제공하면서 관계가 급속도로 악화되었다. 1965년 9월 인도네시아 공산당의 쿠데타를 진압한 수하르토(Suharto) 대통령이 이끄는 인도네시아 정부는 중국을 맹비난했고 결국 양국의 외교관계는 1967년 10월 단절되었다.

그 후 1990년 8월 인도네시아가 중국과 외교관계를 회복하기까지 23년이라는 세월이 걸렸다. 이 기간을 인도네시아 국내 정치의 영향하에서 양국 간 상호 불신이 팽배했던 시기로 본다.

1967~1990년간 중국·인도네시아 간 국교 단절의 시기는 미소 냉전과 시대적으로 겹쳐 있다. 미·중 간 데탕트의 분위기가 확산되는 가운데서도 중국과 인도네시아 양국 모두 적극적인 관계 개선에 나서지 않았다. 실제 중국은 개혁개방 정책을 추진하기 이전까지는 인도네시아와의 국교회복을 적극적으로 추구하지 않았다.

양국은 1990년 관계 회복 이후에도 급격한 관계 진전의 움직임을 보이진 않았다. 양국 관계의 변곡점이 만들어진 시점은 수하르토 정권의 퇴진이 이뤄진 1998년 5월로 볼 수 있다. 수하르토 대통령의 하야 이후, 중국 정부는 인도네시아와의 관계 개선에 적극적으로 나서게 된다.

그 이후 양국 관계가 우호적으로 지속 발전하게 된 데에는 인도네시아의 국내 정치와 대중 경제협력 필요성 그리고 화교 문제를 포함한 동남아시아에 대한 중국의 정책 변화 때문이었다. 이와 함께 1997년 동아시아 금융위기와 2004년 12월 이후 발생한 쓰나미와 같은 자연재해의 극복 과정에서 인도네시아를 포함한 동남아시아를 앞장서서 도와주었던 중국의 선린정책(善隣政策, good neighbor policy)에 기인하는 바가 크다고 할 수 있다. 1997년의 경제위기, 1998년 5월의 폭동, 2004년의 쓰나미와 지진과 같은 자연재해에 대한 중국의 적극적인 지원과 신속한 대응이 양국 관계 개선의 원인(遠因)이라면, 인도네시아 국내 정치 변화가 근인(近因)이라고 할 수 있었다.

인도네시아 국민들 사이에선 1997년 금융위기, 2004년 쓰나미와 지진 발생 등 자연재해를 극복하는 과정에서 중국의 지원 자세를 평가하게 되었다. 인식 면에서 점진적으로 중국을 안보 위협 세력으로만 보지 않고 경제적 동반자가 될 수 있다는 방향으로 전환되기 시작했다.

이와 같은 인도네시아와 중국 간 협력의 추세는 메가와티(Megawati) 인도네시아 대통령 재임 기간(2001년 7월~2004년 10월) 중 보다 속도를 내게 되었다. 메가와티 대통령 재임 기간 중인 2002년 3월 인도네시아와 중국이 에너지 분야에 관한 협력 각서에 서명하고, 중국이 인도네시아의 석유, 가스 등 에너지 분야에 진출하면서 본격화했다.

2004년 10월 인도네시아 제6대 대통령에 선출된 수실로 밤방 유도요노(Susilo Bambang Yudhoyono)는 대중국 재포용 정책을 외교정책의 최우선의 의제에 포함시켰다. 그해 중국은 인도네시아의 다섯 번째 무역 파트너 국가가 되었다. 양국 사이의 협력은 기존의 무역 위주에서 에너지, 투자, 안보와 같이 더 넓은 영역으로 확대되었다. 양자 협력을 위한 토대는 2005년 4월 유도요노 대통령과 후진타오 주석이 양국 관계를 전략적 동반자 관계로 격상함으로써 더 견고해졌다. 이후 2013년 양국 관계는 또 한 단계 격상되어 '포괄적 전략적 동반자 관계'로 발전했다.

중국·인도네시아 관계는 2014년 10월 취임한 조코 위도도 대통령 집권 이후에도 지속적인 발전을 거듭했다. 조코 위도도 대통령은 취임 후 한 달 후인 2014년 11월 중국을 방문해, 시진핑 중국 국가주석과 정상회담을 갖고 인도네시아 정부의 항만, 철도, 도로, 발전소 인프라 건설 계획을 설명하며 중국이 이에 참여해 줄 것을 제안했다. 또한 조코 위도도 대통령은 중국이 중심이 되어 설립한 아시아인프라투자은행(AIIB)을 지지하며 빠른 시일 내에 참가하기를 희망한다고 전달했다.

신정권이 발족 직후였던 인도네시아는 아세안 중에서 유일하게 아시아인프라투자은행에 참가 의사를 표명하지 않은 국가였으나, 이번 방문을 계기로 참가 의사를 밝혔다.

3) 깊어지는 양국 간 경제적 상호 의존도

중국과 인도네시아 관계의 발전은 양국 간 경제교류와 교역량의 증가와 함께 한층 더 힘을 받게 된다. 2003년 양국 간 교역 총량이 총 38억 달러 수준이었던 반면, 2010년에 거의 9배 가까이 증가해 336억 달러에 달한다.

2019년 양국 간 교역량을 자세히 들여다보면, 중국의 대인도네시아 수출이 2010년 196억 달러 수준에서 2019년 456.9억 달러로 260억 달러가량 증가했다. 2010년 이후 지속적인 성장세를 보이고 있는 것을 〈그림 7-1〉에서 살펴볼 수 있다.

중국의 대인도네시아 수입액도 2010년 140억 달러 수준에서 2019년 279.6억 달러로 늘어났다. 인도네시아는 중국과의 교역을 통한 무역적자 폭이 2019년 177.3억 달러를 기록해 양국 간 무역역조 시정이 중요한 현안으로 다뤄지게 되었다.

중국은 이제 명실공히 인도네시아의 최대 교역 상대국으로 부상했다. 수출 면

그림 7-1 중국의 대인도네시아 수출 현황(2010~2019) (단위: 10억 달러)

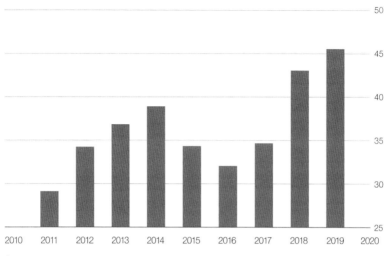

자료: Tradingeconomics.com

에서나 수입 면에서 모두 중국은 인도네시아에게 제1위의 교역 상대국이다. 일본과 미국을 제치고 중국은 인도네시아의 가장 큰 수출 시장으로 자리 잡았다.

인도네시아에 대한 중국의 직접투자도 계속 확대 추세에 있다. 인도네시아 투자조정청(Indonesia Investment Coordinating Board)에 따르면 중국은 싱가포르, 홍콩, 일본, 한국과 함께 인도네시아의 5대 투자국이다. 특히 2018년 이후 인도네시아에 대한 중국의 투자가 늘어나는 양상을 보이고 있다. 2019년 4/4분기에는 14억 달러를, 4/4분기만으론 싱가포르를 넘어 최대의 해외직접투자를 한 국가로 기록되었다. 2020년에 들어서도 이러한 추세는 지속되고 있다.

아직까지 누적투자 집계상으로는 싱가포르와 일본, EU가 인도네시아에게 가장 큰 투자국이지만, 최근 3년간 중국의 대인도네시아 투자가 증가하는 현상을 보이고 있는 점이 주목된다. 중국의 주요 투자 분야는 자카르타·반둥(Jakarta-Bandung) 간 고속철도 건설을 비롯한 도로, 철도, 교량, 석유·가스, 관광 등의 분야에 집중해 있다.

그림 7-2 중국의 대인도네시아 수입 현황(2010~2019) (단위: 10억 달러)

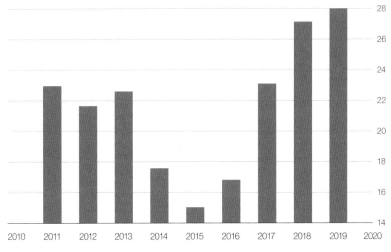

자료: Tradingeconomics.com

과거와는 달리 더욱 긴밀해진 경제협력의 밀도와 높은 상호 의존성은 중국과 인도네시아 관계가 국내 정치적 요인이나 외교적 요인에 따라 불안정하게 변동될 가능성을 줄여주고 완충하는 기능을 발휘하게 되었다. 또한 상호 호혜적인 경제 관계의 발전이 양국의 국익에 도움이 된다는 인식을 확산시켰다.

2. 중국의 '일대일로' 전략과 인도네시아의 대응

중국·인도네시아 관계가 전략적 가치를 중심으로 변화하게 된 결정적 계기는 중국이 추진하는 '일대일로'에 비롯한다.

2013년 10월 인도네시아를 공식 방문한 시진핑 중국 국가주석은 2013년 10월 2일 인도네시아 국회에서 정책 연설을 행했다. 시 주석의 연설은 1405년부터 시작된 '정화(鄭和)의 대항해'로부터 시작된다. 1435년까지 계속된 일곱 차례의 대항해 기간 중 '정화의 함대'는 현재의 인도네시아를 구성하는 주요 도서인 자바, 수마트라, 칼리만탄 등에 정박했다. 시 주석은 '정화의 대항해'를 중국이 인도네시아를 포함한 아세안과 만들어온 우호와 협력의 시초라고 규정했다. 수세기에 걸친 교류와 협력의 역사 위에서 시 주석은 해양으로 뻗어가는 '중국의 꿈〔中國夢〕'을 공식 선언했다. 새로운 해상 실크로드 구상(New Maritime Silk Road)을 바로 인도네시아의 수도인 자카르타에서 발표한 것이다.

마침 2013년은 중국이 인도네시아를 포함한 아세안과 전략적 동반자 관계를 맺은 지 10주년이 되는 해였다. 시 주석은 인도네시아 방문 한 달 전인 2013년 9월 카자흐스탄을 공식 방문한 계기에 유라시아 대륙을 관통하는 새로운 육상 실크로드 구상을 발표했다.

카자흐스탄과 인도네시아에서 각각 공표된 육상과 해상의 새로운 실크로드 선언으로 중국의 '일대일로' 구상이 본격화하기 시작했다. 시 주석이 인도네시아에서의 연설을 통해서 제시한 해상 실크로드 구상에서 주목할 만한 것은 중국이 아세안과 '운명 공동체(community of destiny)'라는 인식을 표방한 점이다. 이는 중국이 일대일로 구상을 추진하는 과정에서 전략적인 접근과 동시에 문화적 이해를 기저에 깔고 있음을 엿볼 수 있다. 이는 인도네시아를 비롯한 아세안이 갖고 있는 중국에 대한 경계심과 불안감을 완화하기 위한 시도라고 해석된다. 그런 점에서 시 주석이 인도네시아 국회 연설을 '정화의 대항해'로 시작한 것은 역사적인 관점에서 인도네시아와 중국이 하나로 연결된 공동체임을 환기시키기 위한 노력으로 보인다.

유라시아 대륙과 동북아시아, 인도양과 태평양을 포괄하는 일대일로는 세계 전략 차원의 중국의 포석이다. 인도네시아는 지리적으로 인도양과 태평양을 아우르는 요충지에 위치해 있다. 동남아시아의 중심에 자리 잡고 있을 뿐 아니라 아세안 10개국의 국내총생산(GDP)과 인구의 40%를 차지하는 인도네시아는 중국의 '일대일로' 전략의 핵심적 위치에 놓여 있다. 중국은 남중국해를 자신의 영향권(sphere of influence)하에 끌어들이지 못하거나 다른 강대국가의 영향권에 놓이는 것을 좌시하는 것이 국가이익을 저해하므로 이를 예방하고 자신의 영향권 안에 두고자 하는 강한 의지를 나타내고 있다.

2013년 중국의 '일대일로' 구상 발표 이후 인도네시아에 대한 중국의 공세적 접근은 가속화하는 양상을 보였다.

2017년 11월 도널드 트럼프 미국 대통령이 '인도·태평양 전략'을 제시하고 일본, 호주, 인도 등 역내 주요 국가들이 유사한 개념과 전략을 발표하자, 인도네시아는 전략적 선택을 강요받는 상황으로 몰리고 있다는 인식을 갖게 된다. 미국 주도의 4자 안보 협의체(Quad)의 부활, 일대일로 사업을 활용한 중국의 동남아시아 지역 영향력 확대, 남중국해를 둘러싼 중국과 역내 이해 당사국 간 갈등으로 인해 아세안 중심성(centrality)과 단합성(unity)이 침해받게 된 것이다.

'일대일로'와 '인도·태평양 전략'이 충돌하는 가장 중심 지역에 위치하는 인도네시아는 지정학적 변동에 대해 더 이상 방관할 수 없게 된 것이다. 외부의 압박과 공세적 관여로 대내외적으로 아세안의 중심성이 도전받고 있다는 현실에 대한 뒤늦은 자각이 인도네시아를 중심으로 아세안 회원국 간에 확산된다.

2018년 1월 9일 마르수디 인도네시아 외교장관은 신년 대외 정책 발표 계기에 아세안의 관점에서 인도·태평양에 대한 구상을 마련할 필요성을 공식 제기하고 아세안 주도의 지역 구도(regional architecture)를 구축하는 데 앞장서겠다는 의향을 밝혔다.

마르수디 외교장관이 밝힌 아세안 중심의 인도·태평양 구상은 '평화, 안정, 번영의 생태계(ecosystem of peace, stability, prosperity)'를 지향하며, '자유롭고, 개방되고, 포용적이며, 포괄적인(free, open, inclusive and comprehensive)' 인도·태평양을 추구하는 데 있다. 이와 같은 인도네시아의 이니셔티브는 아세안 국가로서는 처음으로 '인도·태평양' 개념에 대한 공식적인 가이드라인 초안을 제시한 것이다. 또한 이는 아세안의 내부 논의를 촉발하고 아세안 차원의 대응을 본격화하는 촉매로 작용하게 된다.

2019년 6월 23일 아세안 정상회의 계기에 아세안은 드디어 '인도·태평양에

그림 7-3 인도·태평양에 관한 아세안 관점의 핵심 요소

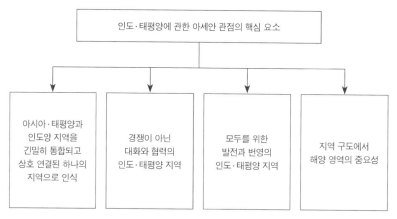

자료: CIMB ASEAN Research Institute(2019).

대한 아세안의 관점(AOIP)'이라는 문서를 채택했다. 인도네시아의 제안으로 시작된 아세안 차원의 입장 마련이 드디어 결실을 보게 된 것이다.

이는 더 이상 아세안 차원의 원칙과 입장을 수립하지 않고 방관할 경우, 아세안이 미·중 간 각축 구도에 더욱 휘말리게 되고 아세안의 중립적인 위치가 훼손될 우려가 있다는 판단에 기인했다고 보인다. 더 늦추기보다는 비록 불완전한 상태에서라도 아세안이 하나의 목소리로 대처하는 것이 낫다는 인도네시아의 절박한 전략적 계산이 작용한 것이었다.

AOIP의 주요 원칙으로 아세안 중심성과 포용성, 상호 보완성, 국제법에 뿌리를 둔 규칙 기반의 질서, 역내 경제교류 증진 등 다섯 가지가 제시되었다. '아세안 중심성'은 미·중 간의 각축 사이에서도 아세안의 정체성을 지키며 어느 일방으로 쏠리지 않겠다는 의미로 읽힌다. '포용성(inclusiveness)'은 중국을 배제하거나 중국과 대립하지 않겠다는 뜻이다. 그러면서도 '규칙 기반의 질서'를 내세워, 남중국해 등에서 중국의 영향력 확대 시도를 견제하는 모습을 보였다.

요약하면 미국이나 중국의 일방적인 편들기 요구나 세력 확장은 거부하면서 군사·안보보다는 경제협력에 방점을 두겠다는 점을 확고히 했다. AOIP는

미국, 인도, 일본, 호주 등 역내·역외 주요 국가들의 다양한 인도·태평양 구상들에 대한 아세안의 대응이자, 아세안 중심으로 인도·태평양 협력에 관한 대화의 장을 마련하는 역할도 자임하고 있다.

　AOIP는 아세안 중심성이 인도·태평양 지역에서 협력 증진을 위한 근본적인 원칙이라고 강조하고 있다. 아시아·태평양 지역과 인도양 지역이 인접한 영토 공간이 아니라, 긴밀히 통합되고 상호 연결된 지역으로 본다는 아세안의 견해를 분명하게 제시하고 있다. 이러한 공통 인식에는 인도네시아의 전략적 이해가 잘 반영되어 있다고 분석된다.

3. 인도네시아의 복잡한 대중국 인식

1) 인도네시아, 미국과 중국 사이에서 여론 양분

　싱가포르동남아시아연구소(ISEAS-Yusof Ishak Institute)가 2020년 11월 아세안 지식인을 대상으로 한 여론조사 결과에 따르면, 아세안이 "중국과 미국 중 하나를 선택해야 한다면 어느 나라를 택하겠느냐?"라는 가상적인 질문에 대해 인도네시아 응답자의 52%는 중국을 택했다. 미국을 선택한 응답자도 48%에 달해 사실상 미국과 중국이 팽팽히 맞서는 양상을 보였다. 한마디로 미국과 중국을 놓고 어느 일방을 택하지 않고 여론이 양분되는 현상을 나타냈다.

　아세안 10개 회원국별로 비교해 보면, 베트남과 필리핀이 응답자의 80% 넘게 미국을 선택한 반면, 라오스·브루나이·미얀마·말레이시아는 응답자의 60% 이상이 중국을 선택했다. 인도네시아와 가장 유사한 결과가 나온 국가는 태국이다. 태국의 경우에도 응답자의 52.1%가 중국을 선택하고 47.9%가 미국을 선택하는 양분된 모습을 보였다.

　가장 정치적·전략적으로 영향력이 있는 국가에 대한 설문조사 결과에 따르

그림 7-4 동남아시아 국민이 미국과 중국 사이에서 의견이 갈리는 것을 나타내는 여론조사 결과
　　　　　아세안이 두 전략적 경쟁자 중 하나를 반드시 선택해야만 한다면 어디를 선택할 것인지?
　　(단위: %)

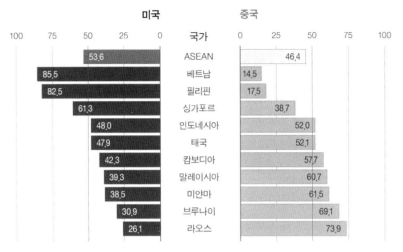

주: 동남아시아인 1300명을 대상으로 2019년 11월 12일부터 12월 1일까지 온라인으로 조사함.
자료: ISEAS-Yusof Ishak Institute(2020).

면, 아세안 전체로 볼 때 2019년 45.2%에서 2020년 52.2%로 중국이 계속 1위
를 유지했다. 미국은 2019년 30.5%에서 2020년 26.7%로 연속해서 응답자 비
율이 감소하는 현상을 나타냈다.

　필리핀을 제외하고는 모든 아세안 회원국이 중국을 가장 영향력 있는 국가
로 꼽은 게 주목할 만하다. 또한 중국을 선택한 응답자의 85.4%는 중국의 영
향력 확대에 우려를 표하고 있다.

　인도네시아의 경우에도 중국을 가장 영향력 있는 국가로 꼽았지만, 응답자
의 40.6% 수준으로 아세안 전체의 52.2%에 비하면 조금 낮은 것으로 나타났
다. 미국을 선택한 인도네시아 응답자의 비율은 32.4%로서 아세안 전체가 보
인 26.7%에 비하면 약 6% 정도 높은 비율을 보였다.

그림 7-5 동남아시아에서 가장 영향력 있는 정치적·전략적 강국

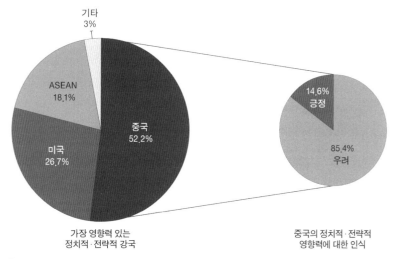

기타
3%

ASEAN
18.1%

중국
52.2%

미국
26.7%

14.6%
긍정

85.4%
우려

가장 영향력 있는
정치적·전략적 강국

중국의 정치적·전략적
영향력에 대한 인식

자료: ISEAS-Yusof Ishak Institute(2020).

표 7-1 동남아시아에서 가장 정치적·전략적 영향력이 있는 국가/지역기구는 어디라고 생각하는지?

(단위: %)

국가	아세안		중국		EU		인도		일본		러시아		미국	
연도	2019	2020	2019	2020	2019	2020	2019	2020	2019	2020	2019	2020	2019	2020
아세안	20.8	18.1	45.2	52.2	0.7	1.1	0.1	0.0	2.1	1.8	0.6	0.1	30.5	26.7
브루나이	33.3	32.0	53.4	49.5	0.0	2.1	0.0	0.0	2.2	1.0	0.0	0.0	11.1	15.4
캄보디아	20.8	11.5	50.0	57.7	0.0	3.9	0.0	0.0	0.0	0.0	0.0	0.0	29.2	26.9
인도네시아	26.1	23.0	40.9	40.6	0.0	2.0	0.0	0.0	0.0	2.0	0.0	0.0	33.0	32.4
라오스	27.6	17.4	41.4	65.2	0.0	0.0	0.0	0.0	3.4	13.0	6.9	4.4	20.7	0.0
말레이시아	23.6	17.8	43.7	54.6	0.0	0.6	0.0	0.0	2.8	1.2	0.0	0.0	29.9	25.8
미얀마	20.6	15.2	47.7	63.5	2.3	2.5	0.6	0.0	5.3	1.6	1.2	0.4	22.3	16.8
필리핀	20.9	22.6	40.9	35.8	0.0	0.0	0.0	0.0	1.8	3.6	0.0	0.0	36.4	38.0
싱가포르	17.0	14.4	41.1	51.8	0.8	0.0	0.0	0.0	0.0	0.9	0.0	0.0	41.4	32.9
태국	15.9	15.7	46.0	53.1	1.8	1.0	0.0	0.0	1.8	1.0	0.9	0.0	33.6	29.2
베트남	14.9	13.8	52.1	56.6	0.0	0.0	0.0	0.0	1.6	1.3	0.8	0.0	30.6	28.3

자료: ISEAS-Yusof Ishak Institute(2020).

2) 이중적이며 모호한 인도네시아의 대중국 인식

〈그림 7-4〉와 〈그림 7-5〉의 조사 결과를 살펴보면, 인도네시아의 경우 중국을 바라보는 인식이 현실적이면서도 균형을 찾으려는 경향이 내재해 있음을 알 수 있다. 인도네시아 국민의 이와 같은 대중국 인식을 이중성 또는 모호성에 기반하고 있다는 분석도 있다.

1967년 외교관계 단절과 1990년 국교회복이라는 굴곡을 딛고, 과거보다는 중국에 대한 부정적 인식이 개선되고 있음을 보여주고 있다. 한편 경제발전에 있어서 중국의 역할이 중요하다는 현실적인 인식하에서 중국이 미국을 제치고 이 지역에서 가장 영향력 있는 역외세력이 될 것이라는 점도 인정하고 있다.

그러나 동시에 중국의 정치·경제·군사적 부상을 분명한 현실로 받아들이면서도, 이를 견제하기 위한 미국의 일정한 역할이 필요하다는 인식을 보여주는 것으로도 해석된다. 미국과 중국 중 하나를 선택하기보다는 양국을 다 아세안이라는 틀 안에서 제어하고 조율하고자 하는 인도네시아의 의도를 읽어볼 수 있다.

4. 향후 중국·인도네시아 관계 전망

1) 양국 정부 간 관계, 안정적 궤도에 진입

지난 70여 년간의 중국·인도네시아 관계를 돌이켜보면, 다양한 변화의 고비를 지나 이제 정부 차원의 관계는 안정적이고 상호 호혜적인 단계로 접어들고 있음을 알 수 있다. 무엇보다 인도네시아와 중국 간 경제협력과 인적 교류의 폭과 깊이가 심화하고 있는 것이 가장 큰 요인이다. 중국은 이미 인도네시아에게 최대의 수출·수입 상대국이자 중요한 투자 파트너로 자리를 잡고 있다.

지속적인 고도 경제성장을 위해 인도네시아는 중국과의 교역, 투자, 산업 협력이 필수 불가결하다. 특히 대규모 인프라 확충을 국가 최대 과제로 삼고 외부 재원 조달을 갈구하고 있는 인도네시아 정부로서는 중국과의 협력이 그 어느 때보다 절실한 것이 현실이다. 왕이 중국 외교부장의 2021년 1월 인도네시아 방문 계기에 중국의 '일대일로' 구상과 인도네시아의 '글로벌 해양 지점' 구상을 연계시켜 나가기로 합의한 점은 양국의 이해가 접근한 것을 의미한다. 또한 5G, AI, 빅데이터 등 산업 경쟁력 제고를 위한 기술혁신에 있어서도 인도네시아는 중국의 협력을 필요로 하고 있다.

아울러 인도네시아, 나아가 아세안을 향한 중국의 적극적인 접근 노력이 지속되고 있고 이러한 가운데 '일대일로' 구상을 토대로 한 전략적 의도가 가시화하고 있다. 아세안 지역협력에 있어 주도적인 역할을 하고 있는 인도네시아와의 전략적 소통은 중국에게 있어서 동남아시아 정책의 우선 과제로 다뤄질 수밖에 없다.

2) 양국 관계의 미래에 드리운 그림자

그러나 이와 같이 양국 간 상호 의존도와 협력의 잠재력이 증대하고 있음에도 불구하고 낙관적으로만 볼 수는 없는 것은 어떤 이유에서 비롯될까?

첫째, 과거부터 축적되어온 양국 관계의 '부(負)의 유산(negative legacy)'이 향후 관계 발전에 장애물로 작용할 소지가 있다.

민간 경제의 주도권을 쥐고 있는 중국계 인도네시아 기업에 대한 뿌리 깊은 불신과 불만은 1998년 5월 대규모 반화교 폭동을 통해서 폭발적으로 표출된 바 있다. 그 후 22년 이상이 지난 현시점에서 보면, 부정적인 반중 정서는 과거에 비해 순화되고, 평상시에는 수면 아래로 내려간 것으로 인식되고 있다. 그렇지만 반중 정서는 언제든지 점화될 수 있는 숨은 불씨를 지니고 있는 것으로 분석되고 있다.

실례로 2020년 5월 중국 어선의 인도네시아 선원 잔혹 행위로 반중국 여론이 일시적으로 비등해진 사건을 보면 중국에 대한 일반 국민들 사이에 잠재된 부정적 정서를 읽을 수 있다. 이는 한국 MBC의 최초 보도를 통해 공개된 사건으로 국내에서도 알려져 있다.

인도네시아 선원들이 중국 어선에서 조업 중에 인권 유린, 노동 착취로 인한 사망과 시체 유기 사건이 2020년 5월 공개되자 소셜 미디어를 중심으로 인도네시아 일반 국민들의 강력한 비난과 대중국 항의가 쇄도했다. 총 4명의 인도네시아 선원이 사망한 사건으로 인해 중국 어선의 비인권적 행위에 대한 비난이 반중 정서로 증폭되는 현상을 보였다. 비등한 여론에 대한 대응 차원에서 인도네시아 정부도 외교부 장관과 해양어업부 장관이 나서서 기자회견을 갖고 주인도네시아 중국 대사를 초치해 공식 항의하는 조치 등을 긴급히 취했다. 또한 인도네시아 외교부는 중국 정부에 양국이 중국 선박에서 벌어진 인권 말살 행위에 대한 공동 조사를 벌일 것을 촉구하기도 했다.

이 사건을 통해서 인도네시아 내에 반중 정서가 잠재해 있음을 유추할 수 있다. 인도네시아에서 반화교 정서의 부활과 중국 관련 부정적인 사안이 정치적 문제로 비화한다면 양국 관계는 상당한 영향을 받을 것이다

둘째, 동남아시아 지역, 특히 남중국해에서 중국의 정책과 의도에 대한 인도네시아의 의심과 경계이다.

인도네시아는 동남아시아에서 중국의 지역적인 확장, 남중국해 영유권 분쟁에서 중국의 호전적인 정책 그리고 강화되고 있는 중국의 군사력을 우려하고 있다. 중국의 경제적·정치적·전략적 이익을 실현하기 위한 중국의 적극적 개입 정책은 양국 관계를 이끌어가는 동인(動因)이자 부담으로 작용하고 있다.

이런 인식은 미·중 간 경쟁이 가열되고 남중국해를 둘러싼 상호 갈등이 격화할수록 더욱 확대될 가능성이 크다. 인도네시아는 중국의 군사적 부상과 역내 영향력 확대에 어떻게 대응할 것인지에 대해 정부 차원에서 깊은 고민을 갖고 있는 것으로 보인다.

이러한 인도네시아 정부의 고민을 보여준 사례가 하나 있다. 바로 2017년 7월 인도네시아 정부가 중국이 진출을 확대하는 남중국해 남단 해역을 지도상에 '북(北)나투나해(North Natuna Sea)'로 표기하기로 결정한 것이다. 인도네시아는 남중국해상의 자국의 배타적경제수역(EEZ)을 포함하는 해역에 대해 그간 국내에서만 통용해 온 '북나투나해'라는 이름을 공식적으로 지도에 사용하기로 했다. 인도네시아 정부는 발표를 통해 이는 남중국해 거의 전역에 대한 영유권을 주장하는 중국에 강력히 맞서기 위해서라고 지적했다.

이러한 조치의 배경에는 바로 전년도인 2016년 7월 국제상설중재재판소(PCA)의 역사적 판정이 내려진 데서 기인하는 바 크다. 국제상설중재재판소는 중국이 주장하는 남해구단선(nine dash line)은 역사적·법적 근거가 없으며, 필리핀의 어로작업을 방해하는 것은 유엔해양법협약(UNCLOS)에 위배된다는 판정을 내렸다. 하지만 중국은 국제상설중재재판소 판정에 강력하게 반발하면서 남중국해에서 무력시위를 이어갔고 이에 대해 인도네시아도 종래의 '낮은 수위'의 대응에서 보다 고강도 조치를 취하게 되었다.

그 이후 중국 어선들이 나투나제도 근처 수역을 드나들며 조업을 하는 데 대해 인도네시아 당국은 불법으로 간주해 나포하거나 폭파하는 등 강경 조치를 취했다. 인도네시아 군 당국은 나투나제도에 전투기 등을 배치하기 시작해 이번 조치와 함께 중국을 견제할 자세를 분명히 하고 있다.

인도네시아·중국 관계의 미래는 불신이라는 정서적 장애물과 지정학적 도전에 직면해 있다. 동시에 코로나19 대응과 경제회복이라는 기회를 맞고 있다. 양국 사이에 강화되고 있는 경제협력 관계는 지속 가능한 발전의 토대를 마련해 주고 있다.

양국 관계의 미래는 양국 간 협력이 실제 성과로 나타나 양국 국민들이 그 파급효과를 체감하는 데 비례해 발전해 나간다. 문제는 정부 간 협력과 기업 활동이 일반 국민들에게 혜택을 주고 그 혜택을 피부로 체감할 수 있는 방향으로 진전시켜나가는 것이 실제로는 쉽지 않다는 점이다. 중국 기업의 인도네시아 진출과 함께 중국 근로자들의 대규모 이주가 이뤄지는 데 대해 지방 차원에서는 오히려 반감이 야기되고, 반중 시위를 부추기는 사건들이 발생하는 것은 유의할 사항이다. 인도네시아 국민들의 정서에 긍정적인 영향을 주고, 상호 신뢰가축적이 되는 방향으로 관계를 진전시켜나가야 한다는 막중한 과제가 남아 있다.

셋째, 남중국해를 둘러싼 미·중 간 경쟁이 현재화하고, 중국의 공세적 접근이 강화되면 중국·인도네시아 간 갈등의 소지가 늘어날 것으로 예측된다. 우선 인도네시아는 동남아시아 지역에 대한 중국의 영향력이 지속적으로 증대되고 있는 상황에서 이를 전략적으로 견제해 줄 수 있는 미국의 일정한 수준의개입과 역할을 희망하는 입장을 보이고 있다. 중국이 동남아시아 지역에서 패권적 지배를 추구하기 위한 정책을 수립하고 집행한다면 인도네시아는 다른아세안 국가와 연대해 중국의 정책에 대항한 공동 전선을 형성해 나갈 가능성이 높다.

한편 바이든 미 신행정부의 출범 이후, 미국이 대아세안 중시 정책을 펼 가능성이 높은 데 대해서는 환영하는 분위기이나 동시에 미국의 대중 압박 정책에 동참하라는 압력이 높아질 것으로 예상되기 때문에 이에 대한 고민과 우려또한 증대될 것으로 보인다.

결국 인도네시아를 포함한 아세안 국가들이 결코 원치 않는 '미·중 간 양자택일'의 딜레마가 가시화될 가능성이 대두되고 있다. 남중국해상에서 미·중 간대결 구도가 첨예하게 형성되면 인도네시아도 선택의 기로에 설 우려가 높다.

5. '신남방 정책'에 대한 함의

1) 중국·인도네시아 관계가 우리에게 주는 교훈

2017년 11월 문재인 대통령은 아세안 회원국 중 첫 번째 방문국으로 인도네시아를 선택했다. 인도네시아 국빈 방문 기간 중 자카르타에서 개최된 '한·인도네시아 비즈니스 서미트' 계기에 문재인 정부의 대표적 외교 이니셔티브인 '신남방 정책'을 공식 발표했다. '사람·번영·평화(people, prosperity, peace)'를 아우르는 아세안에 대한 전면적 협력 증진 방안으로 제시되었다. 인도네시아를 비롯한 아세안 국가들은 신남방 정책에 대해 환영과 지지의사를 표명했다. 아세안은 우리나라의 제2위 교역 파트너이자, 최대 인프라 및 금융 협력 지역이다. 동시에 우리 국민들의 제1의 방문 지역이다.

앞으로 신남방 정책의 이행 과정에서 아세안의 주도적 국가이자 가장 핵심적인 파트너인 인도네시아와의 협력은 필수 불가결하다. 양국 관계 측면에서는 우리나라는 아세안 10개 회원국 중 유일하게 인도네시아와 '특별 전략적 동반자 관계'를 맺고 있다. 국가 간 관계의 단계를 규정하는 수사적 표현 중 '특별 전략적 동반자'는 최고의 수준을 지칭하고, 협력 분야가 국방, 안보, 거버넌스 등을 포함한 포괄적인 것을 의미한다. 이러한 점에서 한·인도네시아 관계 증진은 우리의 중요한 외교 목표이다.

그간 중국·인도네시아 관계의 진화를 고찰해봄으로써 인도네시아 나아가 아세안과의 관계 발전을 어떠한 방향으로, 또한 무엇을 유의하면서 추진해 나갈 것인지를 알아보고자 한다. 먼저 중국·인도네시아 관계가 겪은 갈등과 변화 속에서 우리가 도출할 수 있는 교훈은 무엇인지 살펴보기로 하자.

첫째, 국민 정서적인 측면의 민감성과 상대 문화에 대한 존중이다. 중국과 인도네시아 간 관계사에서 본 바 있듯이, 중국·인도네시아 양국 관계의 고비마다 인도네시아의 국내 여론과 정서적 반응이 중요한 요인으로 작용했음을 확인할 수 있다. 인도네시아 국민들 사이에 뿌리 깊게 자리 잡은 중국에 대한 인식과 감정이 시대에 따라 변하고 있긴 하지만, 국민 정서를 건드리는 민감한 사건이 발생하면 바로 수면 위로 표출하는 현상을 보여왔다.

인도네시아 국민들의 자긍심과 종교, 문화에 대한 강한 애착은 인도네시아와의 관계를 다뤄나가는 데 있어 반드시 유의해야 할 사항이다. 신남방 정책을 추진해가는 과정에서 '사람 중심'의 원칙을 철저히 이행하고 문화적 다양성을 충분히 고려하는 접근이 필요한 이유다. 상호 이해를 바탕으로 한 건전한 관계의 발전은 외교에 있어서 보편적으로 적용되는 원칙으로 그 중요성은 아무리 강조해도 지나치지 않다.

둘째, 상대방의 수요(needs)와 기대(expectation)를 반영하고 이를 함께 해결하는 파트너십이다. 1998년 이후 중국의 대인도네시아 관계 진전에 있어서 가장 결정적인 요소가 된 것은 중국의 경제력을 바탕으로 한 대인도네시아 교역·투자 확대였다. 인도네시아에게는 지속적인 고도성장, 일자리 창출, 인프라 개발을 위해 중국의 지원과 투자가 필요했기 때문에 정치적 이해를 넘어선 대중국 관계 개선을 추진하게 되었던 것이다. 신남방 정책은 중요한 가치의 하나로 아세안과 함께 그리는 '공동 번영', '상생'을 내걸고 있다. 그런 점에선 이미 정책이 지향하는 방향성은 잘 설정되어 있다고 평가된다. 문제는 실천에 있다.

실제로 인도네시아를 비롯한 아세안 국가들이 우선적으로 원하고 한국과의 지원과 협력을 희망하는 분야에 대해 충분히 정책의 주안점이 맞춰지고 있는지 점검할 필요가 있다. 정책 입안 단계에서 공급자 중심으로 세부 정책 내용이 마련되어서 실제 현장에서는 환영을 받지 못하는 상황이 되지 않는지 유의해야 한다.

동시에 경제적 진출에 치중하는 경우에 처하게 될 함정(trap)도 극복해야 할 부분이다. 일례로 중국이 인도네시아의 최대 교역 상대국이 되고, 중국의 대인도네시아 수출 증가 폭이 인도네시아의 대중국 수출 증가 폭을 월등하게 앞섬에 따라 무역 불균형이라는 짐을 지게 되었다. 중국산 소비재의 내수 시장 점유율이 계속 상승함에 따라 인도네시아 정부는 수입 제한 등의 규제 조치를 취하는 상황이 빈번하게 발생하고 있다. 중국의 지나친 영향력 확산으로 이어지지 않을까 하는 경제계의 우려가 현실화하고 있는 것도 사실이다.

셋째, 아세안의 전략적 이해관계(strategic interests)에 대한 파악과 존중, 나아가서 아세안의 이해를 반영하는 접근 노력이 필요하다. 인도네시아가 중국의 공세적 접근에 대해서 갖고 있는 경계심과 미·중 갈등 구도하에서 강요된 선택을 피하고자 하는 아세안의 고민을 이해하는 것이 중요하다.

아세안 내부의 이견과 균열에도 불구하고 아세안 차원의 컨센서스(consensus)를 도출하고 이를 지켜내고자 하는 아세안만의 방식(ASEAN way)에 대해서도 이해의 폭을 넓혀야 한다. '인도·태평양에 대한 아세안의 관점'이라는 아세안 차원의 공통 입장이 실제 현실화하는 과정을 지원하고 아세안의 지역 통합 노력을 뒷받침하는 것은 바람직하다고 판단된다.

2) 미·중 간 경쟁 속 인도네시아의 대응이 주는 시사점

'일대일로' 구상과 '인도·태평양 전략'이 충돌하는 가장 중심 지역에 위치한 인도네시아는 미·중 간 경쟁의 심화라는 지정학적 변동에 대해 더 이상 방관할 수 없는 상황에 놓여 있다. 아세안만의 인도·태평양 관점을 채택하는 과정을 주도한 인도네시아의 노력은 미·중 갈등 구도하에서 아세안 차원의 단합된 대응을 추구하는 모습을 보여주고 있다. 또한 2017년 인도네시아 정부가 '북나투나해' 지명 표기를 결정하고 중국 어선단에 대해 단호한 조치를 취한 사례들은 중국에 대해 원칙 있는 대응을 하고자 하는 것을 엿볼 수 있다.

인도네시아의 전략적 선택 사례에서 볼 수 있듯이, 미·중 간 대립 구도에서 원하지 않는 외교적 선택을 강요당할 수 있는 상황을 미연에 방지하고 리스크를 최소화하는 선제적인 노력이 필요하다. 물론 인도네시아가 처한 대내외 환경과 대한민국이 처한 상황 간에는 확연한 차이가 있으므로 인도네시아의 사례를 그대로 원용하거나 이를 대입하는 데는 신중한 접근이 필요하다.

인도네시아가 중국에 대응함에 있어 양자 차원의 독자적인 조치와 동시에 지역협력체인 아세안을 적극적으로 내세우고 활용한 점은 우리에게 시사하는 바 크다. 자국의 이익을 확장해 주고 지원해 줄 수 있는 네트워크는 미·중 갈등 속에서 외교적 지렛대를 늘리는 유효한 수단이 된다. 그런 점에서 대한민국이 앞으로 활용할 네트워크 기반이 무엇이고 어떠한 방향으로 이를 발전시켜 나가야 할지에 대한 근본적 성찰이 필요하다. 미국 주도의 쿼드(미국·일본·호주·인도)에 대한 참여 여부를 포함해 새로운 네트워크 창출과 외연의 확대를 서둘러야 할 것이다.

이런 관점에서 보면 아세안과의 협력은 대한민국에게 중요한 미래의 네트워크 자산이다. 신남방 정책이 한국과 아세안 간 경제협력의 질적인 격상과 경제 다변화는 물론, 포스트 차이나 시대의 대안으로서 주목받는 대아세안 진출에 활력을 불어넣었다고 평가받을 수 있을 것이다. 앞으로 경제적 측면만이 아니라 동남아시아로 한국의 대외 네트워크를 확장함과 동시에 외교적 선택을 넓히는 헤징(hedging) 전략으로 발전시켜 나갈 필요가 있다.

참고문헌

CIMB ASEAN Research Institute. (2019). "Special Update on the 34th ASEAN Summit in Bangkok" (June 2019).

Grossman, Derek. (2021). "Indonesia Is Quietly Warming Up to China." *Foreign Policy* (June 2021).

ISEAS-Yusof Ishak Institute. (2020). "State of Southeast Asia 2020." Singapore.

Parameswaran, Prashanth. (2019). "Assessing ASEAN's New Indo-Pacific Outlook." *The Diplomat* (June 24, 2019).

Rahmat, M.Z., and M.H. Pashya. (2021). "The Political Economy of China-Indonesia Relations." IDEF.

Tay, Simon, and Jessica Wau. (2020). "The Indo-Pacific Outlook: A new lens for ASEAN." East Asia Forum (April 20, 2020).

Yan, Karl. (2021). "Navigating between China and Japan: Indonesia and economic hedging." *Pacific Review* (December 2021).

Tradingeconomics.com

제 3 부

일대일로와 신남방 정책

제8장

신남방 정책과 일대일로 협력 속의 '아세안 중심' 경로

'새로운 형세' 속 한중 협력 기회의 창구

우멍(武萌) ┃ 베이징외국어대학 일본연구센터 강사

[옮긴이] 김동효 ┃ 광동기술사범대학교 교수

1. '아세안의 중심적 지위'와 한중 '제삼자 시장' 협력

동남아시아국가연합, 즉 아세안에 관한 연구는 동아시아 다자협력 연구 영역에서 중요 의제로 다뤄지며 중심적 지위를 차지해 왔다. 일부 학자들은 '아세안의 중심적 지위'가 이미 아세안 공식 문서에서 언급되었던 것으로 새로운 것이 아니라고 주장한다. 실제로 '아세안 중심'은 아세안지역안보포럼(ARF)에서 언급되었고, 아세안의 중심적 지위는 "아세안은 지역 발전의 운전자 역할을 해야 한다"(Petri and Plummer, 2013: 13)는 주장에서 확대된 것이라고 할 수 있다.

기존 연구는 주로 '아세안 중심성'의 형성과 본질이라는 두 가지 측면에서 진행되었다. 먼저 '아세안 중심성'의 본질에 대한 연구는 주로 아세안의 '기능적 중심적 지위', 다자 실무 협력에서의 중심 역할, 아세안의 행위 원칙과 목적론, 지리적 중심성, 명목상의 '중심적 지위' 등 다섯 가지로 나눌 수 있다.

첫 번째 관점은 아세안의 '중심적 지위'를 지역 다자 협력 플랫폼과 메커니즘에서의 '기능성'으로 보는 것이다. 이런 관점은 아세안의 '중심적 지위'와 역내 실무 협력에서의 '주도적 지위'와 동일시해서는 안 된다고 주장한다. 즉, 아세안은 지역 협력에서 하나의 협력 플랫폼 역할을 한다는 것이다. 왕위주(王玉

桂, 2013: 53)는 아세안은 일종의 기능적 중심 지위를 획득했다고 본다. 다시 말해 아세안은 동아시아 협력에서 일종의 협력 플랫폼 역할을 하며 이에 상응하는 기능적 권력을 얻은 것이지 동아시아 협력에서 진정한 권력의 중심은 아니라고 주장한다. 중산(中山)대학 구징(顧靜, 2014: 64) 교수도 이와 비슷한 견해를 보인다. 아세안의 중심적 지위는 아세안 회원국의 일체화 추진 과정에서 추구하고 만들어낸 동아시아 협력 과정에서의 '규범 제공자와 과정 설계자'라는 역할과 기능에 불과하다는 것이다.

두 번째 관점은 다자 실무 협력 실천에서 아세안은 '중심적 역할'을 하며 이런 역할은 이미 입증되고 인정받았다는 것이다. 예를 들어 아미타부 아차야(Amitav Acharya, 2017: 278~279)는 지난 반세기 동안 아세안은 이미 지역 정부 간 협력에 있어 신뢰를 얻었기 때문에 동남아시아에서 공동체를 형성하고 중국, 미국 등 국가에 대해 사회화를 이루었기 때문에 '중심적 지위'라는 개념은 필요하지 않다고 주장한다. 아세안이 창설해 주도하고 있는 아세안지역안보포럼, 아세안 10+3, 아세안 10+1, 동아시아정상회의, 아세안국방장관회의(ASEAN Defence Ministers Meeting: AMDD), 아세안확대국방장관회의(AMDD-Plus) 등 아시아·태평양 지역의 역내 다자 협력 메커니즘이 그 증거다.

세 번째 관점은 '아세안의 중심성'의 본질은 다자 협력에서 중·장기적으로 지켜온 원칙과 목적이라는 것이다. 장원링(張蘊嶺, 2015: 11)에 따르면 아세안이 중심이 되는 것은 아세안의 대외 관계와 대외 협력 발전의 기본 원칙이다. 이 원칙에는 두 가지 기본적 함의가 있다. 아세안의 핵심적 지위 유지와 아세안의 주도적 역할 견지가 그것이다. 이 두 가지는 따로 떼어 생각할 수 없으며, 아세안의 핵심 이익을 수호하고 대외 협력에서 분열되거나 와해되지 않도록 하는 것이 목적이다. "그것은 원칙이자 목적이다. 이는 냉전 시기 동안 미소에 의해 주변화되지 않고, 그들의 각축장이 되지 않기 위한 것이었다. 지금도 중국, 미국, 일본, 인도의 경쟁 속에서 주변화되지 않으면서 강대국 싸움의 무대가 되지 않고자 한다"라는 주장도 유사한 관점이다(Humaidah, 2012: 33).

네 번째 관점은 지연 정치적 시각에서 아시아·태평양 지역에서 아세안이 지리적·지정학적으로 중심에 있다는 것이다. '아세안의 중심적 지위'는 아세안이 지리적으로 태평양과 인도양 사이에 있고, 지정학적으로 중국, 미국, 러시아, 일본, 인도 등 대국 또는 강국 사이에 있음을 의미한다. 이런 관점은 동남아시아 중심의 지역관을 반영한다. 그러나 그 외에 어떤 이론이나 정책상의 가이드를 제공하지는 않기 때문에 '아세안의 중심적 지위'라는 개념을 여러 문서에서 반복해서 강조할 필요는 없다는 것이다(陳慶鴻·聶慧慧, 2019: 14).

다섯 번째 관점은 아세안의 '중심적 지위'는 구조적 개념으로 '명목상의 중심성'에 불과하다는 것이다. 이런 관점은 아세안의 중심적 지위는 아세안 국가의 '자칭(self-styled)'이며 외부 강대국의 '립 서비스'에서 비롯된 것으로 본다. 강대국의 세력균형으로 인한 메커니즘의 공백을 이용해 아시아 다자주의에서 스스로 중심적 지위를 만들었다는 것이다. 수린 핏수완(Surin Phitsuwan) 전 아세안 사무총장도 아세안의 중심적 위치는 '선의를 가진 중심적 지위(centrality with goodwill)'에서 '실질적 내용을 가진 중심적 지위(centrality with substance)'가 되어야 한다고 주장했다. 아세안은 물질적 역량이 부족하지만 네트워크 클러스터의 한 점(node)이다. 아세안은 중심적 지위를 충분히 공언할 수 있다. 이런 초연한 중간 상태가 아세안이 주요 강대국들의 묵인 아래 지역 프로세스에서 영향력을 행사할 수 있게 한다(Mely, 2014).

다음으로 '아세안 중심성' 형성에 관한 연구이다. 일부 학자는 아세안의 중심성이 아세안의 강대국 균형 전술, 아세안 주도의 '약(弱)기제화'로 대표되는 '아세안 방식'의 성공에서 비롯되었다고 주장한다. 예를 들어 저우스신(周士新, 2016: 36)은 아세안은 주로 세 가지 방식으로 역내 협력에서 중심적 지위를 획득했다고 주장한다. 첫째, 강대국 균형 전략이 아닌 비균형적 강대국 전략을 구사함으로써 아세안을 상대적으로 이들 관계에서 벗어난 관계로 만들어 강대국 게임에 참여하지 않고 영향력을 최소화하는 것이다. 아세안이 이런 방식을 택한 것은 종합 권력이 약하고 이용 가능한 공공자원이 많지 않으며 내부 협조가 어렵고 행동 효율이 낮기 때문이다. 둘째, 독특한 아세안 방식을 고집한다. 이를 통해 아세안이 중심적 지위를 이용해 대화 파트너를 굴복시키지 않도록 하고, 대화 파트너가 아세안 회원국을 협박해 자기들에게 유리한 정책 문건을 만들지 못하게 한다. 셋째, 공감대를 바탕으로 한 약한 리더십 모델을 실행한다.

위와 같이 어떤 연구 결과든 부정할 수 없는 것은 약소국인 동남아시아 10개국이 아세안을 역외 국가와의 협력의 이기(利器)로 활용하고 있기 때문에 아세안이 중심적 지위를 차지하고 있다는 점이다. '아세안 중심성' 또는 '아세안화'가 정식으로 등장한 것은 2007년 선포한 '아세안 헌장' 제8장 제42조 제3항 "아세안은 지역 안배의 주요 추진력으로 지역 협력과 공동체 건설을 개척과 유지에 있어 중심적 지위를 갖는다"라는 규정이다(ASEAN, 2012). 실제로 아세안은 역내뿐만 아니라 세계에서 주도적 역할을 하기 위해 적극적으로 노력해 왔다(ASEAN, 2017).

아세안의 중심적 역할은 한중 양국이 일대일로(一帶一路) 이니셔티브와 신남방 정책이라는 프레임 속에서 '제삼자 시장 협력'을 전개하기 위한 우선적 돌파구이다. 또한 아세안의 중심적 지위는 역내 국가들의 객관적 인정을 받았다. 예를 들어 중국은 수차례 역내 다자 협력에서 아세안의 중심적 역할을 인정했다(新華網, 2017.11.11).

2. 역내 협력에서 아세안의 중심적 역할 실현 방식

역내 다자 협력에서 아세안이 중심성을 구축한 또 다른 성공 요인은 '아세안 +' 모델이다. 아세안은 일체화와 공동체 건설 및 역내 협력 속에서 구축된 다층적 협력 기제를 통해 아세안을 중심으로 하는 '아세안 +' 구조를 형성했다. 이는 '10+1'을 바탕으로 '10+3, 10+6'을 거쳐 '10+8'로 확대되었다.

아세안은 한중일과 각각 양자 협력 기제, 즉 3개의 '10+1'을 형성했다. '+1'

에서 '+8'로 이어지는 '아세안 +'의 확대 과정은 동아시아 다자 협력에서 아세안의 중심적 지위를 실현하고 유지하기 위한 핵심 의도를 반영한 것이며, 이러한 과정은 지역 강대국 균형 전략하의 3차 전략 확대를 바탕으로 한다. 이 같은 지속적인 '확대' 전술이 '아세안 +'의 구조적 복잡함과 중첩을 초래하고 효율성을 저하했음에도 불구하고, 아세안은 이 과정에서 점진적으로 동아시아 역내 협력에서의 중심적 지위를 심화했다. 다시 말해 아세안은 복잡한 동아시아 협력 기제를 단계적으로 구축함으로써 '아세안 +' 구조를 만들어 동아시아 협력의 주도권을 집결시켰다(翟崑 等, 2017: 51).

1) '10+' 다자 안보협력 모델 창립

아시아 금융위기 이후 동아시아 협력은 고속 발전 단계에 접어들었고 '10+3' 협력 기제는 동아시아 협력의 주요 채널이 되었다(王毅, 2005). 아세안과 한중일 (1+3) 협력은 1990년 말레이시아 마하티르 빈 모하맛(Mahathir bin Mohamad) 총리가 제안한 '동아시아경제그룹(East Asia Economic Group: EAEG)' 구상에서 비롯되었다. 1995년 방콕 아세안 정상회담에서 아세안과 한중일 정상회담이 제안되었다. 1997년 12월 제1차 아세안·한중일(당시 9+3, 캄보디아의 아세안 가입 후 10+3) 지도자의 비공식 회의가 쿠알라룸푸르에서 열리며 아세안과 한중일 협력이 본격적으로 시작되었다(中國外交部). 이 회의는 동아시아 지역주의의 시작을 알리는 상징적 사건이지만, 어떤 정식 문건도 채택하지 못했다. 이후 1999년 11월 제2차 아세안 +3 정상 비공식 회의에서 '동아시아 협력 공동성명'을 발표하며 해당 회의를 기제화했다(鄭先武, 2014: 303~304). 이는 새로운 지역 협력 메커니즘 구축이 어느 정도 아세안 규범의 '협상 일치' 전통을 따른 것이다. 신속함이 아닌 차례에 따른 점진적 진행과 각 측면의 최적을 고려해 행위 제약 제도를 정식으로 건립한 것이다.

2) '10+3'에서 '10+6'으로: 중국과의 균형을 통해 아세안의 중심적 지위 확보

중국 경제가 위기 속에서 오히려 성장함에 따라 경제총량과 종합 국력이 빠르게 상승하면서 '10+3'은 도전을 맞았다. '10+3' 기제가 동아시아 협력 과정을 효과적으로 촉진하고 있음에도 불구하고 중국의 발전 속도와 규모 때문에 '10+3'에서 역할과 위상이 날로 부각되면서 '10+3' 구조의 불균형을 초래했다. 동아시아 협력에서 중국의 영향력이 점점 커지면서 상대적으로 아세안의 주도적 지위가 약화된 것이다. 한편 일본은 동아시아 협력에서 관건적 역할을 하길 바라기 때문에 중국이 부각되는 것을 원치 않아 '10+3'에서 중국과 일본의 경쟁이 날로 치열해지고 있다. 미국 또한 미국을 포함하지 않은 동아시아 협력이 미국과 태평양을 분리하는 갭이 될까 우려한다(翟崑 等, 2017: 52).

이런 상황 속에서 아세안은 역외의 새로운 힘을 끌어들이거나 동아시아 협력 범위를 확대해 중국의 역할을 상쇄시켜 '중심적 지위'를 유지하고 강화하는 걸 고려하지 않을 수 없다. 복잡한 외교 게임 끝에 아세안은 2005년 말 동아시아 정상회의에서 '10+3'에 인도, 호주, 뉴질랜드 등 3개 역외 국가를 가입시킴으로써 '10+6' 기제가 출범했다. 아세안은 '10+3'과 '10+6'의 준비, 규칙 및 어젠다 설정, 참가국 선택 등을 결정했다. 2005년 제1차 동아시아 정상회의에서 발표한 '쿠알라룸푸르 선언'은 '10+3' 기제를 동아시아 협력의 주요 채널로 유지할 것을 명시함으로써 아세안의 주도적 역할과 지위를 제도적으로 명확히 했다. 이는 아세안의 동아시아 협력을 촉진하기 위한 수년간의 노력 끝에 동아시아 협력에 대한 아세안의 주도적 지위가 동아시아 정상회의 회원국의 인정을 받았음을 의미한다(Petri and Plummer, 2013: 13).

아세안이 동아시아 정상회의 주도권을 회복하면서 동아시아 협력에서 빠르게 상승하던 중국의 지위와 영향력은 상대적으로 낮아졌다. 아세안은 인도, 호주, 뉴질랜드 3개국과 각각 새로운 '10+1' 기제를 만들어 주도적 지위를 강화했다. '10+6' 기제는 '10+3'과 동일한 지위에 있기 때문에 일본은 '10+6'을 협력의 주요 채널인 동아시아 자유무역지역의 새로운 틀로 삼을 것을 제안했다. 이는 동아시아 정상회의의 창설과 운영에 있어 동아시아 협력의 주요 채널이 '10+3'인지 '10+6'인지에 대한 논쟁을 촉발했다. 논쟁의 이면에는 중국과 일본의 게임이 있다. 일본은 동아시아 협력 주도권이 중국으로 옮겨 가 중국이 협력 기제를 주도하는 것을 받아들일 수 없을 것이다. '10+6'이라는 틀에서는 중국은 더 이상 주도권을 갖기 어려울 것이다(王玉柱, 2010).

3) '10+6'에서 '10+8'로: 미·러 균형을 통한 아세안의 중심적 지위 확보

그러나 아세안이 직면한 또 다른 문제는 동아시아 정상회의에서 배제된 데 대한 미국의 불만이다. 2005년부터 2008년간, 당시 미국 국무장관 콘돌리자 라이스는 두 차례 아세안지역안보포럼에 불참했다. 부시 대통령 또한 2007년 아세안 정상회의 시리즈에 불참해 동아시아 발전과 협력에 대한 여러 의제를 심도 있게 논의하고 협의하지 못했다. 동아시아 협력 기제는 '탁상공론'이라는 딜레마가 재차 부각되었고 동아시아 협력 발전이 좌절되면서 아세안의 주도권은 큰 타격을 입었다.

2008년 세계 금융 위기가 유럽과 미국 등 선진국을 강타하고 동남아시아 국가 등 신흥 경제체의 발전을 위축시켰다. 반면 중국 경제는 여전히 빠르게 성장했고 아세안의 중국 의존도는 높아졌다. 동아시아 협력에서 중국의 위상이 오히려 높아지면서 아세안의 주도권은 객관적으로 타격을 입었다. 이에 아세안은 역외 세력을 끌어들이고자 미국과 러시아를 동아시아 정상회의에 초청했는데 이는 아세안 강대국 균형 전략을 구현하는 것이자 미국 오바마 행정부의 '아시아·태평양 재균형' 전략에 대한 응답이었다. 미국과 러시아의 가입으로 동아시아 정상회의는 '10+8'로 확대되었다. 동아시아 협력에서 강대국 게임이 새로운 동적 균형을 이루면서 아세안은 주도적 지위를 회복했다.

특히 아세안은 주도권을 지키기 위해 동아시아 정상회의에 다음 세 가지를 가입 조건으로 내걸었다. 아세안의 대화 파트너, '동아시아 우호협력조약' 체결, 아세안과의 '실질적' 협력관계가 그것이다. 이는 아세안이 전통적 동아시아 지정학적 범위에 국한되지 않고 전략적 의미와 발전 기회 측면에서 가장 밀접한 국가를 선택해 회의에 참여시키겠다는 것이다(陸建人, 2006). 아세안이 동아시아 협력 최우선 과제로 지역협력과 아세안 일체화라는 의제로 제한해 대국이 앞다투어 아세안에 투자하는 새로운 게임 국면을 형성함으로써 자신의 중심적 지위를 확보하겠다는 것이다.

4) RCEP의 TPP 헤징: 동아시아 지역 협력 '중심성' 확보 재검증

동아시아 정상회의가 '10+9'로 확대된 이후 동아시아 협력은 새로운 문제에 직면했다. 첫째, 많은 역외 강대국이 동아시아 협력에 개입하면서 강대국 게임이 더욱 격렬해졌다. '아세안 +' 구조의 함의와 메커니즘은 더욱 복잡해졌다. 둘째, 아세안이 설립한 여러 지역 협력 기제는 무등급 관계로 분업이 모호하고 중첩된다. 이런 '다원적·다중적·다양성'이라는 특징 때문에 '스파게티 볼' 효과가 뚜렷하게 나타난다. 셋째, 동아시아 정상회의의 지역적 범위와 아시아·태평양 협력이 중첩되어 '동아시아'와 '아시아·태평양' 경계가 불분명해졌다.

2010년 오바마 행정부가 '환태평양 경제 동반자 협정(TPP)'을 적극적으로 추진한 이후, 동아시아 경제협력의 틀이 흐트러지면서 동아시아 경제협력은 '아시아·태평양화'되기 시작했다. 강대국 간 경쟁이 날로 치열해져 '아세안 +' 구도는 다시 균형을 잃었고 아세안 주도권은 세 번째 충격을 받았다. 주도권을 회복하고 유지하기 위해 2011년 아세안은 역내 포괄적 경제 동반자 협력(RCEP) 설립을 공식 승인하고 2013년 5월 RCEP 협상을 시작했다. 이후 TPP 협상이 급물살을 타 한때 협의를 달성하면서 RCEP 진전 과정을 앞질렀다. 게다가 2013년 말 이후 중국이 일대일로 건설을 통해 신형 지역·국제협력을 선도하면서 동아시아 협력에서 아세안의 지위와 역할에 타격을 주었다.

RCEP가 합의에 성공한다면 약 35억 명을 포함하고 국내총생산(GDP)은 23조 달러에 달하는 세계 GDP의 3분의 1을 차지하는 세계 최대 교역 지역이 된다. 아세안은 RCEP 발기인으로 규칙과 메커니즘 제정권을 갖고 있기 때문에 '아세안 +' 구조를 공고히 하고 동아시아 협력에서 주도적 지위를 유지하는 데 유리하다.

요컨대 동아시아 지역 중심의 다자 협력기제 구축에서 '아세안 +' 모델은 아세안이 주도권을 창출하고 확립하기 위한 중요한 조건이다. '10+'는 아세안 중심을 유지하고 확보하는 데 가장 좋은 프레임이다(張蘊嶺, 2015). 아세안 내부 결속력이 높아지고 지역 사무와의 연관성이 점차 증대하면서 많은 협력 파트너들은 끊임없이 발전하는 지역 협력 구조에서 아세안의 중심적 위치를 지지한다(Tsjeng, 2016). 그러므로 한국과 중국은 일대일로 이니셔티브와 신남방 정책 연계 협력에 있어 아세안의 '중심적' 플랫폼과 아세안 프레임하의 일련의 메커니즘에서 벗어나서는 안 된다.

3. 중국 입장에서의 신남방 정책과 일대일로 연계 협력

1) 새로운 형세 아래에서의 일대일로와 신남방 정책 연계 기회

'새로운 형세'라는 개념은 중국공산당 19대 이래로 중국 각계의 지속적 관심사이다. 이는 19대 이후 중국의 중앙 차원에서의 당면한 국제 구도와 국제 정세에 대한 '100년 만의 대변화'라는 판단을 바탕으로 한다. 2017년 시진핑 중국 국가주석은 "세계를 보라. 우리가 직면한 것은 100년 만의 대변화이다"라는 논단을 발표했다(央廣網, 2017.12.29). 코로나19 확산에 따른 국제 정세의 전례 없는 변화는 이런 핵심적 판단의 정확성을 증명할 뿐만 아니라 '100년 만의 대변화'의 한 부분이 되었다. '100년 만의 대변화'는 중국 국내외 정책의 기본 이론 근거가 되어 현재 중국 국제 관계, 국제정치, 외교 문제 연구계의 최대 화두로 떠올랐다. 따라서 중국의 정책 동향을 제대로 파악하는 것은 신남방 정책과 일대일로 연계 협력을 효과적으로 전개하는 데 매우 중요하다.

(1) 시진핑의 국제 정세와 중국의 발전 환경에 관한 판단

첫째, 중국은 현재 국제 구도는 다극화 추세라고 판단한다. 시진핑은 "21세기에 들어서 신흥 시장국가와 개발도상국이 빠르게 발전하면서 세계 다극화가 빨라지고, 국제 구도는 점차 균형을 이루고 있다. 이런 국제적 흐름은 거스를 수 없다"라고 지적한 바 있다(央廣網, 2017.12.29). 근대 이후 서방국가가 주도해 온 국제 구도는 500년 전 지리적 발전과 유럽 자본주의에서 비롯되었다. 이런 국제 구도는 제2차 세계대전이 끝난 뒤 점차 달라지기 시작했다. 70여 년의 발전을 거쳐 신흥 시장국가와 개발도상국의 세계 경제성장 기여율은 80%에 이르렀다. 이를 환율로 따지면 경제총량 중 약 40%에 달하며, 10년 후에는 절반에 달할 것으로 전망된다. 신흥 시장국가와 개발도상국의 집단적 굴기는 거스를 수 없으며, 세계 발전 판도를 전면적으로 균형 있게 만들고 세계평화의 토대를 안정시키고 견고하게 할 것이다(楊潔勉, 2019.7.9).

둘째, 중국은 평화와 발전이 현재의 '시대적 특징'이라고 생각한다. "시대적 배경을 충분히 알아야만 강대국의 위치(status)와 역사 발전 간의 상호작용 논리를 잘 이해할 수 있다. …… 글로벌 업무와 국제 관계의 맥락을 파악해야 한다"(楊潔勉, 2020: 4). 중국의 대내외 정책 실천은 '시대적 특징'에 대한 자신의 판단을 바탕으로 해왔다. 1980, 90년대 동유럽 혁명(蘇東劇變)과 냉전 종식 후, 중국이 개혁개방 정책을 견지한 것은 당시 덩샤오핑의 '평화와 발전'(Petri and Plummer, 2013: 13)이 시대 주제라는 판단에 따른 것이다. 이 판단의 정확성은 중국의 실천적 경험을 통해 검증되었다. '100년 만의 대변화' 논설에서 시진핑은 "지금 세계는 100년 만의 대변화를 겪고 있다. 그러나 평화, 발전, 협력, 상생의 시대적 조류는 변하지 않았다"라고 지적했다(王文, 2020.2.25).[1] '100년 만의 대변화'

라는 판단은 분명하게 국제사회의 시대적 특성을 여전히 '평화와 발전'이라고 본다.

셋째, 새로운 형세 아래서의 발전 환경은 도전과 기회가 공존한다고 판단한다. "현대 중국의 발전은 전대미문의 기회와 더불어 전례 없는 도전에 직면했다"(央廣網, 2020.9.8). 전례 없던 기회는 국내적 측면에서 봤을 때 중국이 100년간 분투할 목표를 실현하는 결전의 시기를 뜻한다. 국제적으로는 차세대 과학기술 혁명과 산업 변혁이 활발해지면서 신흥 시장국가와 개발도상국이 급속히 발전하며 세계는 빠르게 다극화되고 국제 정세는 날로 균형을 이루고 있다(央廣網, 2020.9.8). 중국의 굴기를 위한 전략적으로 중요한 기회의 시기이기도 하지만 많은 도전을 이겨내야 하는 시기이기도 하다. "지금 세계는 100년간 없었던 큰 변화를 겪고 있다. 코로나19의 전 세계적 유행은 이런 변화를 가속했다. 경제 세계화는 역류를 만났다. 보호주의와 일방주의가 확대되고, 세계 경제 불황으로 국제무역과 투자가 크게 위축되면서 인류의 삶에 전대미문의 도전과 시련을 가져왔다"(光明網, 2020.9.8).

(2) 세계 발전 환경 악화로 중국 발전 환경은 심각한 국면에 직면

'100년 만의 대변화'라는 판단은 중국 국내외 정책 시행의 기본적 인식이다. 중국은 국제체제 기반이 변화하고 있다고 생각한다. 국제사회는 모순과 경쟁이 더욱 가속화되고, 국제질서는 조정 국면에 있으며, 글로벌 거버넌스는 변화가 시급한 상황이라고 인식하는 것이다(楊潔勉, 2019.7.9; 張蘊嶺, 2019.3.15). 구체적인 내용은 다음과 같다.

첫째, 국제 경제·사회 발전 측면에서는 '블랙스완'이 빈번히 나타나면서 세

---

1 이외에 참고할 만한 발언으로 2018년 중·아프리카 협력 포럼 베이징 정상회의에 참석한 시진 핑 주석의 개막식 기조연설이 있다. "평화와 발전은 현 시대의 주제이자 시대적 명제이다. 국제사회는 단결해 지혜와 용기로 역사적 책임을 짊어지고 시대적 명제를 풀어나가 시대적 책임을 보여줘야 한다"(人民日報, 2018.9.4).

게 경제발전 환경이 악화되었다. 국제질서는 빠른 변화와 심도 있는 조정에 접어들었다. 2009년 세계 금융 위기 이후 유럽 재정위기, 일본 3·11 대지진, 아랍의 봄, 이탈리아 개헌 실패, 시리아 내전, 브렉시트 등 블랙스완 사건이 잇달아 발생하면서 세계 금융, 주식, 외환 시장과 석유 가격이 격렬히 요동치면서 세계경제는 장기적으로 침체되었다.

둘째, 국제 정치 사회 발전 측면에서는 국제경제의 지속적 침체 등 국제 발전 환경의 영향으로 각국, 특히 선진국은 국내 문제가 누적되어 국내 정치 환경이 악화되면서 이는 국제사회로 표출되었다. 초강대국을 비롯한 서방 선진국들의 보수주의, 포퓰리즘, 분열주의 사조가 팽배하고 미국을 위시로 한 서방국가의 외교정책은 빠르게 이데올로기화되는 등 동서양 국가 대립이 부각되었다.

셋째, 국제 구조 변화 측면에서는 개발도상국이 빠르게 발전하고 국제적 역량이 커지면서 다극화 추세가 뚜렷해지고 있다. 근대 이후 서방국가가 주도해 온 국제 구조가 제2차 세계대전 이후 점차 변화하고 있다. 서방 선진국이 경제 과학 기술에서 우위에 있다는 사실에는 근본적 변화가 없지만, 개발도상국들이 70여 년간 발전하며 점차 국제 구도 변화에 영향을 미치는 중요한 힘이 되면서 국제 역량 역시 빠르게 조정되고 있다.

2) 일대일로 이니셔티브와 신남방 정책 관련 중국의 정책 동향

전체적으로 중국은 한국의 신남방 정책과 일대일로 건설 연계에 매우 적극적인 태도를 갖고 있다. 정부와 기업은 한국의 신남방 정책과 중국의 일대일로 이니셔티브 연계와 협력에 대해 완전 개방, 적극적인 추진, 실무 전개라는 입장을 갖고 있다.

(1) 지도자의 공통 인식: 신남방 정책과 일대일로 연계 적극 추진

신남방 정책과 일대일로 이니셔티브의 연계는 한중 양국 지도자의 공통된 인식이다. 정상외교는 국가 외교 행위에서 가장 높은 위치를 차지한다. 양국 정상의 협력에 대한 컨센서스는 각국 정책 프레임의 협력 근본에 따른다.

2017년 12월 중국을 방문한 문재인 대통령은 시진핑 중국 국가주석과의 회담에서 신남방 정책과 일대일로 이니셔티브의 연계와 협력에 대해 중요한 내용을 밝혔다.

시진핑 주석은 "한중 양국은 양질의 융합 발전 실현을 목표로 잠재력을 발굴하고, 실무 협력의 수준을 높여야 한다"라고 강조했다. 양측은 일대일로 이니셔티브 공동 건설과 한국의 발전 전략계획 연계가 보다 더 빨리 실효를 거두어 결실을 맺고, 양자 자유무역협정 제2단계 협상을 촉진하고, 혁신 연구개발 협력을 심화해 서로 강점을 보완하고 성과를 공유해야 한다(中國政府網, 2019. 12. 23).

문재인 대통령은 한국은 양국의 무역, 문화, 체육, 환경보호 등 분야의 협력을 더욱 강화하고, 일대일로 이니셔티브와 한국의 신남방·신북방 정책을 연계해 제삼자 시장 협력을 공동 개척하자고 밝혔다(中國政府網, 2019. 12. 23).

(2) 1트랙과 1.5트랙 차원에서 이행 적극 추진

양국 지도자가 신남방 정책과 일대일로 이니셔티브 연계 방침을 확정한 뒤, 양국은 다양한 방식을 통해 양자 간 실무 연계를 추진해 많은 실무적 성과를 거뒀다.

2018년 11월 15일 한중 양국은 베이징에서 한중 발전전략 연계 및 일대일로 협력 1.5트랙 세미나를 개최했다. 중국 상무부 아시아주국 부국장 양웨췬(楊偉群)은 개막식에서 중국은 한국의 신북방·신남방 정책과의 협력을 통해 연선 국가 및 한국 기업과 국민에게 더 많은 발전 기회를 제공할 수 있길 바란다고 밝혔다. 이 과정에서 한중 양국은 글로벌 보호무역주의의 충격에 공동 대응할 수 있을 것이다.[2]

---

[2]　李正男(2019. 4. 19). 저자는 고려대학교 아세아문제연구원 중국연구센터 센터장이다.

2019년 12월 2일 서울에서 열린 일대일로 GBA[웨강아오 대만구(粵港澳大灣區), Guangdong-Hong Kong-Macao Greater Bay Area] 및 한국 경제의 기회 포럼에서 중국 주한대사 추궈훙(邱國洪)은 축사를 통해 중국은 한국의 관련 이니셔티브에 대한 적극적인 참여를 환영하며 제삼자 시장 협력을 적극적으로 연구해 중국의 일대일로 이니셔티브와 GBA 건설, 한국의 신남방 정책 등 발전 전략 연계를 모색하고 양국 상호연계와 소통, 실무 협력을 강화해 공동 발전을 실현하자고 밝혔다(新華社, 2019.12.2).

2020년 8월 1일 칭다오(青島)에서 한중경제공동위원회 제24차 회의가 개최되었다. 이는 코로나19 발생 이후 중국이 개최한 첫 번째 정부 간 경제협력 기제 회의로 많은 성과를 거두어 다채널 한중 경제협력의 새로운 엔진이 될 것이다. 중국의 일대일로와 한국의 신남방·신북방 정책 협력을 추진하는 것이 가장 중요하다(李春頂, 2020.8.3).

3) 코로나19하에서 한중 협력의 위기와 기회

아직까지 진행 중인 코로나19 위기는 세계 정치, 경제, 사회 전 분야에 막대한 영향을 끼쳤다. 국제사회와 각국의 위기 대응능력을 시험하며 지구촌의 모든 사람들은 미지와 추측, 불안, 무기력, 분노, 반성과 기대에 빠져들었다. 팬데믹은 한편으로 제멋대로 세계를 어지럽히면서, 다른 한편으로 '일시 중지' 버튼을 눌러 인간이 작은 바이러스 앞에서 이처럼 약한 존재임을 반성하게 했다.

1918년 스페인 독감 이후 100년 만에 전 세계적으로 전염병이 210여 개 국가(지역)로 번지면서 제3차 세계대전이라고 불리고 있다.[3] 이언 브레머(Ian

---

3 현지 시간 2020년 3월 18일 북유럽 국가 스웨덴에서 발행량이 가장 많은 신문 ≪석간 (Aftonbladet)≫은 칼럼리스트 한스 볼프강 미카엘 한손(Hans Wolfgang Michael Hansson)의 기고를 실었다. 그는 코로나19의 세계적 유행을 제3차 세계대전으로 보았다(網易, 2020. 3.31).

Bremmer),[4] 자크 아탈리(Jacques Attali),[5] 페리 미할링(Perry Mehrling)[6]은 코로나 위기가 규모와 정도에서 9·11 사태와 2008년 세계 금융 위기, 심지어 1929년 경제 대공황을 능가한다고 주장했다. 자크 아탈리는 또 세계 GDP가 코로나19 위기로 20%까지 하락할 것으로 추정했다. 니얼 퍼거슨(Niall Ferguson)[7]은 코로나19의 경제·사회에 대한 파괴력은 전쟁을 능가한다고 주장했다(NHK, 2020. 4.18).

실제로 코로나19는 국제 경제, 사회, 정치 각 방면에서 심각한 위기를 초래했다. 국가 간 경제 교류는 마비되었고, 개별 국가의 보건의료 시스템과 사회보장 시스템은 붕괴 위기를 맞았다. 산업 체인은 붕괴되고, 이로 인한 경기 침체는 실업, 빈곤, 사망의 도미노 현상을 촉발했다. 세계 거버넌스 역시 인류 대재앙 앞에 무너졌다. 협력은 상실되었고, 역세계화, 고립주의가 팽배하고 이데올로기가 대립하며 인류 발전에 역행하는 사건들이 발생하고 있다. 이 같은 전

---

[4] 스탠퍼드대학교 정치학 박사, 뉴욕대학교 글로벌연구학과 교수, 세계 최대 정치리스크 연구기관인 유라시아 정치 리스크 연구 및 자문 그룹(Eurasia Group) 창립자 겸 대표이사로 이코노미스트(The Economist)로부터 정치 리스크 연구 분야의 '라이징 스타'로 불린다. 그는 2011년 'G0' 개념을 제시했다. 이를 주도하는 정치 컨설팅 업체 유라시아 그룹은 2019년 11월 18일 도쿄에서 'G0 정상회의(G-ZERO Summit)'를 개최했다.

[5] 프랑스 정치경제학자, 저명한 정치평론가로 세계 100대 사상가 중 한 명으로 평가받았던 그는 오랫동안 미테랑 대통령의 특별 고문을 맡았으며 1990년 유럽부흥개발은행(European Bank for Reconstruction and Development: EBRD)을 창립해 초대 은행장을 맡았다. 2007년 사르코지 대통령 초청으로 해방경제성장위원회를 구성해 의장을 지냈다. 또한 마이크로파이낸스 전문 비정부기구 플라넷 피낭스(Planete Finance) 창업자이다. 1991년 통과된 마스트리흐트(Maestricht) 조약으로 불리는 유럽연합조약에 참여해 유럽 공동체가 정치 연맹과 경제, 통화 연맹으로 거듭날 수 있는 길을 닦았다.

[6] 미국 보스턴대학교 금융사 전문가.

[7] 스코틀랜드계 영국인. 영국 최고 역사학자. 하버드대학교 역사학과 로런스 A. 티시(Laurence A. Tisch) 교수, 옥스퍼드대학교 지저스(Jesus) 칼리지 선임연구원, 스탠퍼드대학교 후버연구소(Hoover Institution) 선임연구원, 로스차일드(Rothschild) 가족사연구 권위자. 학계, 금융계, 언론계를 두루 걸친 극소수의 전문가 중 한 명으로 2004년 타임(Time)의 '세계 영향력 있는 100인'에 선정. 『광장과 타워(The Square and the Tower)』 저자.

지구적 위기의 발생은 결국 다음과 같은 특징을 배태했다. 첫째, 사회적 교류 제한 조치는 사람들의 사회성, 생활방식에 영향을 미치며 정서상의 긴장감을 유발한다. 이언 브레머는 이번 코로나19로 사람들은 폐쇄적으로 자기를 보호하면서 단결과 협력 정신이 상실되었고, 인간의 본능이 제한되었다고 지적했다. 둘째, 사회 빈부 격차가 급격히 벌어졌다. 선진국과 개발도상국을 막론하고 중저소득층, 불안정한 직업, 이민자 집단이 가장 심각한 피해를 보고 있다. 셋째, 인종·민족·국적 차별 문제가 부각되면서 계층 분열과 사회 갈등을 더욱 확산시켰다. 또한 코로나19 위기의 파괴력은 선진국보다 개발도상국과 신흥 경제국에 더 큰 충격을 주었으나, 국제사회의 관심을 충분히 촉발하지 못한 것도 특징이다.

중국 옛말에 '화혜복소의(禍兮福所倚: 화 속에 복이 깃들어 있다)'라는 말이 있는데 이는 '위기 속의 기회'라는 뜻이다. 코로나19로 인해 국제사회는 위기에 직면해 있지만, 한중 양국에게는 중요한 협력의 기회가 숨어 있다고 할 수 있다.

(1) 중국이 직면한 국제·지역 협력 환경 변화

중국이 직면한 국제 환경은 계속 악화하고 있다. 국제 정세는 코로나19가 만연함에 따라 급변하고 있으며 중국이 직면한 국제 정세와 국제 환경도 지속적으로 급속히 악화되고 있다. 첫 번째 충격은 중국에 대한 미국의 압력이 줄어들지 않았다는 것이다. 유럽 일부 국가와 일본, 호주는 미국의 압력 또는 팬데믹 상황, 정치 상황 때문에 대중국 정책에서 미국을 따르고 있다. 중국이 직면한 국제 정치, 경제, 발전, 협력 환경의 부정적 요인 비중이 빠르게 증가하면서 긍정적 요인에 대한 필요성이 꾸준히 커지고 있다. 이와 대조적으로 코로나19 발생 이후 지금까지 한국의 대중국 정책은 독립적·과학적·이성적인 모습을 보였다. 한중 양국은 방역을 포함한 다양한 분야에서 서로 도우며 다방면에서 협력해 양국 국민, 기업, 사회 각계의 인정을 받았다. 따라서 전략적 기회의 시기를 선점하고 신남방 정책과 일대일로 연계를 계속 적극적으로 추진한다면

적은 노력으로도 큰 성과를 얻을 수 있을 것이다.

(2) 중국 국내 정치·경제 환경의 지속적 호전

중국의 국제적 환경은 계속 악화되고 있지만, 코로나19에 대한 중국의 강력한 대응으로 국내 정치 상황은 전례 없이 빠르게 안정되고, 경제발전도 지속적으로 호전되고 있다. 코로나19는 국제적 측면에서 중국에 기회보다 위기를 가져왔다. 그러나 국내적으로는 위기보다 기회가 컸다. 정치적으로 중국은 감염병 통제가 효과적으로 이루어지면서 중국공산당과 중앙정부의 국내 동원력, 구심력이 크게 향상되어 국내 정치 안보 상황이 안정되었다. 경제·사회발전 측면에서 중국은 감염병 전파 법칙에 대한 정확한 파악과 과학적 대응으로 업무·생산 및 국민 생활이 정상 궤도에 오를 수 있도록 해 국내 경제·사회가 빠르게 회복되었다. 미국을 위시로 하는 서방 여러 나라에서 포퓰리즘이 성행하면서 이미 많은 분야의 대중국 협력에 심각한 영향을 미치고 있다. 중국의 거대한 시장 수요, 협력 수요, 발전 수요는 변함없다. 적극적으로 공공외교 협력을 개진하고, 한국의 적극적인 대중국 정책의 가치를 고려한다면 양국 경제·사회 발전과 협력에 큰 이익이 될 것이다.

4. 결론

아세안의 동남아시아 역내 협력은 동남아시아 소구역 역내 및 동남아시아 소구역 국가, 역외 국가 협력에서 중요한 위치를 차지한다. 아세안의 '중심적' 역할은 한중 양국이 일대일로와 신남방 정책 프레임 속에서 제삼자 시장 협력을 펼칠 수 있는 첫 돌파구이다. 현재 중국은 전 세계적인 코로나19 확산으로 인한 영향과 급변하는 국제 정세라는 국제적 발전 환경에 직면해 있다. 중국이 직면한 국제 정세와 국제 환경은 계속해서 빠르게 악화하고 있다. 미국의 중국에 대한 전면적 압박은 줄어들지 않고, 유럽 일부 국가와 일본, 호주 등은 미국의 압력 또는 국내 정치적 필요로 인해 소극적인 대중국 정책을 취하거나 미국의 대중국 정책을 따르고 있다. 그러나 이는 한중 관계 발전에 '위기 속의 기회'라는 중요한 창구를 제공한다. 미국 등 서방국가의 중국 경제, 기술, 무역 등 다양한 영역에서 전례 없는 압박은 한중 양국의 일대일로와 신남방 정책이라는 두 가지 프레임 속에서의 상당한 협력 공간을 만들었다. 이뿐만 아니라 한중 양국은 기술, 산업, 환경 보호, 의료 등 다양한 분야의 상호 보완성이 큰 만큼 동남아시아 제삼자 시장 협력에서 큰 힘을 발휘할 수 있다. 양국이 이성적인 정책과 상호 공영(共贏)에 입각해 전략에 집중한다면 상호 이익 실현과 공영(共贏)을 촉진할 것이다.

참고문헌

顧靜. (2014). 「東盟"中心地位"面臨的變局及其重構」. ≪當代世界≫, 2014年 第3期.

陸建人. (2006). 「東亞峰會: 中國地位中難撼動」. ≪中國報道≫, 2006年 第1期.

李正男. (2019.4.19). "依托"壹帶壹路"倡議, 推動中韓合作更加深入". 光明網-學術頻道. http://www.gmw.cn/xueshu/2019-04/19/content_32758913.htm(검색일: 2020.9.19).

網易. (2020.3.31). https://www.163.com/dy/article/F91GT5870528LMQ3.html.

習近平. (2018.9.3) "2018년 중-아프리카 협력포럼 베이징 정상회의 개막식 기조연설". 人民日報 제2판(2018.9.4).

_____. (2020.9.4). "在2020年中国国际服务贸易交易会全球服务贸易峰会上的致辞". http://share.gmw.cn/guancha/2020-09/08/content_34166334.htm(검색일: 2020.9.13).

楊潔勉. (2019.7.9). "辨證把握國際格局". 人民日報.

_____. (2020). 「當代大國相互定位及時代特征分析」. ≪國際展望≫, 2020年 第3期.

王文. "多維解析"百年未有之大變局"". 半月談網. http://www.banyuetan.org/gj/detail/20200225/1002000331362015826001316366625729_1.html(검색일: 2020.9.9).

王玉柱. (2010). 「中日之爭與東亞合作 — 以"10+3" "10+6"爲主的分析」. ≪創新≫, 2010年 第3期.

_____. (2013). 「RCEP倡議與東盟"中心地位"」. ≪國際問題研究≫, 2013年 第5期.

王毅. (2005). 「亞洲區域合作與中日關係」. ≪外交評論≫, 2005年 第1期.

張蘊嶺. (2015). 「如何認識和理解東盟 — 包容性原則與東盟成功的經驗」. ≪當代亞太≫, 2015年 第1期.

_____. (2019.3.15). "在大變局中把握發展趨勢". 人民日報, 第6版.

翟崑 等. (2017). 「東盟對東亞合作主導權的波動規律(1997~2017)」. ≪教育與研究≫, 2017年 第6期.

鄭先武. (2014). 『區域間主義治理模式』. 社會科學文獻出版社.

周士新. (2016). 「東盟在區域合作中的中心地位評析」. ≪國際問題研究≫, 2016年 第6期.

陳慶鴻·聶慧慧. (2019). 「試析"東盟中心地位"的戰略意涵」. ≪國際研究參考≫, 2019年 第2期.

NHK. (2020.4.18). "긴급 인터뷰, 코로나19 세계대유행".

李春頂. "中韓經貿合作將開啓加速發展新引擎". 南財快評. https://m.21jingji.com/article/20200803/herald/23188de5238d34b5289d38cf0e287765.html(검색일: 2020.9.10).

新華網. "李克强在第20次中國 — 東盟領导人会议上的讲话". http://www.xinhuanet.com/world/2017-11/14/c_1121950086.htm(검색일 2020.9.8).

_____. "시진핑 아태경제협력기구 및 아세안 정상회담 참석". http://www.xinhuanet.com/2017-11/11/c_1121938347.htm(검색일: 2020.3.10).

_____. "일대일로 및 GBA와 한국경제의 기회 포럼 서울 개최". http://www.xinhuanet.com/2019-12/02/c_1125299007.htm(검색일: 2020.9.14).

央廣網. http://news.cnr.cn/native/gd/20171229/t20171229_524081025.shtml(검색일: 2020.9.8).

中國外交部. https://www.fmprc.gov.cn/web/gjhdq_676201/gjhdqzz_681964/lhg_682542/jbqk_682544/(검색일: 2020.3.15.)

中國政府網. "習近平會見韓國總統文在寅". 新華社. http://www.gov.cn/xinwen/2019-12/23/content_5463293.htm(검색일: 2020.9.8).

Acharya, Amitav. (2017). "The Myth of ASEAN Centrality?" *Contemporary Southeast Asia: A Journal of International and Strategic Affairs*, Vol.39, No.2 (August 2017).

ASEAN. (2012). *ASEAN Charter*. https://www.asean.org/wp-content/uploads/2012/05/11.-October-The-ASEAN-Charter-18th-Reprint-Amended-updated-on-05-April-2016-IJP.pdf.

_____. (2017). Partnering for change, Engaging the World. Chairman's Statement 30th ASEAN Summit[R].

Mely, Caballero-Anthony. (2014). "Understanding ASEAN's centrality: bases and prospects in an evolving regional architecture[J]." *The Pacific Review*, Vol.27, pp.563~584.

Petri, Peter A. and Michael G. Plummer. (2013). *ASEAN centrality and the ASEAN-US economic relationship*.

Tsjeng, Zhizhao Henrick. (2016). "ASEAN Centrality: Still Alive and Kicking." *RSIS Commentary*, No. 48 (February 29, 2016), http://www.rsis.edu.sg/wp-content/uploads/2016/02/CO16048.pdf.

Humaidah, Ida (Indonesia). "Questioning ASEAN Centrality in East Asian Regionalism: The Case of ASEAN Connectivity." https://thesis.eur.nl/pub/13249/I.%20Humaidah_Questioning%20ASEAN%20Centrality_1572.pdf(검색일: 2020.4.15).

제9장

중국의 아세안 공공외교 전략이 한국에 주는 함의*

김상규 | 한양대학교 중국문제연구소 학술연구교수

1. 들어가며

중국의 국가 행위는 국제사회에서 가장 큰 주목을 받는다. 경제발전과 군사력 증강, 과학기술력의 시현 등 거의 매일 국제뉴스의 한 면을 장식한다. 이 같은 사실은 중국이 국제사회에 주는 영향력이 그만큼 크다는 것을 방증한다. 하지만 개별 국가가 중국에 갖는 호감도, 이미지는 이와 상반된 결과가 자주 나타난다. 2022년 6월, 퓨리서치센터(Pew Research Center, 2022.6.29)가 전 세계 19개국을 대상으로 중국에 대한 호감도를 조사한 결과를 보면 중국에 대한 부정적인 인식이 50%를 넘는 국가가 16개국에 이른다. 물론 그중 대부분은 서방국가이며 코로나19, 신장웨이우얼 인권 문제 등의 영향이 컸을 것으로 보인다. 중국은 이런 평가에 대해 서방 언론의 과장과 곡해로 인해 중국에 대한 이미지가 악화한 것이라 반발한다. 중국 외교부 대변인들은 공식적인 기자회견을 통해 "서구 언론의 주장은 이중 잣대, 우월감, 이념적 편향성을 갖고 있으며 미디

---

*　이 글은 ≪현대중국연구≫, 제24집, 제2호(2022)에 게재한 「중국의 아세안 공공외교 전략이 한국에 주는 함의」를 수정한 것이다.

어는 진정성과 객관성을 견지해야 한다"라고 비판의 목소리를 내거나 개인적인 소셜 미디어를 통해 공개적으로 비난하기도 한다(中国外交部, 2021.1.8; 新浪网, 2022.1.2).

중국은 강하게 부정하면서도 부정적인 국제사회의 인식을 타파하기 위해 공공외교 차원에서 상당히 큰 노력을 기울이고 있다. 공공외교의 첨병 역할을 하는 공자학원을 통해 문화, 교육 프로그램을 진행하거나 경제력에 기초해 대외 원조 정책을 적극적으로 시행하고 있다. 그런데도 일부 서방 국가에서는 공자학원이 퇴출당하는 역효과가 일어나기도 하고 중국위협론은 여전히 유효하다. 하지만 일부 국가에서는 중국에 대한 이미지가 좋고 공자학원이 새롭게 개설되며 또 문제없이 유지되고 있다. 왜 이렇게 다른 결과가 나오는 것일까?

이 글은 이 같은 질문에 기초해 중국의 공공외교에 관해 전반적으로 살펴보고 동남아시아국가연합(ASEAN, 이하 아세안) 국가 사례를 중심으로 중국의 공공외교 전략을 분석한다. 해당 지역을 분석 대상으로 삼은 이유는 첫째, 중국이 현재 아세안 지역에서 상호 발전과 협력을 추동하며 투자를 활발히 진행하고 소통하는 등 공공외교 차원에서 적극적인 노력을 기울이고 있으며, 둘째, 한국 역시 문재인 정부에서 신남방 정책을 적극적으로 시행했고, 향후 지속적인 국가 관계를 수립해 국가이익을 실현할 곳이기 때문이다. 따라서 중국의 아세안 지역에 대한 공공외교 정책을 분석한다면 공공외교가 갖는 학술적 의미는 물론 한국의 공공외교를 성공적으로 수행할 수 있는 정책적 시사점을 도출할 수 있을 것이다.

2. 공공외교에 관한 이론적 논의

1) 공공외교의 정의와 이해

공공외교는 "한 국가가 다른 국가의 정책을 자국에 유리하게 전환할 목적으로 일반 대중 또는 사회 지도층의 의견에 영향을 미치는 외교의 한 형태"로 규정한다. 자국의 국가적 목표와 정책뿐만 아니라 사상과 이상, 제도와 문화에 대한 이해를 증진하기 위해 정부가 타국의 대중과 의사소통하는 과정으로 보는 것이다. 하지만 공공외교는 한편이 다른 한편에게 일방적으로 영향력을 전달하는 외교관계는 아니다. 한 국가가 다른 국가 국민과 원활한 소통을 원한다면 먼저 상대 국가의 이념, 가치, 관습, 역사, 문화, 언어 등에 대한 이해를 선행해야 한다(Gregory, 2011; Malone, 1988). 타 국가에 대한 이해 없이 자신의 것만을 상대방에게 이해하라는 태도와 이를 토대로 한 외교정책이 성공할 가능성은 없기 때문이다. 공공외교는 근본적으로 두 국가와 해당 국민이 원활하게 상호 소통을 할 때 실효성이 높다. 이처럼 공공외교는 한 국가가 다른 국가와 외교를 수행하는 데 제한된 수의 상대국 정책결정자만을 대상으로 하는 것이 아니라, 상대 국가의 다양한 국민과 단체를 대상으로 한다는 점에서 기존의 전통적 외교와는 차별화한 전략과 방식의 활용이 필요하다.

일반적으로 공공외교라는 어휘는 특정 학자 또는 국가의 전유물이 아닌 만큼 다양하게 변형된 개념들이 존재한다. 그러나 다수의 관련 학자들은 기본적으로 공공외교를 하나의 정부가 자국의 외교정책, 나아가서는 자국의 지향점, 가치, 제도 및 문화 등 타국의 국민과 직간접적 소통을 통해 이해를 촉진하기 위한 활동으로 정의하고 있다(Tuch, 1990). 특정 정부가 타국 국민과 직간접적으로 소통하는 방식은 문화 교류 및 행사 개최, 어학, 교환학생 프로그램 운영 및 장학금 지원, 상호 교류와 협력을 위한 콘퍼런스 개최 및 출판 활동, 해외 방송 송출, 외국 정치·경제 인사, 학자, 언론인과 일반인의 자국 방문 지원 등의 직접적 방식과 영화, 연극, 음악 등 문화예술 방면에서의 엔터테인먼트 콘텐츠, 음식 프랜차이즈 수출 등 간접적 방식으로 소통하고 있다(김형수·노병렬, 2016).

전통 외교의 방식은 통상적으로 중앙정부가 군사력과 경제력 등 경성 권력(hard power)을 동원한 형태로 진행한다. 힘에 기초해 강자만이 살아남는 약육강식의 현실주의적 외교 형태가 바로 그것이다. 그러나 공공외교는 문화와 이념, 국제체제 창설 능력 등과 같이 비(非)물질적 자원을 원천으로 하는 '연성 권력(soft power)'의 영역이며(Nye, 1991), 정치적·문화적 가치에 기초해 상대국 국민의 동의와 지지, 설득과 회유를 도모한다(Nye, 2011). 연성 권력을 강조하는 공공외교는 문화, 예술, 미디어, 스포츠 등의 수단을 활용하는 데 관심이 있으며, 공공외교는 상대방 국민의 인식 속에 자국이 어떻게 보이고 느껴지는지에 관심을 둔다. 따라서 공공외교는 국가 이미지 및 국가 브랜드의 제고에 특별한 노력을 기울이고 있다. 그러나 연성 권력은 긍정적인 면에서만 작동하지 않고 부정적인 면이 존재하는데, 부정적인 정책과 행동은 차별과 불평등의 문화, 편협한 지도자의 추악한 언사, 그리고 동맹으로부터의 탈피는 모두 고귀한 이상이 끌어당길 수 있는 만큼 확실히 불리하게 작용할 수 있다(컬, 2021).

3. 중국의 공공외교 주체와 조직 구성

1) 공공외교 기구와 형태

중국 정부의 공공외교는 기본적으로 개혁개방 이후, 소위 '죽의 장막'을 걷어내고 국제사회에 본격적으로 진입하면서 시작되었다고 해도 과언이 아니다. 물론 초기에는 국가 간의 교류가 증가하면서 국가 대 국가, 즉 전통 외교 차원에서 집행되었다. 하지만 2001년 중국이 WTO에 가입하고 경제력에 기초한 국력이 증대하면서 주변국을 비롯한 국제사회에 중국에 대한 위협 인식이 증가했다. 중국 역시 이에 대해 외교적 방식으로 대응해야 할 필요성이 대두했다. 이에 중국은 국가 이미지를 강화하기 위한 전략으로 소프트파워 차원에서 외교를 고민하고, 공공외교 정책을 강력하게 추진하기 시작했다. 중국의 초기 공공외교 목표는 '중국위협론'을 불식시키기 위한 수단으로 활용한 측면이 강하다. 소극적으로는 특정한 국가의 여론이나 국제 여론을 상대로 '공산 중국(communist China)'의 이미지를 불식하는 것이고 적극적으로는 중국적 가치를 확산해 중화 국제화(Sinic globalization)를 실현하기 위한 것으로 볼 수 있다(이희옥, 2010).

2004년 3월, 중국 외교부는 '공중 외교처'(2008년 공공 외교처로 변경)를 공식적으로 수립하고 2012년 외교부에 공공외교 판공실을 설치했다. 중국의 공공외교는 기본적으로 국가 주도로 이루어지며 당의 통제하에 운용하는데, 국무원 내 '중국 공산당 중앙위원회 대외선전판공실'과 '신문판공실'(같은 기구지만 2개의 명칭을 사용)을 중심으로 추진하고 있다. 하지만 공공외교의 중요성이 커지면서 기구가 다양해졌다.

공자학원의 주무 부처 교육부, 외교부 등을 비롯해 중국인민대외우호협회(이하 전국대외우호협회), 차하얼학회 등 비정부 성격을 지닌 기관뿐만 아니라 베이징외국어대학과 지린(吉林)대학 같은 교육기관도 협력한다. 중국 공산당 중앙위원회 대외선전 판공실은 외교부, 문화부, 교육부 등의 상위기구로 공공외교와 관련한 업무를 지도, 감독한다. 또한 인민일보, CCTV(China Central Television, 中国中央电视台) 등 언론매체를 총지휘하며 중국 공산당과 국무원의 선전 및 홍보를 담당하는데 주로 중국의 외교 정책을 국내외에 알리고 우호적인 국제 여론을 조성하는 것에 초점을 맞추고 있다.

중국 외교부 공공외교 판공실은 공공외교를 기획하고 실행하는 조직이다. 2008년 베이징 올림픽 이후 공공외교의 중요성을 인식하고 담당 부서를 판공실로 격상했다. 당시 티베트 독립 문제로 인해 올림픽 성화 봉송 과정에서 발생한 반중국 시위는 중국이 국제사회에 어떤 이미지와 반감을 갖는지 명확히 보여준 사건이었다. 이를 계기로 중국의 공공외교 활동에 관한 적극적인 조처가 이루어져 후진타오 주석이 공공외교 강화 정책을 펴게 되었다. CCTV의 경우 8개국 언어로 각국에 중국의 소식을 전하고 있으며, '중화전국청년연합회'라는 청년 조직을 활용해 다양한 나라의 청년들과 상호 교류하는 활동을 추진하고 있다. 또한 인민대외우호협회라는 조직과 협력해 보아오(Boao) 포럼, 세계싱크탱크회의, 아프리카와 중동 외교를 주도하고 있다(윤준필, 2016).

전국대외우호협회는 중국 민간외교 사업을 하는 민간단체로 실질적인 국가급 외교기구이며, 각 성, 자치구, 직할시 등에 지방급 협회가 있는 전국적 조직이다. 기본적인 조직도는 〈표 9-1〉과 같다.

해당 협회는 해외에 46개가 있고, 세계 157개국 413개 민간단체 및 기구와 우호 협력관계를 맺고 있다. 각 지방정부에 설치한 지방우호협회도 활동하고 있으며 성, 자치구, 직할시 이하 각급 도시와 지역에 있는 우호협회는 총 275개이다. 조직은 12개 부처로 나뉘어 대륙별, 부문별로 업무를 분담해 집행하고 있다. 이외에도 중국 공공외교협회(China Public Diplomacy Association: CPDA)가 있다. 해당 단체는 2013년 3월 출범한 조직으로 중국 공공외교 분야의 전문가, 학자, 유명인사, 관계 기관, 기업 등이 참여하는 전국적 비영리 사회단체이다. 사단법인으로 자문 및 국제 교류와 민간 업무, 중국 공공외교 사업 확대 역할을 한다.

중국의 공공외교는 단시간 내에 국가의 이미지와 브랜드를 만들기 위해 정부 주도로 여러 조직을 활용하고 공격적인 투자를 하고 있다. 중국이 공공외교에 사용하는 자금은 그 액수가 정확히 얼마인지 파악하기 힘들다. 다만, 중국 외교부의 예산 내용 중 대외 합작과 교류, 국제조직 등에 사용하는 금액을 통해 그 규모를 가늠해볼 수 있다. 2022년도 외교 예산은 총 146억 9374만 7900위안(한화 약 2조 8900억 원)이며, 그중 국제조직에 지출액은 125억 8945만 4600위안(한화 약 2조 4700억 원), 대외 합작과 교류 지출액은 3억 8305만 100위안(한

표 9-1 중국인민대외우호협회 조직 구성도

中国人民对外友好协会	办公厅
	东亚工作部
	亚非工作部
	欧亚工作部
	美大工作部
	文化交流部
	机关党委
	中国国际友好城市联合会
	民间外交战略研究中心
	机关服务中心
	中国友好和平发展基金会
	中友国际艺术交流院

자료: 中国人民对外友好协会组织机构图.

화 약 753억 원), 기타 외교 지출액은 1억 2962만 위안(한화 약 255억 원)으로 되어 있다(中国外交部, 2022).

　막대한 자금을 쏟아부어 중국 공공외교의 첨병 역할을 하며 적극적인 임무를 수행하는 곳 중 하나가 바로 공자학원이다. 중국은 2004년 한국(서울)에 공자학원을 처음 설립했다. 초기 공자학원의 목적은 중국어 교육, 중국 문화의 이해, 체험 등 중국의 언어와 문화를 알리는 데 집중했다. 실제 공자학원의 예산 지출을 정량적으로 분석한 연구 결과를 보면, 중국은 공자학원을 통해 중국어 교학, 문화 활동과 중국어 시험을 주요 정책 목표로 삼고 있다(赵彦志·王瑞麟, 2021). 하지만 시진핑 집권 이후 공자학원은 공산당 사상과 이념을 전파하는 선전 활동을 확대했고 이 때문에 미국과 유럽 등 서구를 중심으로 공자학원을 폐쇄하는 사례가 점점 늘어났다. 전미학자협회(National Association of Scholars, 2022.6.21)에서 발표한 보고서에 따르면 2022년 6월 21일을 기준으로 미국에 있던 118개의 공자학원 중 104개가 폐쇄되었으며 4개는 폐쇄 중이다. 미국뿐

표 9-2 국가별 공자학원 폐쇄 현황

국가	공자학원 수	폐쇄 수
미국	122	89
캐나다	14	5
프랑스	22	4
스웨덴	4	4
독일	21	4
호주	14	2
스페인	9	1
덴마크	3	1
네덜란드	3	1
벨기에	7	1
스위스	2	1
총합	221	113

자료: Gil(2022).

만이 아니라 세계 각국에서 공자학원과 공자학당의 폐쇄가 잇따르고 있으며 이는 주로 북미, 호주, 유럽에서 나타나고 있다. 이 때문에 현재 공자학원은 그 수를 정확히 확인하기 어려운 상황이다.

이러한 영향 때문인지 중국 정부는 공자학원 업무 주체를 바꾸었다. 원래 공자학원은 중국 교육부 산하 직속 기관인 중화인민공화국 국가 한어 국제 추광영도 소조 판공실[中華人民共和國國家漢語國際推廣領導小組辦公室, 이하 국가한판(國家漢辦)]에서 관리와 감독을 맡았다. 하지만 2020년 7월, 중국 정부는 국가한판의 업무를 민간기관인 '중국국제중문교육기금회(中國國際中文教育基金會)'로 이양했다. 중국문화교육기금회는 교육을 포함해 인문 교류와 국제 소통 업무를 하는 민간 공익 기구라고 알려져 있다. 따라서 이러한 변화가 공자학원의 이미지 쇄신을 통해 공공 업무의 내용을 보강하고 공공외교 본연의 목적을 좀 더 강화하려는 쪽으로 수정한 것으로 보인다.

2) 중국 지방정부의 공공외교

중국의 지방 공공외교는 도시 외교, 지방외교, 차(국가에 버금가는) 국가 정부 외교, 지방정부 대외사무, 차 국가 정부 대외사무 등의 다양한 개념으로 사용하고 있으며 각 지방정부의 외사판공실(外事辦公室)을 중심으로 수행하고 있다. 지방정부에서 공공외교를 추진하는 주요 수단은 두 가지로 나뉘어 있다. 첫째, 외사활동(外事活動)으로 이는 중앙정부의 외교 활동과 구분해 지방정부가 수행하는 대외 활동을 의미한다. 둘째, 지방 주민이 참여하는 공공외교 활동이다. 대부분 지방이 갖는 특색을 활용해 국제회의나 행사를 유치하는 형태로 진행하고 있다. 이는 중앙정부와 협력해 주로 이루어진다. 물론 시 정부와 성 정부가 개별적으로 해외 기업의 노하우를 전수하거나 지역의 경제발전 계획에 벤치마킹하는 경제 교류 방식을 통해 소기의 성과를 올리기도 한다. 상하이(上海), 충칭(重慶), 광둥(廣東), 산시(陝西), 난징(南京), 지난(濟南), 청두(成都), 베이징(北京), 우한(武漢), 장쑤(江蘇), 톈진(天津), 푸젠(福建) 등 각 지방정부가 주최하고 국내외 기업과 대학, 연구소 등이 참여하는 국제회의가 공공외교의 플랫폼으로서 역할을 하고 있다.

일례로 상하이는 1988년부터 매년 '상하이시 시장 국제기업가 자문회의'(上海市市长国际企业家咨询会议, International Business Leaders' Advisory Council for the Mayor of Shanghai: IBLIC)를 개최하고 있다. 세계적인 기업가를 초청해 상하이의 지속 가능한 발전과 이익을 실현하기 위한 의제를 논의한다. 2010년 상하이 엑스포를 개최하는 데 해당 회의를 통해 마련한 국제사회의 협력과 아이디어 등이 중요한 요인이 되었다는 평가를 받았으며, 2022년에는 '도시 녹색 저탄소 지속 가능한 발전 추동'을 의제로 시대와 부합하는 방향성을 나타내기도 한다.

상하이시는 상시적인 전담 사무소를 설치해 지속성을 유지하고 있다. 베이징, 장쑤성, 광둥성 등에서도 이와 유사한 회의를 개최하고 있는데, 지방정부만의 활동이 아닌 중앙정부로까지 영향을 끼쳐 벤치마킹하는 사례도 있다.

국무원발전연구센터가 주관하는 '중국발전고위층포럼'(中国发展高层论坛, China Development Forum)은 상하이시의 경험과 노하우가 큰 역할을 했다(문현미, 2018). 즉, 국가 차원에서 계획하고 시행하는 톱다운의 정해진 방식이 아닌 지방이 가진 특수성과 의미를 활용해 실질적인 이익을 끌어내는 방식이 역으로 중앙정부에 영향을 준 것이다. 또한 지리적·문화적인 교집합을 이용해 주변 국가와의 교류를 강화하는 방식을 활용하는데, 윈난(雲南)성, 산둥(山東)성 등은 지리적인 접근성이 좋은 동남아시아와 동북아시아 국가와의 공공외교를 확대하고, 양저우(揚州)시의 경우 역사 문화 자원을 특화해 도시 간 교류를 추진하고 있다.

이외에도 국가인터넷정보판공실 인터넷 전파국(国家互联网信息办公室网络传播局)은 2021년부터 "中国有约: A Date with China"라는 국제 미디어 주제 인터뷰 활동(International Media Tour) 프로그램을 진행하고 있는데, 매년 각 지역에 해외 미디어를 초청해 중국의 문화와 자연환경, 과학 발전상 등을 체험할 기회를 주고 방송에서 소개할 수 있도록 한다.

4. 중국의 아세안 공공외교 목표와 방법

1) 전략적 관점에서의 공공외교 필요성

중국의 아세안 국가에 대한 공공외교는 기본적으로 정치·경제적 중요성에 기초한 정부 주도 형태의 방식으로 이루어지고 있다. 정치적 차원에서 아세안이 갖는 중요성은 남중국해 영유권을 둘러싼 지역 국가들과 갈등이 존재하기 때문이다. 중국의 핵심 이익과 결부된 지역에서 미국이 인도·태평양 전략을 시행하고 중국을 봉쇄하는 것에 대응하기 위해서는 중국은 주변 국가와의 외교를 원활하게 수행해야 한다. 아세안 지역의 해상 통로는 중국이 에너지 수입을 위해 안정적으로 확보해야 하는 전략적 요충지이다. 믈라카해협이나 바시

해협과 같은 지역의 주요 해상통로는 인도양으로 나가는 길목에 있고, 전 세계 해상 수송의 25%를 차지할 만큼 전략적으로 매우 중요하다(변창구, 2011).

중국은 미국이 아세안 국가에 대한 공공외교를 대대적으로 전개해 아세안에서의 영향력을 확대한다고 본다. 미국이 지역 질서 확립에 적극적으로 나서 아세안 일부 국가의 중국 이탈을 부추겨 중국의 영향력을 약화하는 데 영향을 주었다는 것이다. 또한 일본이 남중국해에서 중국과 영토분쟁을 겪고 있는 필리핀 등 아세안 각국에 노후 무기 장비를 무상 또는 저가로 제공하는 방위 협력을 강화하고 있다는 점에 대해서도 상당히 우려하고 있다. 이뿐만 아니라 차관을 제공하고 해양 안보 차원에서 관련국과 이데올로기적 관계를 수립하기 위한 인재 양성에 힘쓰는 등 중국을 억제하려는 노력을 지속한다는 점을 들어 아세안 지역에서 공공외교를 더욱 추동해야 할 필요가 있음을 주장한다(唐小松·景丽娜, 2017).

아세안 지역은 중국의 해상 일대일로 전략이 남중국해를 통해 태평양과 인도양 지역, 그리고 유럽으로 연결하는 필수 경로라는 점에서 핵심 거점 역할을 한다. 중국은 아세안 5개 회원국(미얀마, 베트남, 라오스, 태국, 캄보디아)과 대메콩유역(Greater Mekong Sub-region: GMS) 경제협력 프로그램에 참여하고, 중국·인도차이나반도 경제회랑(China-Indochina Peninsula Economic Corridor)을 구성하고 있는데, 이는 일대일로의 주요 노선을 형성하는 지역이다(이승신 외, 2017). 중국은 아세안과 1991년 최초로 대화 채널을 구축하고, 1997년 12월 중국과 아세안 국가들은 비공식 정상회담을 통해 공동성명을 발표해, "21세기 선린, 상호 신뢰의 동반자 관계"의 발전을 추구하겠다는 점을 명확히 했다(이동률, 2000). 아세안은 중국의 3대 무역대상국 중 하나로 중·아세안 간 자유무역협정(CAFTA)을 체결하는 등 중요한 국가 관계를 맺고 있으며, 중·아세안 정상회담(ASEAN-China Summit), 확대외무장관회의(Post Ministerial Conference with China: PMC+1), 고위관료회의(Senior Officials Consultations: SOC) 등을 통해 협력관계를 이어오고 있다(나승권 외, 2018). 또한 중국은 2016년 베트남, 태국, 미얀마, 라오스, 캄보디아 등 메콩강 유역 5개국과 LMC(Lancang-Mekong Cooperation)를 출범해 정상회담과 외교장관 회의를 지속하고 있으며, 중국·캄보디아 정부 간 조정위원회, 중국·베트남 양자 협력 지도위원회 등 개별 국가와 다양한 형태의 협력 기구를 운용하고 있다. 중국의 일대일로 구상은 기본적으로 중국의 이익을 실현하기 위한 정책이라는 점에서 아세안 지역에서 공공외교를 통한 우호적 인식을 강화하는 것이 이전보다도 훨씬 더 중요해졌다. 물론, 경제적 이익 실현에만 국한한 것이 아닌 우호적 인식 기반을 마련하기 위한 목적도 있다. 일례로, 중국은 대외 원조 방식을 통해 1997년 외환위기와 2007년 세계 금융 위기 당시 아세안 지역 국가를 대상으로 긴급 구호 자금 등 원조를 제공함으로써 '책임 대국'의 이미지를 구축해 관계 개선을 도모하고 역내에서 영향력을 확대하는 모멘텀을 마련했다(변창구, 2011).

이전 후진타오 집권 시기 화평굴기나 조화세계 건설을 내세우며 주변국들에 중국위협론을 불식시키기 위한 정책적 노력을 구사해 왔다. 그러나 시진핑 시기 중국의 강력한 정책 시행은 다시금 주변국에 중국위협론을 느끼게 했다. 이런 이유로 일대일로 연선 국가들과 "정책, 시설, 무역, 민심, 자본"의 다섯 가지 내용을 통해 중국의 의도를 오해하지 않을 방법론을 고민한 것이다. 하지만 여전히 공공외교를 추진하는 데 부담이 있다. 무엇보다 사회주의라는 체제 자체가 '위협론'으로 확산하는 문제이다(이희옥, 2020). 이러한 것을 의식하듯 시진핑 주석 역시 국가 간 교류 강화와 상호 간의 이해를 넓히고 우정을 쌓아야 한다는 점을 강조했다. 2019년 5월 베이징에서 대규모 '아시아 문명 대화(亞洲文明对话)'를 개최해 아시아 주변 국가들과의 문명 차원의 동질성을 강조하면서 일종의 매력 외교를 전개하고 있다(신종호 외, 2020).

2) 공공외교 전략 시행과 한계

중국은 우선, 성공적인 공공외교 수행을 위해 정부 고위층 및 관련 부문, 지방정부 및 NGO 간의 교류를 활성화하는 데 방점을 찍고 있다. 정책 선전을 위한 자리를 마련하거나 각종 학술 포럼을 주최한다. 또한 공산당 지도자들은 아세안 순방과 일대일로 관련 행사에 적극적으로 참여하고 있다. 중국은 아세안 방문 활동, 우호 도시 협정, 중국·아세안 시장 포럼 등의 형식을 통한 협력을 진행하고 있으며 민간 차원에서도 중국·아세안의 민간 우호 협력 대회를 개최하고 있다. 다음으로 새로운 매체를 활용해 객관적이고 사실에 기초한 정보를 제공하려는 활동을 시행하고 있다. 중국은 인터넷, 국제방송 등 언론매체 협력을 통한 상호 이해 증진 방안을 강화하고 있다. 예를 들어, 중국·아세안 인터넷 공간 포럼, 중국·아세안 정보 플랫폼 포럼을 개최하고, 중국 중앙 국제 TV를 통해 베트남, 미얀마, 라오스, 캄보디아, 태국, 필리핀, 말레이시아, 인도네시아어로 방송하고 있다. 이외에도 비정부조직, 민간 조직, 동남아시아 화교를 활용한 여론 환기, 화상 대회, 화교 신문 활용, 중국의 정치·경제·사회문화에 관한 객관적 사실을 전달하는 방식을 활용하고 있다. 이는 미국을 비롯한 서방 국가들이 중국보다 우세한 매체의 힘을 이용해 중국의 이미지를 부정적으로 묘사하고 여론을 호도해(刘蓓蕾, 2019) 여론전에서 밀린다고 생각하기 때문이다. 특히 중국위협론은 미국과 일본이 제기하고 서방 매체들이 국제사회에 퍼트린 대표적인 사례라고 주장한다(唐小松·景丽娜, 2017).

이런 문제점을 해결하기 위해 '중국+뉴미디어' 인재 양성을 목표로 하는 방식을 채택해 미디어를 제작하고 활용할 수 있는 기술을 교육하고 있다. 표면적으로 내세우는 이유는 중국과 관련 국가의 자연환경과 문화 등을 소개하는 미디어 콘텐츠를 제작하는 기술 교육의 형식을 취하고 있지만, 위챗(WeChat)이나 틱톡(TikTok) 같은 미디어를 활용하는 젊은 층을 대상으로 중국어를 학습하고 중국 문화를 이해해 중국에 우호적인 태도를 보이게 만들려는 목적이 있다. 또한 긍정적인 언론 환경을 만들어 국제 커뮤니케이션을 활성화하려는 이유가 내포되어 있다. 더 나아가 문화적 공통점에 기초해 학술, 인문 교류를 확대하고 있다. 2005년 중국·아세안 문화협력 양해각서 체결을 시작으로 2006년 중국·아세안 문화 포럼의 개최와 중국·아세안 실크로드 박람회 개최, 중국·아세안 교육 교류의 해, 문화부와 공자학원의 활동을 통한 예술전시회, 중국어와 문화에 대한 이해 확장, 사상 학술교류, 춘절 기념행사 등을 전개하고 있다. 이를 통해 문화적인 다양성과 차이를 인정해 상호 동질성을 찾고 융합해 갈등과 충돌을 해결하고자 한다(张斌 等, 2018). 뿐만 아니라 댐, 고속도로, 항만 건설 등과 같은 지원이나 교육, 의료, 위생 같은 민생 지원을 확대하고 있다. 실제로 일대일로 정책 시행 이후 중국이 집행한 경제적 원조의 50% 이상을 아세안 지역 국가에 집중 배치할 정도이다. 또한 중국은 코로나19 이후 아세안 지역에 백신 및 의료 장비 지원을 가장 많이 하고 있으며, 이외에도 교육 원조를 통한 인력자원 개발에 중점을 두고 있다. 예를 들어 노반공방(魯班工坊) 같은 교육 프로그램을 일대일로와 접목해 공공외교 전략으로 활용하고 있다. 노반공방은 2016년 3월, 텐진 보하이(渤海) 직업 기술학원이 보하이화공그룹에 위탁해 태국에 처음으로 세운 기술학원이다. 2017년 12월에는 인도와 인도네시아, 2018년에는 캄보디아에 설립하는 등 공자학원이 부정적 인식으로 평가받고 배척당하게 되는 상황에서 돌파구를 찾아 확대하고 있다. 더 나아가 중국은 '직업 기능+중국어'라는 공자학원 프로그램과 직업교육을 연계하고 융합해 일대일로 정책에 접목하기 위한 인재를 양성하고 있다. 중국 내부에서는 실제로 노반공방을 "직업교육의 공자학원"이라고 평가한다(中国教育部, 2018.5.11).

하지만 중국이 시행하는 공공외교는 방식, 주체가 공공외교가 추구하는 목표와 상당한 괴리가 있어 실제적인 효과를 담보하기에는 한계가 있다. 이는 국제사회에서 중국의 이미지가 왜 부정적으로 구축되는지 정확하게 분석하지 못한 상황에서 자신들의 방식과 이익 실현을 고수하기 때문이다. 다시 말해 그들만의 주장과 행태 등 고민이 부족한 상태에서 강력한 국력에 기대어 국제법을 무시하고 어떤 방식을 구사해서라도 해결하겠다는 안하무인의 행태에 기인한 것으로 볼 수 있다. 또한 중국 내에서만 진행하는 홈그라운드 외교(主場外交)의 형태에 치중하고 있다는 점, 각 지방정부의 방식이 중복되는 형태로 이루어지는 점 등도 영향을 끼친다. 게다가 성공적으로 수행한 지방정부의 외교도 중앙정부의 국가 대전략 방향성에 맞춰 교류 내용의 틀이 정해져 있고 법적·제도적으로는 상위법과 중앙의 제도적 지침에 따라 운용해야 하므로 표면적으로는 자율성을 누리고 있지만, 자율적이고 독자적인 공공외교 추진으로 나아가기에는 제약이 있는 것으로 평가할 수 있다(홍석훈 외, 2021). 물론 중국 내부에서도 중국이 시행하는 공공외교의 한계를 인식하고 지적한다. 하지만 공공외교가 정부 영향력을 벗어나지 못한다는 점에 대해서만 인정할 뿐, 결국에는 정부의 영향력을 벗어나는 것이 아닌 정부가 드러나지 않고, 우회하는 방식으로 공공외교를 집행해야 한다고 귀결시킨다. 이는 여전히 중국 정부 정책의 합리성과 목적을 정확하게 알 수 있도록 해야 한다는 정부 주도의 방법론에서 벗어나지 못하고 있다는 것을 보여준다. 왜냐하면 민간이든 개인이든 정부로부터 지원받는 자금이 핵심적 요건이기 때문이다(高伟浓, 2010).

5. 결론 및 함의

아세안 국가의 중국에 대한 인식은 상당히 복합적이다. 우선 기본적으로 '중국위협론'에 기초해 있으며, 또 하나는 '중국기회론', 마지막으로 '중국 친구론'이다(喻常森, 2013). 이 같은 인식은 첫째, 잠재적으로 갈등과 충돌의 가능성이 있는 국가, 둘째, 중국을 활용해 국가 발전을 이루려는 국가, 셋째, 중국과 협력해 실제 이익을 향유하는 국가를 의미한다. 이런 태도를 보일 수밖에 없는 것은 중국이 어떤 전략적 이익에 기초해 아세안에서 추구하는 목표가 무엇인지 알고 있지만, 현실적으로 중국이 제공하는 경제적 혜택을 통해 실현할 수 있는 국가이익을 무시할 수 없기 때문이다.

중국 역시 이 같은 문제점을 정확히 파악하고 있다. 따라서 이해와 신뢰를 통해 마음을 얻기 위한 노력이 필요하다고 말한다. 하지만 중국의 핵심 이익 수호를 위해 미국의 영향력을 견제하고 지역 강대국으로서의 지위를 유지·관리해 나가겠다는 의지와 사고에서 여전히 벗어나지 못하고 있는 듯하다. 또한 경제력에만 기대어 아세안 국가에 투자하고 환심을 사려는 방식만으로는 우호적인 인식을 심어주고 안정적인 교류를 이어나가는 데 한계가 있다.

중국은 현재 당근과 채찍을 사용하며 전략적으로 행동하고 있다. 하지만 중국의 가장 큰 딜레마는 아세안 지역에서 중국이 추구하는 국가 이익이 상당히 중층적이고 복합적으로 이루어져 있어 가장 적합하고 유효한 방법을 찾아내기 어렵다는 것이다.

한국 역시 아세안 지역에서 국가 이익을 실현하고자 하는 목표가 있다. 하지만 이익만을 추구하는 국가 관계가 아닌 협력, 공생, 발전의 동반자라는 인식을 통해 상호 신뢰와 연대를 강화하려는 정책 기조 수립이 선행되어야 한다. 따라서 상호 호혜적 발전을 추구한다는 전제 아래 관련국에 사회적 경제의 가치를 실천하기 위한 협력을 시행할 필요가 있다. 이뿐만 아니라 아세안에 대한 이해를 높일 수 있는 교육과 교류 프로그램을 만들어 활용해야 한다. 이는 현재 국내에 증가하는 다문화 가정과 외국인 노동자 등 한국 사회가 직면한 문제를 해결하는 방법이 될 수도 있다.

이외에도 관련국 내부에서 행하는 범죄 및 불법 행위에 대한 공조 시스템을 확립해 강력한 조처를 하는 것이 중요하다. 이 같은 판단은 중국이 해당 지역에서 자국의 이익 실현을 위한 시설 건립과 투자, 자국민을 우선시하는 일자리 창출, 현지에서 행하는 중국인의 자문화 중심의 우월적인 태도 등 상호 교류와 이해의 기본을 지키지 않아 발생하는 여러 문제점에 근거한다. 따라서 한국은 중국의 사례를 반면교사로 삼아 똑같은 행태를 보이는 것을 경계해야 할 것이다. 결국, 공공외교는 강제하지 않고 상호 이해를 바탕으로 이익을 공유해 상생 발전하는 것이 핵심 관건이기 때문이다.

참고문헌

김형수·노병렬. (2016). 「한국 지방자치단체의 공공외교 활성화 방안」. ≪세계지역연구논총≫, 제34집, 제2호.

나승권 외. (2018). "일본·중국의 소프트 파워 정책과 신남방정책에 대한 시사점". KIEP 오늘의 세계경제.

문현미. (2018). 「한국과 중국의 지방정부 공공외교 비교연구: 경기도와 산둥성을 중심으로」. 한양대학교 박사학위청구논문.

변창구. (2011). 「동남아시아에 있어서 미·중 패권경쟁과 아세안의 선택」. ≪정치·정보연구≫, 제14권, 제1호, 95~120쪽.

신종호 외. (2020). "강대국 경쟁과 관련국의 대응: 역사적 사례와 시사점". KINU 연구총서.

윤준필. (2016). 「한국의 공공외교 방향에 관한 연구: 행위주체 중심의 관점에서 보편적 가치 중심의 관점으로」. 단국대학교 석사학위청구논문.

이동률. (2000). 「탈냉전기 중국의 동남아 외교: 전략과 목표」. ≪중소연구≫, 제24집, 제3호.

이승신 외. (2017). "중국의 일대일로 전략 평가와 한국의 대응방안". KIEP.

이희옥. (2010). 「중국공공외교의 확산: 체계와 목표」. ≪중국학연구≫, 제54호.

컬, 니콜라스(Nicholas Cull). (2021). 『공공외교: 디지털 시대의 글로벌 공중 참여를 위한 기초』. 한국외대 미디어외교센터 옮김. 서울: 한경사.

홍석훈·박은주·김형수. (2021). 「해외 지자체 도시외교 성공사례 연구: 지자체 공공외교 추진 과제를 중심으로」. ≪국제정치연구≫, 제24집, 제1호, 177~210쪽.

高伟浓. (2010). 「中国东盟关系发展的民间机制与公共外交 — 以中国东盟友好协会为基础」[J]. ≪东南亚纵横≫, 11, pp.21~27.

唐小松·景丽娜. (2017). 「中国对东盟的公共外交: 现状, 动因与方向」. ≪东南亚研≫, 4.

喻常森. (2013). 「东盟国家对中国崛起的认知与政策反应」[J]. ≪当代亚太≫, 3, pp.111~158.

张斌·张莉·胡云莉. (2018) 「进一步促进中国 — 东盟人文交流路径研究」[J]. ≪东南亚纵横≫, 6, pp.83~92.

赵彦志·王瑞麟. (2021). 「孔子学院项目预算支出绩效评价指标体系研究」[J]. ≪项目管理技术≫, 19(5), pp.13~20.

刘蓓蕾. (2019). 「中国对东盟国家的公共外交研究」[J]. ≪南方论刊≫, 10, pp.32~34.

北京日报. (2019.7.22). "职业教育的"孔子学院", 天津将在非洲再建10个鲁班工坊". https://ie.bjd.com.cn/a/201907/22/AP5d35a9cde4b057be3e8c54c6.html(검색일: 2022.8.16).

新浪网. (2022.1.2). "赵立坚反讽: 西方媒体混淆是非如此成功 代价是什么". https://mil.news.sina.com.cn/2022-01-02/doc-ikyamrmz2716888.shtml?cre=tianyi&mod=pcpager_news&loc=14&r=0&rfunc=87&tj=cxvertical_pc_pager_news&tr=174&wm=5#!/index/1.

新华网. (2018.11.1). "澜湄职业教育培训中心落成". http://www.xinhuanet.com/world/2018-11-01/c_129982796.htm(검색일: 2022.8.16).

人民网. (2022.2.7). "泰国普吉孔子学院与泰国教育部签署"中文+职业教育"合作协议". http://world. people.com.cn/n1/2022/0207/c1002-32347081.html(검색일: 2022.8.16).

_____. (2022.9.9). "泰国孔敬大学孔子学院与泰国文化部培养"中文＋新媒体"人才". http://world. people.com.cn/n1/2022/0909/c1002-32523369.html(검색일: 2022.8.16).

澜湄职业教育培训中心落成. (2018.11.1). "澜湄职业教育培训中心落成". http://www.xinhuanet.com/ world/2018-11/01/c_129982796.htm(검색일: 2022.8.16).

中国教育部. (2018.5.11). ""鲁班工坊": 中国职教走向世界". http://www.moe.gov.cn/jyb_xwfb/moe_ 2082/zl_2018n/2018_zl34/201805/t20180522_336778.html(검색일: 2022.8.16).

中国外交部. (2021.1.8). "2021年1月8日外交部发言人华春莹主持例行记者会". https://www.fmprc. gov.cn/fyrbt_673021/jzhsl_673025/202101/t20210108_5419718.shtml.

_____. (2022). "外交部2022年部门预算".

中國人民對外友好協會. https://www.cpaffc.org.cn/index/xiehui/zuzhijigou/lang/1.html(검색일: 2021. 5.2).

中国人民对外友好协会组织机构图. https://www.cpaffc.org.cn/index/xiehui/zuzhijigou/lang/1.html (검색일: 2022.9.2).

Gil, Jeffrey. (2022). "Confucius Institute and Confucius Classroom closures: trends, explanations and future directions." *Applied Linguistics Review* (September 14, 2022).

Gregory, Bruce. (2011). "American public diplomacy: Enduring characteristics, elusive trans-formation." *The Hague Journal of Diplomacy*, Vol.6.

Malone, Gifford D. (1988). *Political advocacy and cultural communication: Organizing the nation's public diplomacy.* Vol.11. Lanham [Md.]: University Press of America; [Charlottesville, Va.]: Miller Center, University of Virginia.

National Association of Scholars. (2022.6.21). "How Many Confucius Institutes Are in the United States?" https://www.nas.org/blogs/article/how_many_confucius_institutes_are_in_the_united_ states(검색일: 2022.8.16).

Nye, Joseph S. (1990). "Soft power." *Foreign policy*, Vol.80.

_____. (2011). "Power and Foreign Policy." *Journal of Political Power*, Vol.4, No.1.

Pew Research Center. (2022.6.29). "Negative Views of China Tied to Critical Views of Its Policies on Human Rights." https://www.pewresearch.org/global/2022/06/29/negative-views-of-china-tied-to-critical-views-of-its-policies-on-human-rights/.

Tuch, Hans N. (1990). *Communicating with the world: US public diplomacy Overseas.* New York: St. Martin's Press.

제 10장

해양 실크로드의 전개와 동남아시아 화교의 역할

신은영 | 한양대학교 중국문제연구소 연구교수

우리말로 비단길을 뜻하는 '실크로드(silk road)'는 과거 이 길을 통해 중국의 비단이 서남아시아와 유럽으로 팔려 나갔기 때문에 붙여진 이름이다. 우리에게 '실크로드' 하면 낙타에 물건을 싣고 뜨거운 사막을 가로지르는 상인들의 모습이 떠오르지만 이렇게 오아시스를 연결한 오아시스 길 외에도 초원 지대의 초원길과 뱃길인 바닷길이 있었고 이 길들을 통해 동양과 서양의 다양한 물품들이 교환되고, 동양과 서양의 문화가 전해졌다.

지금 중국의 5세대 지도부는 이 길의 이름을 다시 소환하며 세계의 정치, 경제, 문화의 중심이 되고자 하는 '중국의 꿈[中國夢]'을 일대일로(一帶一路) 기획에 고스란히 담았다. 여기에서 '일대(one belt)'는 시안(西安)에서 유럽까지, 그리고 '일로(one road)'는 푸젠성 취안저우(泉州)에서 동남아시아·인도·아프리카·유럽으로 이어지는 바닷길을 말한다.

중국 정부는 시간적으로 단기, 중기, 장기로 나누어 각 단계에 맞는 목표와 방법을 설정하고 신중국 성립 100주년이 되는 2049년경에는 일대일로의 핵심 전략인 '5통(政策溝通, 道路聯通, 貿易暢通, 貨幣流通, 民心相通)'이 모두 실현되고 중국은 이들 지역과 이익공동체와 운명 공동체 및 책임 공동체가 되는 것을 꿈꾼다.

그림 10-1 중국 육·해상 실크로드 노선

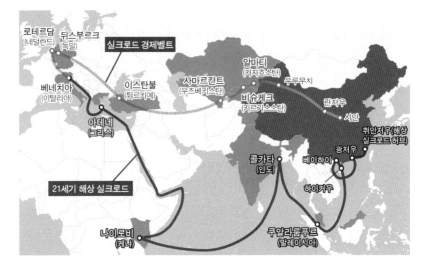

1. 해양 실크로드는 무엇인가?

해양 실크로드는 일대일로 기획의 '일로' 부분이다. 전통적인 의미의 해양 실크로드는 동남아시아, 서남아시아 그리고 아프리카 동부를 연결하는 바닷길만을 의미했으나, 21세기의 해양 실크로드는 그 범위가 더 크다. 중국 정부는 지리적으로 가까운 동남아시아에서 멀리 아프리카 대륙까지 점, 선, 면의 방식으로 확대해 나가겠다는 계획을 가지고 있다.

이 계획을 시간적으로 보면 우선 공산당 창당 100주년이 되는 2021년까지를 단기 목표 기간으로 잡고 이 초기 단계에서 중국은 외교와 무역에서 주요 거점이 되는 곳에 투자를 집중해 사회기초시설(SOC)을 건설해 준다. 그 후 2021~2030년으로 설정된 중기 목표 단계에서는 이러한 거점 중심의 점(node, 点)에서의 건설을 선(line, 線)으로 확대하며 아세안과 '전면적 동반자 관계'를 지속하는 한편, 남아시아와 페르시아만의 전략적 위상을 높여 육상의 '일대'와 해

표 10-1 해상 실크로드 연선 지역 연계점 선정과 협력 방식

국가	투자액	양자관계	연계 항구	협력 방식
인도네시아	20억 달러	고	바탐	· 항구 건설 · 산업단지 · 원양어업 기지
말레이시아	20억 달러	저	쿠안탄	· 산업단지 · 원양어업 기지 · 인문 협력
싱가포르	-	중	싱가포르	· 항구 협력

자료: 투자액과 연계 항구는 Arase(2015: 36); 양자관계와 협력 방식은 祝哲 等(2017: 121).

상의 '일로'가 교차할 수 있게 한다. 이 중기적인 계획이 실현되면, 서아시아와 홍해를 통해 아프리카로 연계되는 전략적 거점이 마련된다.

해양 실크로드 전략의 초기 단계인 '해상 통로 건설'은 구체적인 계획하에 이미 진행되었거나 진행 중에 있다. 중국은 2014년 국무원 발표를 통해 2020년까지 국제경쟁력을 갖춘 항운 시스템을 구축하고 항만기초시설 투자에 적극적으로 참여한다는 원칙을 세웠다. 해외 항구 건설은 5통 전략 가운데 도로 연통(道路聯通)에 해당하는 것으로 육상 실크로드에서 국제선 철도나 고속도로를 놓는 것에 비견되는 해양 실크로드 핵심사업 가운데 하나이다. 이를 통해 중국과의 물류 이동이 원활해지면 무역 창통(貿易暢通)으로 발전하게 되는 것이다.

〈표 10-1〉은 해양 실크로드 연계 국가들 가운데 중국에서 가까운 동남아시아 지역의 항만기초시설 투자에 관한 것이다. 이 표는 인도네시아와 같이 사회기초시설이 부족한 나라에서는 항구를 건설해 주고 이미 사회기초시설을 어느 정도 갖추고 있는 말레이시아와 싱가포르에서는 산업단지 조성이나 항구에 관한 협력을 하려 한다는 것을 보여준다.

그런데 해양 실크로드가 시작되는 이들 동남아시아 3국에는 수많은 중국계 이주민들이 살고 있어 중국이 일대일로 정책을 진행하는 데 다른 지역보다 용이할 수 있다는 생각이 들게 한다. 일대일로 초·중기 단계에서 이 지역에서 막강한 경제적 영향력을 가진 화교 상인(華商)들이 적극적으로 동참해 준다면 어떨까?

그러나 이 지역에도 현지 국가 정부의 대중국 관계가 다르고 또 각 국가별로 중국계 화인들의 상황과 입장이 다 같을 수는 없다. 그렇기 때문에 해양 실크로드상에 있는 이들 3국과 그곳에 거주하는 화인들의 역사와 정치 환경을 이해하는 것은 향후 중국이 이 지역에서 일대일로 정책을 전개해 나가는 데 있어 이들이 어떤 입장일 것인가를 이해하는 단초가 될 수 있다.

2. '화교'는 누구인가?

'화교'는 해외에 거주하는 중국계 이민자들을 통칭하는 말이지만 수천만 인구에 달하는 이들을 이렇게 한마디로 정의하기 어렵다. 특히 동남아시아 지역의 중국계 후손들은 오랜 기간에 걸쳐 현지화와 혼혈화가 이루어졌다. 또한 법적으로도 이들 대부분은 '화교(華僑)'가 아닌 '화인(華人)' 또는 '화예(華裔)'에 해당한다. '화교'는 청나라 말기 해외에 거주하는 중국인에게 처음으로 '화교'라는 명칭과 함께 법적 지위를 보장하면서 생겨난 말이다. 당시 국적법은 혈통주의에 근거한 것으로 "부모 가운데 어느 한쪽이 중국인이면 '어디에서 출생했든지' 자녀는 모두 중국인이다"라는 것이었다. 그 후 1980년 개정된 중화인민공화국의 국적법은 '화교'를 해외에 정착한 '중국 국적을 지닌 공민'으로 새롭게 규정했다. 이 새 국적법에 따르면 해외 국적을 가진 중국인은 '화인'으로 분류된다. 이해를 돕기 위해 한국의 경우를 보면 한국인들이 '화교'라 부르는 사람들은 1949년 이전에 주로 산동에서 이주한 중국인들과 그 후손들이므로 새 국적법에 따르면 '화인'이고, 1990년대 이후 중국 대륙에서 한국으로 이주해 우리가 '중국인'이라고 부르는 사람들이 '화교'이다.

'화교'가 하나의 독자적인 세력으로 평가받는 것은 우선 그 수가 엄청나기 때문이다. 2008년 기준 전 세계 화교·화인의 수는 공식적으로 집계한 것만

4543만 명으로 거의 한국 인구를 육박한다. 지금은 미국, 캐나다, 유럽 등 선진국부터 아프리카 50여 개국에 이르기까지 도처에 중국인들이 없는 곳이 없다. 중국인들은 도대체 언제 이렇게 많은 수가 해외로 이주하게 된 것일까?

오늘날 사람들은 이렇게 엄청난 해외 화교의 수에 놀라지만 진(秦) 왕조 이래 바다로 나갔다가 귀국이 막힌 채 동남아시아 각 항구 지역에서 뭉쳐 살았던 중국인의 규모는 17세기 초까지 10만 명이 채 되지 않았다. 대규모 이민은 17세기 초 유럽의 정복자들이 동남아시아 지역에 식민지를 건설하면서 시작되었다. 이때 화교들이 무역을 확장하는 과정에서 중국의 친척들을 대거 초청했던 것이다.

19세기 후반 흑인노예무역의 폐지로 세계시장의 노동력이 부족해지자 '쿨리(苦力)'라 불린 중국인 노동자(華工)들이 세계 여러 지역으로 이주하게 되었다. 19세기 후반까지 500만 명가량의 대규모 인력이 동남아시아 외에 아메리카, 오스트레일리아, 남아프리카 등 서방 자본주의 국가가 개척한 식민지에서 광산 개발, 철로 건설 그리고 대규모 플랜테이션 농장 노동자로 일했다.

두 번째 대규모 이동은 제1, 2차 세계대전 당시 유럽 지역에서 극심한 노동력 부족 현상을 겪으면서 이루어졌다. 당시 500만 명 정도의 중국인 노동력이 유럽 각 지역으로 송출되어 벌목, 광산 채굴, 도로 부설, 참호 건설 등 전쟁과 관련된 노동에 종사했다.

대규모 이동은 지금도 진행 중이다. 1970~2008년 동안에만 전 세계 각지로 이주한 중국인들은 1000만 명 이상이었다. 그중 홍콩과 대만의 중국인이 160~170만, 그리고 대륙의 중국인이 약 800만 명 정도이다. 목적지를 살펴보면 선진국으로의 이민자 수는 약 700만 명이고 개발도상국으로의 이민은 300만 명이다.

19세기 후반부터 중국인들이 구미 지역으로 이주하면서 화교의 동남아시아 집중 상황이 변하기 시작했지만 동남아시아에 살고 있는 화교·화인의 비율은 전 세계 화인의 73.5%로 여전히 대다수를 차지한다. 해양 실크로드상에 있는

표 10-2 중국 이주민과 이주 시기

시기	이주민 수	출신 지역	이주 지역
17세기	10만 명	남부 해안 지역	동남아시아
19세기 중반	150만 명	남부 해안 지역	동남아시아
19세기 후반	500만 명	남부 해안 지역	세계 각지
20세기 전반	200만 명	남부 해안 지역	동남아시아
20세기 중반	500만 명	중국 북부 지역	유럽
21세기 이후	1000만 명	중국 전역	선진국과 동남아시아

자료: 최승현(2007); 庄國土(2011)에 나오는 이주 내용을 도표로 정리.

인도네시아, 말레이시아, 싱가포르 3국만 해도 2000만 명에 육박한다.

이들 3국 가운데 인도네시아는 가장 많은 수인 1000만 명의 화교·화인이 있지만 현지 인구가 워낙 많은 관계로 인구비례로 보면 4.1%에 불과하고, 싱가포르는 360만 명에 불과하지만 인구가 적은 관계로 77%를 차지한다. 말레이시아는 그 중간 정도 수인 645만 명이고 현지 인구 비례는 24%이다.

3. 동남아시아 화교·화인의 특징

이들 3국에서 중국인들은 언어와 종교에서 늘 이질적인 집단이었다. 인도네시아와 말레이시아는 태국, 필리핀, 베트남, 미얀마 등 동남아시아 대륙의 국가들과 비교했을 때 상당히 유사한 언어 문화권에 있다고 할 수 있다. 싱가포르는 20세기 중후반 말레이시아에 독립 정권이 들어선 이후 내린 정치적 결정에 의해 분리된 국가이므로 말레이시아 문화권이라고 볼 수 있다. 인도네시아는 네덜란드의 식민 지배를 받았고 말레이시아와 싱가포르는 영국의 식민 지배를 받았지만 오늘날 인도네시아와 말레이시아의 공용어는 기본적으로 말레이어이며 종교도 다수가 이슬람교 신자인 이슬람 국가이다. 이러한 이질성이 상대적으로 화교 사회가 응집력을 가지게 되는 하나의 원인이 되었다.

〈표 10-3〉에서 볼 수 있는 것처럼 이 세 국가로 최근 이주해 온 신화교의 숫자는 아주 미미하다. 진정한 의미의 대규모 이민은 19세기 후반부터라고 하지만 동남아시아 화교 사회는 19세기 중반에 형성되었다고 할 수 있다. 동남아시아 화인들은 20세기 이후 이주하는 '신화교'와 달리 전통적 '화교'의 이미지가 가지는 특징들을 유지해 오고 있는데 이는 다음과 같다.

첫째, 아주 오랜 상업 네트워크를 가지고 있다는 것이다. 동남아시아 화교는 유럽인들이 동아시아에 오기 훨씬 이전부터 이 지역 일대의 상권을 장악하고 있었다. 유럽의 정복자들이 처음 동남아시아 지역에 도착했을 때 이들이 본 것은 힌두교도, 불교도, 이슬람교도의 소규모 상인들이었고 중국인들이라곤 자신들이 기항하는 항구마다 있던 빈민굴에서나 볼 수 있었다. 그러나 이 빈민굴에는 중국의 왕조가 바뀔 때마다 재산이 몰수되는 것을 피해서 탈출한 유능한 상인들이 살고 있었다. 중국 상인들은 한밤중 은밀하게 밀무역을 했기 때문에 서양인들은 부둣가의 초라한 중국인 상점들이 국제적인 대규모 거래의 전초기지이자 대리점이며, 중국 상인들의 거대한 네트워크가 동남아시아 지역을 온통 거미줄처럼 뒤덮고 있다는 사실을 전혀 눈치 채지 못했다.

둘째, 이주자의 대부분이 중국 남부 지역의 몇 개 마을 출신이라는 것이다. 동남아시아 화교들에게 출신지가 푸젠성인가 또는 광둥성인가 하고 묻는 것은 '아시아 출신'이냐 또는 '유럽 출신'이냐고 묻는 것과 같다. 화교 사회에서는 동향 출신 이외에는 모두 외국인과 다름없기 때문에 어느 마을 출신인가가 중요하다. 대부분 화교들의 고향은 4개의 강 주변에 소재한 몇 개 마을이다.

역사 속 오랜 시간 동안 중국 남부 지역 출신자들은 가족, 일가, 지역, 방언을 중심으로 뭉쳐서 자급자족의 생활 형태를 유지해 왔다. 예를 들어 광둥성 동부 지방의 차오저우(潮州)인들은 차오저우와 산터우(汕頭) 내의 7개 현(〈그림 10-2〉) 출신으로 조직에 대한 충성심과 단합력이 매우 뛰어난 사람들로 평가된다. 현 조직 대표들은 동향인들에게 재정적인 뒷받침을 해주며 복지사업도 시행한다. 이들은 지금도 자신들의 방언을 사용해 전 세계에 흩어져 거주하는 동

표 10-3 동남아시아 3국 화교·화인 분포 및 현지 인구 중 점유비율

국명	연도	인수	현지 인구비례	신이민 수
인도네시아	2007	1000만 명	4.1%	10만 명
말레이시아	2006	645만 명	23.7%	10~15만 명
싱가포르	2007	360만 명	77.0%	35만 명

자료: 庄國土(2009: 163)을 정리.

향인들과 결속을 다지고 있다.

셋째, 일찍부터 세계적인 상업 네트워크를 발전시켜 왔다. 동남아시아 화교들은 유럽인들의 중개인 역할을 하면서 이들이 가는 곳에 함께 따라 다니면서 동남아시아 수준의 무역망을 전 세계로 확장했다. 가령 스페인과 포르투갈은 1573년부터 자신의 수중에 있던 필리핀의 마닐라와 멕시코의 아카풀코를 포르투갈의 수도 리스본과 연결시켜 당시 세계 최대 규모의 무역망을 건설했다. 그러나 실제 마닐라에서 아카풀코로 향하는 무역선에는 마닐라 현지의 상품은 거의 없고 중국과 일본의 비단, 도자기가 주류를 차지하고 있었다. 동남아시아의 중국인들은 이 상품들을 가지고 마카오에서 마닐라로, 그리고 마닐라에서 아카풀코로 이어지는 무역망을 통해 수익을 얻었고 현지에 점포를 개설했고 남미의 차이나타운도 이 시기에 만들어지기 시작했다.

이와 같이 중국 대륙에서 왕조가 바뀔 때마다 새로운 왕조의 박해를 피해서 고향을 떠난 화인들은 뛰어난 상업적인 수완과 동향인들의 결집력을 바탕으로 동남아시아를 넘어 세계적인 상업 네트워크를 만들었다. 바로 이러한 특징 때문에 유럽의 정복자들도, 그리고 그 후에 독립 정부를 수립한 현지 정권도 화인들을 경계하며 갖은 방법으로 규제와 차별 정책을 실시했다. 그렇지만 역설적으로 동남아시아 화인들은 식민 통치 시기 식민지 정권의 중개인으로 많은 부를 획득했고, 또 이 지역이 식민모국에서 분리되어 독립국가가 된 이후에는 대기업으로, 거부로 성장했다.

그림 10-2 출신지별로 본 화교 숫자　　　　　　(단위: 만 명)

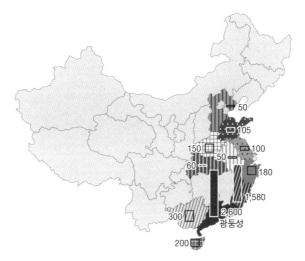

50
105
150　　100
50
60
180
1,580
300　　2,600
광동성
200

자료: 新浪网(2019.11.5).

4. 정치권력의 차별 정책하에서의 경제적 성공

인도네시아의 네덜란드 식민 정권은 중국인들을 중개인으로 삼아 세금을 거두어들이는 등 중국인을 이용해 원주민들을 통치했지만 중국인들의 밀무역 행위가 적발되면 이들에게 손해배상금 조로 거액의 벌금을 부과했고 때론 추방하기도 했다. 1740년에는 추방에 반대하는 중국인들을 1만 명 이상 학살한 적도 있다.

영국 식민지였던 말레이반도에서는 1920년대 중국인의 수가 200만 명을 넘어서자 식민지 정권은 이들을 관리하기 위해 갖가지 인종차별정책을 실시했다. 예를 들어 농지를 소유할 수 있는 권리와 공직의 기회는 오직 말레이인들에게만 주었다. 또 화교 상인들이 현지 상품을 두고 유럽 상인들과 치열한 경합을 벌이자 중국 상인들이 취급할 수 있는 품목을 중국산 제품으로 한정시켰고 중국인들을 강제 이주시켜 한 지역에 모여 살도록 했다.

식민지 기간이 끝나고 인도네시아와 말레이시아에 독립 정권이 들어선 이후 이 두 나라의 화교 사회는 차이를 보이기 시작했다. 인도네시아에서는 화교들이 수카르노 정권하에서 '중국인'이라는 정체성을 가지고 중국공산당을 지지하며 현지 공산화 운동에 동참했다. 그러나 이후 쿠데타를 일으킨 수하르토 군부에 의해 대량 학살되었고 정치와 경제활동에서 배제되었다. 이때 수하르토 정권은 중국어와 중국어 교육을 금지시키고 이름도 말레이어로 개명시키는 등 폭력적인 동화정책을 펼쳤다. 반면 말레이시아에서는 독립 정권 초기에는 인종적 충돌로 많은 중국인들이 살해되기도 했지만 화교들이 '마화(馬華)공회'라는 정당을 만들어 정치 활동에 참여함으로서 중국 학교와 중국 문화를 잘 유지해 오고 있다.

그렇다면 이러한 갖은 차별에도 불구하고 화교들은 어떻게 사업과 부를 키워나갈 수 있었을까? 그 이유는 식민 정권이건 인도네시아의 군부 정권이건 간에 사업적인 감각과 기반을 가진 화교들을 무시할 수 없었기 때문이다. 권력자들에게 중국인들의 세력 확장은 반갑지 않은 것이었지만 식민 정권은 식민 지배를 쉽게 하기 위해, 또 현지 정부는 신생국의 경제발전을 위해 화교의 자본과 기술과 네트워크가 필요했다. 가령 인도네시아 군부는 한편으로는 화교들을 공산주의자라 해 대량 학살했으면서도 다른 한편으로는 자신들을 부자로 둔갑시켜준 화교를 '추콩'이라 부르며 대우했다. 그런 측면에서 수하르토 대통령의 막역한 친구 린샤오량(林紹良)은 추콩 중의 추콩이었다. 린샤오량은 과거 수하르토가 대령으로서 식민지 종주국인 네덜란드와 대항하던 1940년대부터 수하르토와 그 휘하의 장교들에게 밀수에서부터 혁신적인 치부 방법과 재산의 해외 은닉 방법 등을 가르쳤다. 수하르토 시대에 현지 국적을 취득한 화인을 '페라나칸(peranakan)'이라 부르는데 이들이 운영하는 기업들은 정치권, 행정부 또는 군부와의 유착을 통해 인도네시아 경제를 주름잡는 재벌로 성장했다. 유착의 형태는 다양했지만 살림(Salim)그룹, 아스트라(Astra)그룹, 리포(Lippo) 그룹 등

수하르토 시대 최상위 재벌 집단은 대개 국가 엘리트와 유착해 축재한 화인 자본가들의 소유였다.

말레이시아의 경우 영국의 원주민 우대정책을 펼치며 중국인들을 차별했지만 식민 지배가 끝날 즈음 이미 백만장자가 된 중국인들[19세기 이름을 날렸던 탄 킴셍(Tan Kim Seng), 탄톡셍(Tan Tock Seng), 왐포아(Whampoa)]이 수백 명 있었다. 1957년 말레이시아에 독립 정권이 들어선 이후 많은 중소형 화교 가족기업이 대기업 집단으로 성장했는데 이는 화교 상인들 간의 강력한 네트워크와 더불어 기술 활용을 통해 시장을 주도한 비즈니스 능력에도 기인하지만 무엇보다 말레이시아 정부의 보호가 중요한 역할을 했다.

1969년 말레이시아 수도 쿠알라룸푸르에서 선거 승리 축하 행진을 하던 중국계와 말레이계 간의 충돌로 수백 명의 사상자가 발생한 적이 있지만 이 사건 이후 1971년부터 1990년까지 추진된 신경제 정책(New Economic Policy: NEP)의 영향으로 경제 영역에서 인종차별이 줄어들면서 집권 여당 연합의 핵심정당인 '통일말레이국민조직(United Malays National Organization: UMNO)'과 친했던 화교 자본가들이 백만장자로 등극했고 1991년 신경제 정책이 국가발전 정책(National Development Policy: NDP)으로 변경되면서 말레이계가 경제의 중심으로 진입하자 화교 자본가들은 이들과 협력하면서 축적해놓은 자본을 성장시키는 구조로 변경했다.

말레이시아 화상 자본 1위인 로버트 곽(Robert Kuok)의 부상은 이러한 과정을 잘 보여주고 있는데 그는 유력 관료와 친분을 쌓고, 말레이게 사업파트너들을 중소 주주로 섭외해 효과적인 비즈니스 네트워크를 구축했다. 1959년 말레이제당을 설립한 그는 이를 바탕으로 사업 영역을 일본과 서구로 꾸준히 확장해 대기업으로 성장했다.

말레이시아의 화인들은 현재 비즈니스와 상업 분야의 70%를 장악, 국세의 90%와 국민소득의 60%를 담당하고 있어 "정치는 말레이계가 좀 더 우세해도 경제는 화인이 완전 장악"했다고 평가된다. 정치적으로도 말레이시아 화인들은 '마화공회'라는 정당을 만들어 정치에 참여해 의회 의석의 5분의 1 정도 차지한 바 있고 화교가 내각부장에 임명되기도 했다.

인도네시아와 말레이시아를 비교해 보면 인도네시아에서는 화교를 정치 활동에서 완전히 배제하면서 화교가 더욱 경제활동에 집중했고 군부와의 뒷거래를 통해 대재벌로 성장하게 되었고 말레이시아에서는 어느 정도의 정치 활동을 하면서 여당 정부와 협조해 정부의 경제발전 정책을 함께 수행하면서 경제적 성장을 했다고 할 수 있다. 그러나 경제적인 영향력을 가지게 된 화교는 간접적으로 정치권에 미치는 입김이 강할 수밖에 없다. 말레이시아에서는 수상이 나서서 화교 상권의 국가성장에 대한 기여와 중요성을 공개적으로 인정하면서 국가와 경제성장에 더 적극적으로 나서줄 것을 주문하는 상황이다.

5. 중국 정부의 화인을 향한 러브콜

이와 같이 동남아시아 화인의 존재와 그들의 경제력 및 네트워크는 21세기에 일대일로 정책을 통해 세계를 중국의 권역에 포함시키려는 중국 정부가 관심을 가지기에 충분한 요건들이다. 중국이 일대일로 기획을 전개하면서 동남아시아 국가의 화교에게 동참을 호소한 것은 이러한 화교·화인 인구의 크기뿐 아니라 동남아시아 국가에서 이들이 가지고 있는 경제력을 염두에 두었기 때문이다.

오늘날 해양 실크로드상에 있는 동남아시아 3국의 현지 상권과 부의 대부분은 화상(중국 출신 기업인)들이 장악하고 있다고 해도 과언이 아니다. 중국 대륙의 화교 신문인 중국신문사(中國新聞社)가 2008년 1월 17일 발표한 2007년 '세계화상 발전 보고'에 따르면 해외 화상들이 보유하고 있는 자산 총액은 3조 7000억 달러이며 이 가운데 3조 2000억 달러가 아시아 지역에 있다고 한다. 전 세계적으로 10억 달러 이상의 부를 소유하고 있는 부호 1000명 가운데 중국 화상은 110명 수준으로 전체 10% 이상을 차지한다. 또한 아시아 10대 증권 시장에 상장된 1000대 기업 중 517개가 화상 소유인데 이들 기업의 총자산은 5500억 달러에 달한다.

또한 일본 후지쓰연구소가 동남아시아 5개국의 상장 주식 가운데 화상이 보유한 주식의 점유비율을 조사한 결과를 보면 싱가포르 81%, 인도네시아 73%, 말레이시아 61%의 주식을 화인들이 보유하고 있는 것으로 나타났다. 화상 기업의 경우 싱가포르는 기업의 80%를 점유했고, 말레이시아 10대 부자 중 8명이, 그리고 인도네시아의 상위 10대 재벌은 전부 화인인 것으로 나타났다.

19세기 후반 청 왕조가 '버린 백성'이라 불렀던 해외 중국인을 처음으로 '화교'라는 고상한 이름으로 바꿔 부르며 중화민족의 일원이라고 추켜세웠던 이유도 당시 근대화 운동을 추진하려 했던 청 왕조에게 화교가 가지고 있었던 자금과 정보력, 그리고 조직력이 필요했기 때문이다. 그 후 100년이 지나 개혁개방 정책을 실시하면서 해외투자가 절실히 필요했던 때도 중국 정부는 화교의 자본을 유치하기 위해 적극적인 화교 정책을 폈다.

개혁 초기에는 전체 화교 가운데 90% 이상이 '외국 국적의 중국인(外籍華人)'이기 때문에 중국 정부는 이들 문제에 조심스럽게 접근했다. 당시 중국 정부는 해외 화인들의 중국 내 친척들을 '화교 가족'으로 인정해 외국 국적 화교가 친척들을 매개로 중국에 정서적인 친근감을 느끼도록 했다. 또한 화인들이 비교적 많이 거주하는 지역에 중국 영사관을 설치해 현지의 각종 화교 단체를 지원하고, 이 단체들을 통해 중국의 정치, 경제의 발전 상황을 선전했다.

개혁 초기 중국 정부가 선전(深川), 주하이(珠海), 산터우, 샤먼(廈門) 등 동남아시아 화인들의 고향에 4대 경제특구를 설립한 이유도 그들의 자본을 끌어들이려는 목적 때문이었다. 그 후 중국은 세계적 규모의 화교 대회를 개최하거나 지원해 화상들이 중국에 관심을 가질 것을 촉구했다. 화교 상인들은 지난 30여 년간 100차례 이상에 달하는 대규모 국제대회 개최로 조직력을 과시하는데 그 가운데 2년 주기로 4일간 진행되는 '세계화상대회'는 그중 가장 규모가 크고 영향력 있는 행사이다. 1991년 8월 싱가포르에서 수상 리콴유의 주도하에 처음 개최된 이 대회는 그 후 홍콩, 방콕, 밴쿠버, 멜버른, 난징(2001년), 쿠알라룸푸르, 서울(2005년) 등지에서 열렸다.

중국은 이 대회 초기부터 전폭적 지지를 보여왔다. 특히 2001년 중국 난징에서 개막된 제6회 세계화상대회에는 당시 총리였던 주룽지(朱鎔基)와 리루이환(李瑞環) 중국인민정치협상회의 주석 등 고위급 정치지도자들이 대거 참석해 해외 화상들에 대한 중국 정부의 기대를 내비쳤다. 개막 연설에서 주룽지 총리는 21세기 신중국 건설에서 화상들의 중추적 역할을 해줄 것을 주문했고 리루이환은 세계경제에 대한 중국 경제의존도가 날로 높아가는 상황에서 세계 각국에 포진해 있는 화교들의 네트워크 중요성이 확대되고 있음을 강조했다.

그 후 세계화상대회는 그로부터 12년이 지나 시진핑 국가주석이 중앙아시아와 동남아시아 국가들을 순방하며 일대일로 기획을 널리 공표하던 2013년 중국에서 다시 개최되었다. 청두에서 열린 이 대회는 중국 정부의 전폭적 지원에 힘입어 105개 국가와 지역에서 3000여 명의 인원이 참가했다.

당시 시진핑 국가주석이 이 대회에 보낸 축하서신에는 아직 '일대일로' 기획이 언급되지는 않았다. 다만 서신에서 시진핑은 '두 개의 100년'을 언급하며 "중국의 꿈을 실현하는 것은 해외 중화 자손의 공통된 염원이니 중화 민족의 위대한 부흥을 실현하는 과정에 동참하자"라고 호소한다. 그 후 이 대회는 2015년에는 인도네시아 발리, 그리고 2017년에는 미얀마에서 열렸는데 '일대일로' 건설에 관한 내용이 처음으로 언급된 것은 미얀마에서 열린 대회에서였다. 이 대회에서 위정성(兪正聲) 중국인민정치협상회의 주석은 축하 서신을 통해 "일대일로 건설은 세계 경제 발전에 새로운 활력을 불어넣을 수 있는 기획이니만큼 해외 화인들도 이 기회를 포착해 함께 협력하며 사업의 발전을 이루며 중화 민족의 위대한 부흥이라는 중국의 꿈을 함께 이루어나가자"라고 말했다.

6. 일대일로 기획에 대한 동남아시아 화인들의 생각

동남아시아 3국에서 일대일로 계획이 실행되는 데 있어서 이곳에 거주하는 화인들에게 중국의 동참 호소는 어떻게 받아들여질까?

사실 이들은 법적으로 중국 국적을 완전히 포기한 현지 국민들이다. 1965년 중국 정부가 동남아시아 국가들과의 외교적 마찰을 피하기 위해 화교들에게 현지 국적을 취득하라고 했을 때만 해도 이 지역 화교들은 현지 원주민과 다른 정체성으로 인해 중국 국적을 유지하고 있었다. 그러나 원주민들이 화교의 재산을 약탈하고 학살하는 사건들이 발생했을 때 중국 정부가 전혀 관여하지 않았을뿐더러 중국 내에서도 '귀국 화교'에 대해 부르주아적 사고를 가졌다고 비판하며 재산을 몰수하는 것을 보면서 결국 중국 국적을 포기하고 현지 국적을 취득했다. 지금은 전체 화교 가운데 90% 이상은 이미 거주하고 있는 국가 소속의 국민으로 살아가고 있다. 이는 이들이 충성할 대상이 현지 국가임을 뜻하는 동시에 중국과의 정치적 관계는 단절되었다는 것을 의미한다.

그러나 현지 국적을 취득했다고 해서 동남아시아 화인들이 현지 국가에 충성할 것이라고 단정하기는 어렵다. 앞에서 살펴보았듯이 동남아시아 화인들은 현지 정권의 다양한 차별을 받았기 때문이다. 과거 동남아시아 지역 화교의 90%가 전쟁을 경험했고, 40%가 정치적 재난을 겪었으며, 32%가 집을 잃거나 빼앗긴 경험이 있다고 한다. 이렇게 박해를 경험한 화교들의 유전자에는 더 이상 정치 권력자들의 말은 있는 그대로 믿어서는 안 된다는 사실이 각인되어 있을 것이다.

그 과정에서 화교·화인들은 자신의 생명과 재산의 보호를 위해 더욱더 차이나타운으로 모여들어 왕(王)씨, 진(金)씨 등의 혈연, 푸젠방, 광둥방 등의 지연에 기대어 조직의 보호하에서 조직에 대한 의무를 다하면서 국가권력이 제공하지 못하는 보호와 발전의 근거를 획득했다. 또 다른 한편으로는 국가 단위 내에서 재산 몰수나 생존의 위협이 있을 때는 국가를 넘어 국제적인 도피 통로를 모색한다.

지금도 동남아시아 각국에서는 민족 간의 갈등이 드러날 때마다 반화교 소요 사태가 수시로 발생한다. 그리고 이런 일이 있을 때마다 화인들의 자본은 해외로 유출된다. 특히 인도네시아는 화인들에 대한 현지인들의 경계심이 심해 중국계 화인의 탈국가적 성향이 뚜렷해 화인 자본은 해외에 분산되어 있는 경향이 심하다.

결론적으로 동남아시아 화상들은 그들이 살고 있는 지역의 정부를 무시하지는 못하겠지만 그렇다고 국경 개념에 얽매이지 않는다. 다만 수익을 취할 수 있는 여건이 조성되면 사업에 뛰어들고 아니면 자본을 이동시킨다. 이 과정에서 동남아시아 중심의 화교 네트워크는 유럽, 아메리카, 오스트레일리아 등지로 확대되고 화교 네트워크의 탈국가적 성향은 더욱 확대되었다. 인도네시아를 떠나 캐나다에 정착한 화교를 통해 인도네시아 화교 조직과 캐나다 화교 조직이 연결되고 말레이시아를 떠나 미국에 정착한 화교를 통해 말레이시아 화교 조직과 미국의 화교 조직이 연결되는 식이다.

그렇지만 이를 역으로 해석하면 중국이 화상에게 우호적인 환경을 조성하면 다시 중국에 관심을 가지고 투자할 수도 있다는 뜻이 된다. 화상들은 이미 개혁 초기 외국자본이 중국에 대해 의심의 눈초리를 보내고 있을 때 선봉에 서서 1979~1991년 사이 총 179억 3000만 달러를 중국에 투자(외국인 전체 투자의 66%)한 바 있다. 특히 톈안먼 사태 이후 세계 다른 나라들이 투자를 꺼리던 1992~1997년 사이에는 더 많은 투자가 이루어져 당시 화상의 투자액이 1212억 달러에 이르렀다. 이 시기 화상이 중국에 가져온 것은 자본뿐만은 아니었다. 선진 관리 경험과 기술도 동시에 전파했고 그들이 갖고 있던 세계 각지의 상업 네트워크도 활용되었다.

동남아시아 화인들은 특히 고향 마을들이 포함되어 있는 광둥성과 푸젠성에 대한 투자에 더욱 적극적이었다. 광둥성은 개혁 이후 1200억 달러에 달하는 화교 자본을 유치했고 푸젠성의 경우 3만 개의 외자기업 중 화상 기업이

70%를 차지할 정도이다. 2008년 말 현재 중국이 유치한 외국자본 6598억 달러의 60% 이상이 화상 자본이며, 55만 개 외자기업의 70%가 화상 기업이다.

화상들은 일대일로 기획에 대해서도 같은 생각을 가지고 접근할 것이다. 역사적으로 이민 모국인 중국이 등을 돌렸던 경험을 수차례 해온 화교들로서는 시진핑이 주문한 것처럼 '중화 자손으로서' '중화 민족의 위대한 부흥을 실현'한다는 고상한 목적보다는 이 기획에 참여해 얻게 될 경제적 이익이 있다고 판단할 때 동참할 것이다. 개혁 초기부터 40년 동안 중국에 투자해서 이익을 본 화상 기업이라면 다른 나라 사람들보다 중국식 '관시(關係)'에 더 정통할 것이니 이 또한 화상의 또 다른 사업 능력이 되었다고 할 수 있다.

게다가 해양 실크로드가 지리적으로 가까운 동남아시아 국가부터, 항구 건설 등 바닷길 유통에서 시작된다는 것인데 동남아시아 해양 도서 국가의 10대 화상 기업들의 면면을 보면 여기에 참여해 사업 기회를 확장할 만한 회사들이 다수 포진해 있다. 가령 고속철도 운송 기업인 말레이시아의 '여티옹레이그룹 유한공사(楊忠禮機構有限公司)'와 다수의 금융 관련 기업들〔말레이시아 '대중은행 유한공사(大衆銀行有限公司)', 인도네시아 '범인도네시아 은행(Pan Indonesia Bank)', 싱가포르 '화교은행 유한공사(華僑銀行有限公司)'와 '대화은행 유한공사(大華銀行有限公司)'〕이다 (KOTRA, 2011). 특히 이들 금융 집단은 동남아시아 화인들의 분산된 자본을 통해 성장한 기업으로 해양 실크로드와 같은 세계적 기획에 참여하면서 동남아시아 화인들의 사업을 키우고 다양화하는 데 기여할 수 있다.

7. 중국의 꿈은 모든 중화 자손의 꿈인가?

현재 중국 정부가 동남아시아 3국에서 진행하고 있는 사회기반시설의 건설은 단기, 중기, 장기 계획의 단기 부분에 해당하는 부분이다. 중국은 공산당 성립 100주년 되는 첫 번째 100년(2021년)에 대상 국가들과의 협력 외교를 통해

(政策溝通) 항구와 도로를 건설(道路聯通)하고, 중기적으로는 이러한 사회기반시설을 통해 자유무역을 더욱 확대(貿易暢通)해 상호 경제발전을 하는 윈윈 전략을 달성한다는 계획을 가지고 있다. 그리하여 종국적으로 두 번째 100년(2049년) 시기에 이르러 위안화 중심의 금융 환경이 조성되면(貨幣流通) 이들 지역과 이익공동체, 운명 공동체, 그리고 책임 공동체가 되어 중국과 중국 문화가 환영받는 단계(民心相通)가 되는 것이다.

동남아시아 국가의 화상들로서는 이들이 종사하고 있는 분야가 주로 무역과 유통, 그리고 금융업 등이기 때문에 도로 연통, 무역 창통, 그리고 화폐 창통을 실현하는 데 상당한 역할을 할 수 있다. 지금까지의 화교·화인의 역사를 보면 그들이 중화 자손으로서 중화 민족의 위대한 부흥을 이루자는 중국 정부의 구호에 동참한다기보다는 그저 사업 확대의 기회로 보기 때문일 것이다.

더 나아가 이 지역의 화인 인구는 최종 단계인 '민심 상통'에도 기여할 수 있다. 특히 말레이시아와 싱가포르처럼 '차이나타운'을 중심으로 중국어 교육과 중국어 신문 발행 등 중국 문화의 보존이 잘 이루어지고 있는 나라에서는 다른 지역보다 중화 문화를 전파하기가 용이할 것이다. 그렇지만 이들 나라에 다른 언어를 사용하고 이슬람을 믿는 인구가 더 많으니만큼 일대일로 기획을 통해 드러나는 중국의 꿈이 중국의 통제 야욕으로 비쳐지는 순간 반발에 부딪칠 수도 있다. 중국의 소프트파워가 민심상통의 단계로까지 작동하려면 그 이전의 네 가지 단계를 지나는 동안 중국이 확실히 '공동체'로 행동한다고 생각할 수 있게 해주어야 할 것이다.

참고문헌

김창도. (2009). 「화상 네트워크, 모국과 상생」. ≪친디아 저널≫, 48~50쪽.

민귀식. (2019). 「중국의 해상실크로드와 항만네트워크전략」. 일대일로 건설과 동북아지역 합작 2019년 4월 한양대학교 한중학술회의 발표문. 33~50쪽.

복덕규. (2014.10.6). "말레이시아 화교의 역사와 현황 그리고 관계 맺기". KOTRA 해외시장 뉴스.

시그레이브, 스털링(Sterling Seagrave). (1997). 『보이지 않는 제국, 화교: 중국인 이야기』. 원경주 옮김. 서울: 프리미엄북스.

왕왕버(王望波). (2009). 「4천 5백만 화교들의 화려한 활약」. ≪친디아 저널≫, 45~47쪽.

최승현. (2007). 『화교의 역사 생존의 역사』. 인천: 도서출판 화약고.

KOTRA. (2011). 『중국 화상경제권 현황 및 활용방안에 대한 연구』.

庄國土. (2006). 「近20年福建長樂人移民美國動機和條件」. ≪華僑華人歷史研究≫, 2006年 第1期.

_____. (2009). 「東南亞華僑華人數量的新估算」. ≪廈門大學學報≫, 2009年 第3期, pp.61~66.

_____. (2011). 「世界華僑華人數量和分布的歷史變化」. ≪世界歷史≫, 2011年 第5期, pp.4~14.

張塞群. (2017). 「華僑在海上絲綱之路中的歷史作用及其運行機制研究 — 以印度尼西亞爲考察對象」. ≪華僑華人研究報告≫, pp.112~132.

祝哲 等. (2017). 『新戰略, 新遠景, 新主張 — 建設21世紀海上絲綱之路戰略研究』. 海軍出版社.

新浪网. (2019.11.5). http://k.sina.com.cn/article_5502315099_147f6aa5b00100jh88.html?from=news (검색일: 2021.6.13).

Arase, David. (2015). "China's Two Silk Roads Initiative: What it Means for Southeast Asia." *Southeast Asian Affairs*.

Heinberg, John D. et al. (1989). "The Process of Exempt Immediate Relative Immigration to the United States." *International Migration Review*, Vol.4.

제11장

탈중국을 위한 대만 남향 정책의 지속과 변화[*]

김수한 | 인천연구원 경제·환경연구부 연구위원
김선재 | 국회도서관 의회정보실 해외자료조사관

1. 서론

아세안을 비롯한 동남아시아 국가들의 빠른 경제성장과 지정학적 가치의 증대로 인해 많은 나라들이 이들과의 교류 증진과 협력을 위한 노력을 기울이고 있다. 대만 역시 동남아시아 국가와의 다각적 교류·협력을 통해 자신들의 국가이익을 달성하고자 하는 정책적 노력을 리덩후이 정부 이후 현재까지 지속하고 있다. '남쪽을 향한'으로 명명되는 이 같은 남향(南向) 전략은 현재 신남향 정책(新南向政策, New Southbound Policy)으로 발전했다. 1970년대 초반부터 시작된 미국과 중국의 화해·협력이라는 대외 환경에서 국제적 고립을 극복하고 증대되는 중국의 끌어당기는 힘에서 벗어나기 위한 남향 정책은 대만의 주요 대외 전략으로 자리를 잡아왔다.

대만의 남향 정책은 한국 문재인 정부의 주요 대외 전략 가운데 하나인 신남방 정책과 유사한 제기 배경 및 대상 지역과 국가 등으로 인해 비교 분석의

---

[*]   이 글은 ≪Analyses & Alternatives≫, 제6집, 제1호(2022.3)에 발표한 논문을 대폭 수정·보완한 것이다.

대상으로서 학계의 주목을 받아왔다. 즉, 과도한 중국 의존을 벗어난 경제·산업적 다각화라는 공통의 제기 배경을 갖고 있으며 아세안 소속 국가들을 대상으로 한 대외 전략이라는 점이다. 이혁구(2019)는 과도한 중국 의존을 벗어나고자 잠재력이 큰 아세안 시장에 주목한 점이 한국과 대만의 대동남아시아 정책 실행의 공통된 배경이지만, 각국이 갖는 경제·산업적 강점 및 동남아시아와의 교류 협력 기반 등의 조건으로 인해 접근 방법에 있어 일정한 차이가 있음을 제기하고 있다. 예컨대 한국의 경우 기술이전 등 부문에서 아세안 국가들과의 공감대가 형성되고 있으며, 한국·아세안 FTA와 역내 포괄적 경제 동반자 협정(RCEP) 등 기존에 구축한 플랫폼을 적극적으로 활용할 필요가 있다고 지적했다. 반면 대만은 아세안 국가들과 무역과 투자, 자원, 관광, 인재 교류 등 전방위적인 협력 강화를 목표로 하며, 이 과정에서 일본과의 협력을 중시한다고 분석했다. 특히 대만의 대외 환경, 즉 아세안 국가들과의 제도적 협력 기제(공식적 수교)가 부족한 점이나, 중국의 압박이 심화하고 있는 점 등의 요인으로 인해 성과가 제한적이라고 평가했다. 이권호(2019) 역시 대만이 동남아시아 국가와 교류하는 데 있어 대외적 요소, 즉 중국과의 관계가 가장 큰 제약 요인임을 지적하고 있다.

이 밖의 많은 연구 역시 대만 남향 정책의 변화와 발전 과정을 긍정적으로 평가하면서도 대외 환경으로 인해 제약받고 있다는 점을 공통으로 제시하고 있다. 쉬준츠(徐遵慈, 2018)는 그동안 진행된 대만의 남향 정책이 주로 경제·산업적 목표에 집중해 있고, 그 대상 역시 대만과 지리적으로 인접한 일부 아세안 국가에 한정해 있었던 반면 차이잉원 정부의 신남향 정책은 인본 정신을 중심에 둔 공공외교 성격을 지니고 있으며 협력 대상 역시 남아시아로 확대되었다는 점 등에서 차이가 있다고 평가하고 있다. 마스턴과 부시(Marston and Bush, 2018) 역시 최근 신남향 정책이 대만이 보유한 선진기술을 바탕으로 의료 분야 협력 등으로 교류 분야가 확대되었음을 중요한 성과로 보고 있다. 그러나 이들 연구는 신남향 정책의 성공을 위해서는 아세안 협력을 둘러싼 중국과의 경합

등의 한계 요인을 어떻게 극복할 것인지가 과제로 남아 있음을 지적한다. 쉬준츠(徐遵慈, 2018)는 아세안과 무역 파트너 관계를 구축한 중국이 대만 견제를 시도하는 이른바 중국 요인으로 인해 신남향 정책이 도전에 직면해 있다고 분석했다. 양웨이런(楊惟任, 2018)은 양안 관계가 신남향 정책 성패의 관건이라면서, 정책이 성공하기 위해 대만 정부는 양안 간 대화 재개를 검토해야 한다고 강조했다. 한 걸음 더 나아가 중국이 추진하는 일대일로 전략에 참여함으로써 중국과 경제적 상호 원원의 협력 공간을 창출해야 한다고 주장한다.

중국과의 교류 협력을 확대하는 동시에 싱가포르 및 뉴질랜드와 자유무역협력을 체결하는 등 실리적 남향 정책을 추진했던 국민당 마잉주 정부와 달리, 중국은 차이잉원 정부에서 추진하고 있는 신남향 정책을 지속해서 견제하고 있다(Marston and Bush, 2018). 헉슬리(Hawksley, 2019)는 대만의 대중국 경제의존도가 점차 감소하는 등 신남향 정책의 성과가 나타나고 있지만, 이 역시 중국의 견제로 인해 한계에 봉착할 수 있음을 지적하고 있다. 중국은 충분히 대만의 신남향 정책과 관련해 대만에 더 큰 피해를 주는 선택을 할 수 있지만, 이러한 선택이 '양안의 통일'과 '자비롭고 신뢰할 수 있는 초강대국'이 되고자 하는 중국의 야망과는 맞지 않기 때문에 실행하지 않는 것이며 이것이 중국이 놓인 딜레마라는 것이다. 이처럼 많은 연구가 중국과의 협력을 배제한 상태에서 진행하는 남향 정책의 큰 성과는 기대하기 어렵다는 결론으로 귀결되곤 한다.[1]

이 글의 목적은 균형(balancing)과 편승(bandwagoning)의 관점에서 대만의 주요 대외 전략인 남향 정책의 변화 양상과 특징을 분석하고 차이잉원 정부의 신남향 정책이 갖는 의미가 무엇인지를 살펴보는 데 있다. 리덩후이 정부 때부터

1 　차이잉원 집권 초기 제기된 신남향 정책을 분석하고 있는 시딩사(史丁華, 2017)는 독립 지향의 민진당 신정부가 의욕적으로 제창한 신남향 정책은 의심할 여지 없이 마잉주 집권기 밀접해진 양안 관계를 경계, 양안 분단의 현황을 유지하는 가운데 점진적 독립을 추구하고자 하는 민진당 정부의 전략적 의도를 담고 있으며 양안 관계 발전을 저해한다고 비판하며, 중국을 배제할수록 신남향 정책의 성과는 제한적이고 대가는 클 것이라고 경고하고 있다.

시작된 대만 남향 정책은 시기별 주요 내용 및 특징은 무엇일까? '하나의 중국' 원칙을 받아들이지 않음으로써 정치적으로 중국과 갈등을 겪고 있는 차이잉원 정부의 신남향 정책은 기존 남향 정책과 비교했을 때 어떤 국내외 여건과 목표, 그리고 접근 방법을 수립했을까? 그리고 차이잉원 정부의 신남향 정책은 성공할 수 있을 것인가? 이 글은 이 같은 질문에 답하는 데 있어 많은 선행 연구와 마찬가지로 대만 신남향 정책에 강하게 영향을 미치는 대외 환경 변화에 주목한다. 그러나 이 연구에서는 대만 남향 정책을 탐색하는 데 있어 미국과 중국의 관계 및 변화 양상에 주목해 논의를 진행해야 함을 강조하고자 한다. 대만의 대외 환경이 중국과의 관계로 크게 제약을 받는 것은 분명한 사실이지만, 대만해협 및 동아시아 국제질서를 규정하는 가장 핵심적인 요인은 미국과 중국의 관계이며 양안 관계 역시 이로부터 영향을 받는다. 따라서 대만의 대외 정책, 특히 탈중국을 중요한 목표로 삼는 남향 정책을 관측하는 데 있어서 미·중 관계의 변화를 기본적인 이해의 배경으로 삼을 필요가 있다.

이 연구의 논지를 미리 밝히면 다음과 같다. 1970년대 소련의 위협을 견제하고자 하는 공동의 전략적 목표에 기초한 미국과 중국의 전격적인 화해와 관계 정상화로 인해 대만은 국제적으로 고립되기 시작했으며 대외 관계 역시 크게 제약을 받았다. 1980년대 본격적인 신(新)데탕트 시기에 진입한 이후에도 미·중 관계는 큰 틀에서 협력적 관계를 유지·발전시켰다. 1989년 톈안먼 사태 그리고 대만에서의 정치적 민주화로 인해 여건이 변화했음에도 불구하고 미·중 관계는 조정기를 거쳐 2000년대 초반까지 협력 기조를 유지했다. 미국과 중국이라는 강대국 관계로 강하게 영향을 받는 역내 질서에서 양안 관계의 현상을 변경하고자 하는 대만의 시도는 중국은 물론 미국과 동맹국으로부터도 지지를 받을 수 없었다. 이는 탈중국을 위한 대만 대외 정책의 외부 환경이 매우 취약함을 의미한다. 따라서 대만의 대외 정책은 중국과의 협력 또는 중국의 묵인을 전제로 한 상황에서 비정부 및 비정치적 분야를 위주로 전개될 수밖에 없다는 한계를 가진다. 그러나 아시아 재균형 전략을 추진한 오바마 행정부,

그리고 트럼프 집권기 미·중 관계의 변화는 대만에 있어 새로운 대외 정책 실행에 기회를 제공했다. 1970년대 이후 미국의 대만 정책의 기조는 '전략적 모호성'이었다. 즉, 하나의 중국 원칙을 인정하되 양안 문제의 평화적 해결을 견지하고 이를 위한 대만과의 교류를 지속하는 미국의 정책이 점차 변화하고 있으며 이를 기회로 활용하고자 하는 대만의 적극적 행보가 나타나기 시작한 것이다. 대만 정부는 중국으로의 과도한 의존을 탈피하기 위한 분산(남향 정책을 통한 동남아시아 국가 등 진출)과 균형이라는 다소 소극적인 전략에서 벗어나 미국 주도의 새로운 지역 질서에 편승하기 위한 적극적인 대외 전략을 실행하고 있다.[2] 즉, 대만 차이잉원 정부는 신남향 정책을 통해 동남아시아 국가와 호주, 뉴질랜드 그리고 인도에 대한 경제·사회적 접근을 강화함으로써 중국에 대한 과도한 의존 구조를 벗어나고자 하는 일종의 분산과 균형이라는 전략 목적을 달성하는 동시에, '미·일 동맹에 올라타기' 위한 자신의 대외적 외교 자산 확보에 필요한 '몸값 올리기'라는 목적을 가지고 관련 정책을 진행하고 있다는 점이다.

이상과 같이 변화하는 미·중 관계라는 외생적 조건에서 자율적인 대외 공간을 창출하고자 하는 대만의 남향 정책 변화 양상을 탐색하는 이 연구는 구조와 행태를 연계한 논의를 통해 행위 주체로서 대만이 갖는 복합적 전략목표와 행태를 파악하는 데 기여할 수 있다. 일국양제(一國兩制)를 원칙으로 한 양안 관계를 고수하고 있는 중국과의 관계에서 중요한 행위자인 대만의 대외 전략 기조와 방향성을 이해하는 데 필요한 기본적인 틀을 제공해 줄 수 있을 것이다. 이 연구는 미·중 관계를 비롯한 대만 대외 환경 및 관련 이론적 논의를 이해하기 위해 문헌 연구를 진행한다. 또한 대만 신남향 정책 동향 파악을 위해 대만 정부 및 관계 기관 홈페이지를 통해 관련 정책 문건 등을 수집해 정리했다. 대만

---

2 쩡샤오쉬(曾曉栩, 2020)를 비롯한 많은 중국 학자가 트럼프 집권 이후 제기된 인도·태평양 전략으로 인해 신남향 정책의 성격이 변화하고 있음을 제기하고 있다.

신남향 정책 추진 현황 검토를 위해 관련 통계 등을 활용했다.

이 글의 구성은 다음과 같다. 우선 2절에서는 전후 대만의 대외 환경을 미국과 중국 관계라는 외생적 조건을 중심으로 정리한다. 1970년대 들어서면서 미·중 관계 변화로 인해 국제질서는 크게 동요했고 대만의 국제적 고립이 가속화했다. 이 시기 형성된 대만 문제와 관련된 미·중 합의가 무엇이고 어떤 영향을 끼쳤는지, 그리고 이 기간 대만이 처한 대외 환경은 어떤 양상이었는지 살펴본다. 3절에서는 역대 대만 정부가 추진한 남향 정책을 비교·분석한다. 리덩후이 정부와 천수이볜 정부, 그리고 마잉주 정부로 이어져온 남향 정책은 비록 정도의 차이는 있으나 동남아시아 국가 진출을 통한 수출 다변화 모색이라는 분산과 균형의 관점에서 이해할 수 있다. 단, 이 시기 추진된 남향 정책은 당시 협력적인 미·중 관계와 중국의 견제라는 대외 환경으로 인해 큰 성과를 거두지 못했음을 밝힌다. 다음으로 4절에서는 차이잉원 정부가 추진 중인 신남향 정책을 국제정치학의 편승 관점에서 살펴본다. 정책의 등장 배경과 정책적 구성, 그리고 주요 성과 등을 분석하는 과정을 통해 차이잉원 정부의 신남향 정책이 역대 대만 정부가 추구하던 분산과 균형 차원에서 벗어나 미국에 대한 편승 의도가 더욱 명확해지고 있음을 밝히고자 한다. 마지막으로 결론에서는 이 장의 논의를 종합하고 향후를 전망한다. 아울러 한국의 신남방 정책과 비교하고 그 시사점을 제시한다.

2. 미·중 관계와 대만 대외 환경의 변화

1) 미·중 컨센서스와 대만의 고립

본 절에서는 신남향을 비롯한 대만의 대외 전략을 이해하기 위해 대만을 둘러싼 국제 환경과 제약 요인을 살펴본다. 특히 미국과 중국의 화해·협력을 통해 빠르게 재편된 국제질서는 일종의 외생변수로서 대만의 이해와 선호, 그리고 다른 행위자와의 상호작용에 강하게 영향을 끼치게 된다.[3] 양안 관계를 둘러싼 미국과 중국의 이해관계는 1972년 2월 미·중 정상회담 이후 작성된 '상하이공동선언문', 그리고 1979년 미·중 수교 이후 미 의회를 중심으로 제정된 '대만관계법(Taiwan Relations Act)'에 담겼다. 1949년 양안 분단 그리고 1950년 한국전쟁의 발발과 중국의 참전으로 인해 냉전이 본격화되었고 대만은 미국을 중심으로 한 반공 진영의 첨병이 되었다. 비록 내전에서 패배해 대만으로 정부를 옮겼지만, 장제스 정부는 유엔안전보장이사회의 상임이사국 지위를 유지하며 중국의 합법정부로서 국제사회의 지지를 받고 있었다.[4]

이 같은 대외적 국제사회의 지지와 승인은 이주자인 외성인(外省人)에 의해 시행되고 있는 국민당 일당 지배 권위주의 체제의 중요한 기반이었다.[5] 그러나 미국과 중국이 소련 견제라는 공통의 전략적 이해에 기초해 전격적으로 화해를 선언하고 1972년 2월 닉슨 미국 대통령이 중국을 방문해 '상하이공동선언문'을 발표함으로써 대만의 국제적 지위는 나락으로 떨어졌다. 미·중 양국은 '상하이공동선언문'의 제11~12항에 걸쳐 양안 문제에 대한 일종의 컨센서스를 제시했다. 즉, "① 중화인민공화국이 중국의 유일한 합법정부이며 …… 대만 해방은 …… 중국의 내정이다. 모든 미군과 군사시설은 대만에서 철수해야 한다. ② 미국은 양쪽의 중국인들이 오직 하나의 중국만 있고 대만은 중국

---

3 동북아시아 안보 환경 변화와 관련한 메커니즘 분석틀은 주장환·유은하·김수한·조형진(2018: 34~37) 참고.

4 한국전쟁을 호전적 공산주의운동의 사례로 인식한 미국 등 서방 진영은 대만의 장제스 정권을 보호해야 할 국가로 삼았고 자유 반공 진영의 중요한 성원으로 삼았다. 한국전쟁을 계기로 한 미국의 대만 정책 변화는 Kornberg and Faust(2008: 178~179); Pang(2019) 참고.

5 대만의 장제스 정권은 정치적·사회문화적 그리고 국제적으로 자신들이 중국의 유일한 합법정부임을 자임하고 있었으며, 여전히 내전인 상태이므로 국민의 참정권을 제한하고 국민당 엘리트를 통한 통치를 정당화했다. 그러나 미·중 화해에 따른 미국과 일본 등 반공 동맹으로부터의 배척은 '대륙 수복'이라는 구호의 허상을 적나라하게 드러나게 했으며, 대만의 체제 변화를 격발시키는 계기가 되었다. 관련 내용은 若林正丈(2019: 142~143) 참고.

의 일부라고 주장하는 것을 인정한다. …… 대만 문제의 평화적 해결이 미국의 관심사임을 재확인한다"라는 내용이 그것이다.[6]

비록 미국과 중국의 국내적 정치 상황 그리고 미소 화해 무드에서 미·중 수교는 1979년으로 미루어졌지만, 그동안 대만의 국제 지위와 대외 환경은 악화 일로를 걸었다. 상하이공동선언 직전인 1971년 중국의 유엔 가입 및 안보리 상임이사국 지위 획득이 이루어졌으며 이에 대만은 "도적과 함께할 수 없다(漢賊不兩立)"라는 성명을 발표하고 유엔에서 탈퇴했다.[7] 그리고 대만과 밀접한 협력관계를 가졌던 일본이 1972년 9월 대만과 단교하고 중국과 수교했다.[8]

1978년 12월 15일 미국과 중국은 이듬해 1월 1일부터 발효되는 국교 정상화를 선언하는 짧은 공동성명을 발표했다. 공동성명은 '상하이공동선언'의 합의, 즉 하나의 중국과 대만 문제의 평화적 해결 원칙을 재확인했다. 이 같은 상황에서 대만을 지지하는 세력들이 미국 의회를 중심으로 결집해 미국의 대만 문제 개입을 명문화한 '대만관계법'을 1979년 4월 통과시켰다. 미국은 국내법

---

6   미·중 데탕트를 주도했던 헨리 키신저의 회고에 따르면 당초 일반적인 외교문서 양식에 따라 미국에서 작성했던 초안을 마오쩌둥이 거부하고 양국 간의 이견 사항을 서두에 서술한 이후, 이견을 그대로 남겨둔 상태에서 서로 합의할 수 있는 점을 기술하는 독특한 방식으로 선언문을 구성하게 되었다. 상하이공동선언문이 갖는 소위 구동존이(求同存異) 특성에 대한 내용은 키신저(2012: 335~336) 참고.

7   미국 및 일본 등 대만의 우방들은 다양한 통로를 통해 대만의 장제스에게 유엔 안보리 상임이사국 지위는 중국에 양보하지만 유엔 회원으로 남도록 권고했으나, 완고한 대만의 외교적 조치로 인해 스스로 유엔에서 탈퇴하는 외교적 악수를 두었다는 견해가 있다. 관련 내용은 戴天昭(2002: 541); 若林正丈(2019: 124) 참고.

8   일본과 중국 관계 정상화 과정에 대한 자세한 내용은 핫토리(2017: 269~284) 참고. 당시 일본 지도자들은 상하이공동선언의 형식과 마찬가지로 일본은 중국 측의 주장을 (소극적으로) 동의하는 방식으로 하나의 중국 원칙을 인정했으며 또한 대만 문제의 평화적 해결을 명시했다. 중·일 수교에 대해 대만의 장제스는 제2차 세계대전 승전국으로서 대만이 일본에 베푼 은혜(천황제 유지, 분할통치 억제, 전쟁배상금 탕감)를 배신했다는 격정적 분노를 표출했지만, 일본 측이 우려한 경제·사회 교류 단절 및 대만 거주 일본인 추방 등의 조치는 취하지 않았다. 일본과 중국은 각각 '재단법인 인문교류회'와 '아동(亞東)관계협회'를 설립해 사회·경제 교류를 이어나갔다. 관련 내용은 戴天昭(2002: 589); 구보(2021: 222~223) 참고.

인 '대만관계법'을 통해 미·중 관계 정상화는 대만 문제의 평화적 해결을 전제로 한다는 점을 다시금 강조해 양안 문제에 대한 미국 개입이 가능함을 명문화했다. 대만관계법 제정은 사실상 미국이 대만에 안보 우산을 제공한다는 점을 보증하는 조치였다(브라운, 2014: 299). 이와 같이 ① 대륙의 중국을 정통 정부로 인정하는 하나의 중국을 승인하되, ② 분단 상황은 평화적 수단을 통해서만 가능하다는 전제 조건으로 구성된 미·중 간 합의를 통해, 와카바야시 마사히로(若林正丈, 2019: 130)의 말을 빌리자면 미국은 더 이상 대만을 수호해야 할 '의무'를 갖지 않지만 대만 문제에 개입할 '권리'를 가지게 되었다. 이에 기초해 미국은 대만 병합을 위한 중국의 무력 사용을 억제하기 위해 대만 방어에 간접적으로 관여하는 동시에 대만의 급진적 독립 움직임을 제어해 양안 분단이라는 현상을 유지하는 '전략적 모호성'을 대대만 기조로 삼아 지금까지 유지하고 있다.[9]

미·중 관계 개선을 통해 국제사회에서의 지위를 공고히 한 중국 역시 대만과의 접촉에 적극적으로 나섰다. 1978년 11월 개최된 중국공산당 제11기 중앙위원회 제3차 전체회의에서는 대만에 대한 무력 병합을 의미하는 '해방' 대신에 '조국 통일'이 쓰였다. 1979년 미·중 수교가 발효됨과 동시에 1954년과 1958년의 대규모 포격전 이후 하루씩 걸러 홀숫날마다 양안 접경인 진먼다오(金門島)를 쏘았던 중국의 폭탄이 멈췄다. 또한 중국은 전국인민대표대회 상무위원회 명의의 "대만 동포에게 보내는 서신(告臺灣同胞書)"을 발표해 ① 군사 대결의 종결 논의, ② 통항·통상·통신의 양안 삼통, ③ 양안 교류 확대를 전격적으로 제안했다. 대만은 이 같은 중국의 화해 제스처를 일언지하에 거절하고 중국과 타협·접촉·담판을 하지 않는 기존의 3불(三不) 원칙을 고수했다. 미·중 수교에

---

9 미국의 외교 방침은 하나의 중국 원칙 인정이 중국이 대만을 일방적으로 종속시키는 권리를 자동으로 승인한다는 의미는 아니며, 어느 한쪽의 일방적인 강요 또는 조치는 수용할 수 없다는 것이다. 이 같은 측면에서 미국은 대만 민진당의 천수이볜 총통이 2007년 추진한 대만 명의하의 유엔 가입 국민투표에 반대했다. 관련 논의는 한국국제정치학회 중국분과 편(2008: 60~61) 참고.

따른 미국과의 단교, 갈수록 커지는 국내의 민주화 요구 등 대내외적으로 곤경에 처한 대만 당국은 반공 안보 의식의 고취를 통해 이 위기를 돌파하고자 했다. 대만은 중국이 주장하는 평화는 새로운 통일전선 술책에 불과하고 이럴 때일수록 전 국민이 경계를 강화하고 단결해야 한다고 강조했다. 1981년 대만은 '삼민주의(三民主義)' 통일 방안을 선포했다.[10]

이 같은 상황에서 대만의 외교적 고립은 가속화되었다. 1950년 당시 독립국가 87곳 가운데 대만과의 수교국은 37개로 전체의 43%에 달했던 반면, 중국과의 수교국은 18개로 21%에 불과했다. 그러나 미·중 관계가 진전된 이후 1972년 대만 수교국 비율은 전체의 29%로, 그리고 미·중이 수교한 1979년에는 13%로 대폭 줄어들었다. 반면 같은 기간 중국의 수교국 비율은 59%와 73%로 늘어났다. 톈안먼 사태의 여파를 극복하기 시작한 1992년 중국의 수교국은 152개국으로 전체의 80%에 달했다. 대만의 경우 1992년 전체의 15%인 29개 국가와 수교를 유지하고 있었다. 2021년 말 기준 대만의 수교국은 14개로 줄어들었다.

2) 미국의 이중 억제와 대만 외교의 제약

앞서 살펴본 바와 같이 미국과 중국은 대만 문제와 관련해 하나의 중국과 평화적 해결을 축으로 한 원칙에 합의했다. 그러나 탈냉전으로 미·중의 유대 관계를 구축하게 했던 공동의 전략적 이해관계가 약화하면서 양국 관계는 경쟁과 갈등, 그리고 협력이 복합적으로 공존하는 상황이 되었고, 대만 문제에 대한 미·중의 합의 역시 때로는 크게 흔들렸지만 결국에는 1972년 원칙으로 수렴되는 상황이 반복되었다(서진영, 2007: 177~192).

---

[10] 미·중 수교 이후 중국의 양안 정책 및 대만의 대응에 관한 내용은 蔡東杰(2017: 74~75); 長五岳 主編(2014: 37~62, 107~126) 참고. 진먼다오를 둘러싼 양안 분쟁에 대해서는 김수한(2022) 참고.

대내외적 정치 위기를 극복하기 위해 대만 정부는 위로부터의 민주화 조치를 단행하는 한편, 대만과 평후(澎湖), 마쭈(馬祖), 진먼 등 실효 지배 도서를 대만의 영토로 하는 주권국가 체제를 지향하기 시작했다. 이 같은 대만의 정치 지향과 국가정체성에 대한 재인식은 리덩후이 집권기 '특수한 국가 대 국가' 관계로, 그리고 천수이볜 시기에는 '일변일국론(一邊一國論)' 등으로 표출되었다.[11] 또한 대만은 국제적 고립을 벗어나기 위해 중국과의 불필요한 수교국 경쟁을 지양하고 비정부 형태의 외교 채널을 구축해 경제·사회 분야에서의 국제 교류를 증진시키기 위해 노력했다. 그 밖에 국호를 고수하지 않는 유연한 자세로 국제기구에 참여를 적극적으로 시도했다.[12]

중국은 이와 같은 대만의 조치를 현상 유지를 넘어서 양안 분단을 고착화해 점진적 독립을 지향하는, 즉 하나의 중국 원칙에 위해를 가하는 것으로 간주해 점차 공세적인 대만 정책을 취하기 시작했다. 장쩌민 집권기인 1995년 중국은 하나의 중국 원칙에 기초한 일국양제와 평화통일 방안을 재확인하는 한편 '외부 세력이 간섭할 시'라는 조건을 달아 무력 사용 포기를 약속할 수 없다고 선언했다. 후진타오 집권기인 2005년에는 '반분열국가법' 제정을 통해 대만 독립과 관련한 구체적인 현상이 발생하거나 평화통일의 가능성이 완전히 상실하면 비평화적 방식을 사용할 수 있다는 점을 법제화했다.[13]

---

11 1991년 대만은 국공 내전 이후 유지되었던 '반란 진압을 위한 동원 시기(反亂鎭定動員時期)'의 종결을 선언했다. 이는 총통의 독재적 권한을 폐지하는 민주적인 조치임과 동시에 국민당의 일방적인 내전 종료 선언이었다. 대만은 개헌을 통해 중화민국 헌법의 효력이 미치는 범위를 실효 지배 도서로 한정한다고 선언했다(다카하라·마에다, 2015: 111).

12 단교 이후에도 대만과 비공식 또는 준외교관계를 유지하고 있는 미국과 일본에는 교류협회 등의 형식으로 각각 대표부를 설치해 운용하고 있다. 그 밖에 한국을 비롯한 많은 국가에 타이베이대표부를 설치해 운용하고 있다. 대만은 1981년부터 차이니스 타이페이 이름으로 올림픽에 참가하고 1990년 타이완, 평후, 진먼, 마쭈 독립 관세영역의 명칭으로 GATT에 가입했다. 1991년과 2002년 각각 APEC과 WTO에 옵서버로 가입했다(Rawnsley, 2000; 戴寶村, 2018: 178~179; Brown & Wu Tzu-hui, 2019: 137~139).

13 대만의 탈중국화에 대응한 중국의 선언 및 법제 수립에 관한 내용은 유세희(2005: 271~284)

1972년 조성된 국제질서에 대한 대만 및 중국 양측의 움직임과 도전에 대해 미국은 이중 억제 정책을 통해 대응했다. 1992년 F-16 전투기의 대만 판매 승인, 1996년 대만 총통 선거에 영향을 주기 위한 중국의 군사훈련 등 무력 위협에 대응하기 위한 항공모함의 대만해협 파견 등 미국은 1979년 '대만관계법'에 근거한 대만 문제에 대한 관여에 적극적으로 나섰다. 동시에 대만 독립 세력이 미국의 통제 내에서 움직일 수 있도록 정치·외교적으로 조처했다. 아울러 미·중 갈등이 격화되면 공식적으로 1972년 합의한 하나의 중국 원칙을 재확인하는 방식으로 중국의 반발을 누그러뜨렸다.[14]

냉전이 붕괴하고 중국의 부상이 가속화하면서 미국은 대만의 전략적 가치에 좀 더 무게 중심을 두기 시작했으며 대만의 민주화에 대해 우호적 제스처를 보내기도 했다. 하지만 대만의 정치적 변화와 외교는 어디까지나 미국 이익에 부합하고 자신들의 통제 내에서 움직일 때만 가능한 것이었다. 대만해협에서의 위기가 고조되고 미·중 충돌이 염려되는 상황에서는 미국은 어김없이 1972년 수립한 원칙으로 되돌아가곤 했다. 미국은 대만 문제가 밀접하게 결속된 미·중 경제 관계와 동아시아 역내 미국 패권을 침해하지 않도록 지속해서 관리해 왔다. 미국의 대만 정책은 하나의 중국과 평화적 해결이라는 양대 원칙 사이를 끊임없이 오가는 시계추 같은 패턴을 반복했다. 1972년 대만 관련 질서를 만들어냈던 힘의 크기와 규범 그리고 관계에 근본적 변화가 없었기 때문이다.

이 같은 미·중 관계가 지속되는 상황에서 대만의 대외 활동 역시 크게 제약을 받았다. 대만은 장징궈 집권기 유연한 외교(彈性外交) 기조에 이어 실질외교(務實外交) 등을 기조로 한 대외 전략을 수립하고 적극적인 외교정책을 실행했

참고.

14 대만해협 위기가 고조된 1998년 중국을 방문한 빌 클린턴 미 대통령은 "미국은 대만의 독립이나 국제기구에의 가입을 지지하지 않을 것"이라고 밝히면서 하나의 중국 원칙을 재확인했다. 관련 내용은 ≪뉴스핌≫(2020.8.10) 참고. 클린턴 미국 행정부 대만 전략의 변화에 대한 보다 자세한 내용은 Rawnsley(2000: 18~21) 참고.

지만, 번번이 중국의 간섭과 미국의 비협조로 기대한 성과를 거두지 못했다. 1990년대 대만은 경제력을 적극적으로 활용해 해외 지지를 확대하고, 고위 당국자들의 대외 활동도 확대해 나갔다. 하지만 특수한 국가 대 국가 선언으로 인한 중국의 반발 등으로 양안 관계가 악화했으며 1992년 아시아의 주요 우방이었던 한국이 중국과 수교하는 등 대만의 대외 여건은 좀처럼 개선되지 못했다. 2000년대 민진당 출신으로 처음 당선된 천수이볜 총통은 대만의 독자성을 국제적으로 인정받기 위해 적극적인 외교 활동을 전개했다. 천수이볜은 중국의 격렬한 반대에도 불구하고 부시 정부의 묵인하에 2001년 5월 중남미 순방을 위한 전용기 급유를 명목으로 미국에 사흘간 체류하며 뉴욕시장과 접견하는 등의 활동을 진행했다. 그러나 이 같은 대만의 외교 활동 역시 '하나의 중국'이라는 문턱을 넘지는 못했다. 2003년 미 부시 대통령은 원자바오 중국 총리와의 공동 기자회견에서 하나의 중국 원칙을 재확인하고, 미국은 중국에 의해서건 또는 대만에 의해서건 양안 관계의 현상 유지에 변화를 가할 어떠한 일방적 결정에도 반대한다는 뜻을 분명히 밝혔다. 이는 미국이 견지해 온 원칙을 재확인하는 것이었다(≪경향신문≫, 2001.5.23; ≪중앙일보≫, 2003.12.10). 한편 2008년 5월 취임한 마잉주 총통은 중국과의 우호 관계 촉진에 주력해 활로 외교(活路外交)를 통해 대만의 외교 공간을 확대해 나갔다. 대만은 중국과의 협력에 기초해 아시아·태평양 지역의 중요한 구성원으로서 신지역주의(new regionalism)에 적극적으로 참여하고자 했다(김원곤, 2009; ≪한겨레≫, 2010.5.21). 이 같은 대만의 대외 활동은 하나의 중국 원칙에 대한 수용이라 할 수 있는 92컨센서스(九二共識)를 전제로 한 것이다.[15]

---

15 1992년 11월 홍콩에서 중국의 해협양안관계협회(해협회)와 대만의 해협교류기금회(해기회)는 '하나의 중국'을 인정하되, 중화인민공화국과 중화민국 각자의 해석에 따른 명칭을 사용(一中各表)하기로 합의했다. '반관반민(半官半民)' 성격의 양측 기구가 양안 관계 발전을 위해 도출한 것이지만 중국은 이를 양안 문제에 있어서 기본 원칙으로 삼는다. 마잉주 정부는 이 원칙이 대만이 원하는 '하나의 중국' 문제를 최종 해결하는 것은 아니지만 양측의 대립과 군사

3) 미·중 전략 경쟁의 심화와 대만 전략 가치의 제고

1972년 형성된 대만 문제에 대한 미·중의 합의는 탈냉전 이후에도 큰 틀에서 유지되었다. 중국의 부상은 미국과의 상호 의존을 증대시켰고, 이러한 상호 의존은 양국이 상대와의 관계를 파괴할 수 있는 행위를 제어하도록 작용했다.[16] 미국의 측면에서 보면 대만 문제는 중국과의 관계와 비교했을 때 사활적인 이익이 아니라 주변적 이익에 불과했다. 이 같은 외부 환경에서 대만의 대외 관계는 제약받았다. 위에서 살펴본 바와 같이 대만은 중국과 관계가 호전된 상황에서야 제한된 외교 공간을 확보할 수 있었다.

그러나 중국의 부상과 미국의 쇠퇴가 뚜렷해지고 미·중 전략 경쟁이 격화되는 등 국제질서가 동요하면서 변화가 일기 시작했다. 미·중 관계의 변화는 2017년 트럼프 집권 이후 더 분명해졌다. 미·중 무역 불균형을 조정하는 데서 촉발된 양국 갈등은 코로나19 팬데믹과 맞물려 지정학·지경학·기술민족주의를 넘어서 가치·이념으로까지 치달았다. 트럼프 행정부의 각종 전략 보고서는 미국에 도전하는 중국의 위협에 대한 전면적인 대응이 긴요함을 적시하고 있다(문정인, 2020: 159~160). 중국과의 경쟁에서 대만이 중요한 카드로 주목받았다. 트럼프는 대선 승리 직후인 2016년 12월 2일 차이잉원 총통과 통화했다. 1979년 단교 이후 미국 대통령과 대만 총통의 첫 대화였다. 2019년 미 국방성의 「인도·태평양 전략 보고서」는 대만을 관계를 강화해야 할 대상으로 명시했

적 충돌을 피하고 경제 교류를 확대하는 '현실적인 방안'으로 받아들였다. 이에 비해 민진당은 92컨센서스의 존재 자체는 물론 내용과 발전 가능성에 의구심을 제기한다. 현재 집권하고 있는 차이잉원 정부는 92컨센서스는 역사적 사실이라는 점만을 인정하고 이를 양안 대화의 전제로 인정하지 않고 있다. 관련 내용은 ≪연합뉴스≫(2014.2.11) 참고. 마잉주 집권기 대만의 92컨센서스 수용 과정 및 관련 대만 내부의 정치 동학에 대한 보다 자세한 내용은 Szu-yin (2020: 340~349) 참고.

16 미·중 경제적 상호 의존은 수출국과 수입국, 채권국과 채무국, 생산국과 소비국이라는 다양한 차원에서 확인된다. 관련 내용은 김재철(2015: 63~64) 참고.

다. 미 대선을 앞둔 2020년에는 미국 고위 관리들이 잇따라 대만을 방문했다. 트럼프 정부가 하나의 중국 원칙을 계속 흔들자, 차이잉원 정부는 중국의 힘에 밀려 국제 무대에서 고립되었던 대만의 위상을 바꿀 수 있는 절호의 기회로 판단했다. 대만은 친미 일변도의 외교정책을 분명하게 선택했고, 시진핑 체제에 대한 대만 사회의 반감을 활용해 탈중국의 정치적 캠페인을 강화했다.[17] 대만을 지렛대로 해 중국과의 전략 경쟁에서 우위에 서고자 하는 미국, 그리고 양안 문제에 대한 일보의 양보도 허용치 않는 강경한 중국. 격화되고 있는 미·중 강대국 전략 경쟁 상황에 편승해 국가이익 수호에 사활을 걸고 있는 대만. 트럼프 집권기 빚어진 이 같은 구도는 바이든 행정부로 이어졌다. 취임 직후부터 '트럼프 지우기'에 나섰던 바이든 미 행정부였지만, 중국에 대한 압박과 견제라는 트럼프의 유산만은 계승해 확대 강화했다. 대만을 지렛대로 삼아 중국을 견제하겠다는 입장 역시 지속했다. 바이든 정부는 대중국 견제·압박의 강화, 자기 발전, 그리고 무엇보다도 대중국 견제 연합의 구축을 지향하고 있는데(정재호, 2021: 367~368), 특히 대중국 견제 연합을 강화하고자 하는 바이든 정부의 전략은 대만에 새로운 외교 공간을 제공해 주고 있다.

3. 역대 대만 정부의 남향 정책 비교

1) 리덩후이 정부 남향 정책: 대중국 의존도 감소를 통한 국가이익 극대화 추구

아세안 등 동남아시아는 대만과 지리적으로 인접해 있으며 경제적으로 잠

---

17   트럼프 집권기 미·중 전략 경쟁과 대만의 편승에 관한 내용은 김수한(2021) 참고. 대만 내부에서의 양안 관계에 대한 인식 및 정체성 변화에 관한 내용은 金修漢(2021: 75~80) 참고. 대만인들의 반중 감정의 기폭제가 되었던 홍콩 시위 등에 대한 주요 내용은 Feilong Tian(2019) 참고.

재력이 큰 지역임과 동시에 중국계 화교들이 많이 거주하는 만큼, 대만의 역대 정부는 아세안과의 관계 증진을 통한 외교·경제적 돌파구를 모색해 왔다. 이는 1994년 리덩후이 총통의 남향 정책으로 구체화했으며, 이후 정부별로 정도의 차이는 있으나 수출의 다변화와 동남아시아 국가들과의 관계 개선 등을 목적으로 한 남향 정책은 꾸준히 추진되었다. 대만 정부 차원에서 남향 정책이 처음으로 구체화하고 추진된 것은 리덩후이 총통 시기이다. 1993년부터 대만은 국내 기업의 해외 투자처를 분산하고 동남아시아 지역의 풍부한 자원과 성장 잠재력을 활용하기 위해 동남아시안 국가들과의 경제 교류를 확대하는 방안을 모색했으며, 이 과정에서 대만 경제부는 처음으로 「남향 투자정책 의견서(南向投資政策說帖)」를 발표했다(趙文志·金秀琴, 2015). 1994년 2월 리덩후이 총통은 필리핀과 인도네시아, 태국 등 국가들을 개인 자격으로 방문해 지역 간 경제무역 관계의 증진 방안을 논의했으며, 방문 당시 열린 기자회견에서 리 총통은 대만이 동남아시아 지역에 투자한 막대한 자금을 컨트롤할 수 있는 금융센터와 무역 문제에 대한 서비스 체제가 부족한 점을 지적하면서, 이에 대한 협조 방안을 생각해야 한다고 언급했다(趙文志·金秀琴, 2015). 리덩후이의 동남아시아 3개국 방문은 중국의 강력한 반발 속에서도 강행되었으며(≪연합뉴스≫, 1994.2.16), 방문 직후인 1994년 3월 대만 행정원은 '동남아시아 지역에 대한 경제무역 업무 강화 강령(加强對東南亞地區經貿工作綱領)' 발표를 통해 남향 정책을 공식화했다. 이 강령은 향후 3년(1994~1996년) 동안 태국과 말레이시아, 인도네시아, 필리핀, 싱가포르, 베트남, 브루나이 등 7개 국가를 대상으로 대만 국영사업과 민간 중소기업의 투자를 확대할 것이라는 내용이 포함되었다. 아울러 이를 장려하기 위해 각 국가와 투자보호협정(投資保障協議)과 이중과세 방지 협약(避免雙重課稅及防杜逃漏稅協議)을 체결할 것이라는 구체적인 방안 역시 제시되었다(馬利艶·陳梅蘭, 2018).

상술한 업무 강령은 1996년 말에 실시 기한이 만료될 예정이었으나, 정부 차원의 검토 및 수정을 거쳐 1997년부터 다시 3년이 연장되어 1999년 12월까지 추진되었으며 실시 지역 역시 라오스와 미얀마, 캄보디아, 호주, 뉴질랜드가 새롭게 추가되었다. 강령의 명칭 역시 '동남아시아 및 오세아니아 지역에 대한 경제무역 업무 강화 강령(加强對東南亞及紐澳地區經貿工作綱領)'으로 변경되었다(中華民國外交部, 2003).

남향 정책이 본격적으로 실시된 이후 대만은 동남아시아 국가들과 일련의 경제·외교적 성과를 도출했다. 일례로 싱가포르, 필리핀, 말레이시아, 인도네시아 등 국가와 양자 협상의 급을 높였으며, 태국과 인도네시아에 주재하는 '주외관처(駐外館處, 주재관)'의 지위를 한 단계 높이기도 했다. 아울러 각국과의 투자보호협정 및 이중과세 방지 협약을 체결했으며, 대만의 대동남아시아 투자 총액은 416억 달러(2002년 12월 기준)에 달했는데 이는 소위 '아시아의 네 마리 용' 중 가장 큰 규모였다(中華民國外交部, 2003). 그러나 1997년 발생한 아시아 지역 금융위기로 인해 동남아시아 국가들이 정치·경제적으로 어려움에 직면하게 되고 같은 시기 중국의 경제가 빠르게 성장하면서, 대만 기업의 동남아시아 투자는 급격히 줄어들고 오히려 중국에 대한 투자가 높아졌다는 한계를 보이기도 했다(陳先才·張萱妍, 2020; 이권호, 2019).

2) 천수이볜 정부 남향 정책: 이상과 실제의 부조화

2000년 집권한 천수이볜 총통은 전임 리덩후이 총통의 남향 정책을 계승하고 발전시키기 위한 노력을 기울였다. 무엇보다 1999년 12월 만료 예정이었던 '동남아시아 및 오세아니아 지역에 대한 경제무역 업무 강화 강령'이 3년 연장되어 2003년 12월까지 진행되었다.

이러한 정책적 기조에 발맞추어 대만 경제부는 '동남아시아 경제무역 투자 강화를 위한 종합 조치 및 세부 계획(加强東南亞經貿投資配套措施及細部計劃)'을 작성했으며, 이는 행정원을 거쳐 2002년 10월 정식으로 실시되었다. 세부 계획에는 동남아시아에서 활동하는 타이상(臺商)에 대한 투자금융 지원 시스템을 강화하고 투자 편의 서비스를 제공하며, WTO를 활용한 제조업 투자 및 기업 지원 기구를 구축할 것이라는 내용이 포함되었다(趙文志·金秀琴, 2015). 나아가 향후 동남아시아 각 국가와 자유무역협정(FTA) 체결을 추진할 것이라고 명시했다(馬利艷·陳梅蘭, 2018). 다만 투자의 주체인 타이상에 대한 지원 정책을 적극적으로 추진했음에도, 실제 타이상들은 언어와 문화적 장벽 등으로 인해 동남아시아로의 진출을 꺼렸다. 대만의 한 사업가는 천수이볜 정부가 추진하는 남향 정책의 혜택을 받았다고 느끼는 기업인은 거의 없다고 언급하면서, 기업 대다수는 동남아시아에 대한 충분한 정보를 갖고 있지 않으며 언어와 문화적으로도 익숙하지 않다고 토로했다(*Taipei Times*, 2004.9.29). 대륙과 거리를 두는 타이상들에 대해 제재를 가하는 중국 정부의 전략(Tanner, 2007) 역시 남향 정책 추진에 걸림돌로 작용했다. 또한 천수이볜 정부 출범 이래 양안 간의 긴장이 고조되면서, 동남아시아 국가들은 중국과의 관계를 고려해 대만과의 교류를 꺼리게 되었다(*Taipei Times*, 2004.9.29). 아울러 2000년대 이후 경제적으로 크게 부상한 중국 정부의 견제로 인해 천수이볜 시기 남향 정책은 큰 성과를 거두지 못했다.[18]

3) 마잉주 정부 대동남아시아 정책: 중국과의 안정적 관계에서 외교 공간 창출 시도

마잉주 시기 대만은 전임 리덩후이·천수이볜 정부와 달리 남향 정책이라는 용어를 공식적으로 사용하지 않았다(劉鑫恬, 2021). 마잉주는 중국과의 관계 개선에 주력하면서도 동남아시아 국가들과의 경제협력을 중시하는 정책을 견지

---

[18] 중국은 국가이익을 위해 정치·안보적 수단 외에도 경제적 방법을 통해 공식적 그리고 비공식적으로 상대를 압박하는 대외 전략을 시행하고 있다. 이 같은 경제제재가 빈번한 2010년대 이전의 경우 주로 대만의 천수이볜 정부를 상대로 한 제재가 있었다. 중국의 공식·비공식 경제제재에 관한 내용은 조형진(2021: 33~34) 참고.

해 나갔다. 2010년 3월 대만 행정원이 발표한 제6기 '동남아시아 지역에 대한 경제무역 업무 강화 강령(加强對東南亞地區經貿工作綱領)'은 대만이 향후 동남아시아 국가와의 양자 간 고위급 상호 교류를 확대하고 장관급 경제협력 회담을 정례화할 것이라는 내용이 포함되었으며, 각 국가와의 자유무역협정 혹은 경제무역 동반자 협정 등을 적극적으로 추진할 것이라고 명시했다. 아울러 타이상의 대외투자에 대한 자문 서비스를 제공할 예정이며, 대만이 가진 우위 산업과 동남아시아 현지 자원을 결합해 각 국가와의 교역, 투자 및 기술협력 관계를 확장할 것이라는 내용이 포함되었다(經濟部國際貿易局, 2021).

이 시기 가장 주목할 만한 정책으로는 대만의 '아세안 +4'(중국, 일본, 한국, 대만) 가입 추진이라고 볼 수 있다. 2009년 12월 마잉주 총통은 아시아·태평양 지역에서 역내 국가들과 FTA를 체결하지 못한 국가는 북한과 대만뿐이라면서, 대만은 동남아시아 국가들과의 FTA 체결을 추진하고 있으며 아세안 +4 역시 매우 절실한 상황이라고 강조했다(中國時報, 2009.12.17). 이러한 대만의 구상은 2013년 뉴질랜드와의 경제협력 협정(Economic Cooperation Agreement: ECA) 체결(2013년 7월), 싱가포르와의 경제 동반자 협정(The Agreement between Singapore and the Separate Customs Territory of Taiwan, Penghu, Kinmen and Matsu on Economic Partnership: ASTEP) 체결(2013년 11월) 등 실질적 성과로 이어지기도 했다.

리덩후이 총통 시기부터 추진되어온 남향 정책은 수출 다변화를 통한 대중국 경제의존도 감소라는 문제 제기에 기반해 지속되었다는 점에서 공통점을 갖고 있다. 일례로 1996년 8월 대만 행정원 경제건설위원회는 양안 관계가 악화할 가능성을 대비해 대만 기업의 과도한 중국 투자를 제한할 것이라고 언급하면서, 기업의 투자 대상이 동남아시아로 전환될 수 있도록 적극적으로 지원할 것이라고 밝혔는데(≪연합뉴스≫, 1996.8.26), 이는 남향 정책이 추구하는 목적이 잘 드러난 사례로 볼 수 있다. 각 역대 대만 정부가 추진한 남향 정책의 주요 목표와 성과, 한계 등은 〈표 11-1〉과 같이 요약할 수 있다.

리덩후이, 천수이볜 총통 시기 추진된 남향 정책의 가장 중요한 특징 중 하

표 11-1 역대 대만 정부의 남향 정책 비교

	리덩후이	천수이볜	마잉주
시기	1993~1999년	2000~2007년	2008~2015년
대상 국가	· 동남아시아 국가 · 호주 · 뉴질랜드	· 동남아시아 국가	· 아세안 · 호주 · 뉴질랜드
주요 목표	· 대륙경제 의존 탈피 · 동남아시아 국가 경제무역 관계 활성화	· 대륙 의존 탈피 · 동남아시아 국가와 양자 FTA 추진	· 아세안 +4 구상 · 중국 협력을 통한 아세안 시장 개척
구체 정책 및 성과	· 외교적 지위 상승(주외관처 격상 등) · 투자보호협정 및 이중과세 방지 협약 체결 · 동남아시아 국가에 대한 투자 규모 확대	· 타이상에 대한 투자 및 금융 지원 시스템 강화 · WTO를 활용한 제조업 투자 등 추진	· 뉴질랜드와 ECA 체결 · 싱가포르와 ASTEP 체결 · 타이상의 대외투자에 대한 자문 서비스 제공
한계	· 동남아시아 금융위기로 인한 진출의 제약 · 중국의 부상과 견제	· 중국의 견제 심화 · 타이상의 무관심 · 대륙 의존도 상승	· 중국과의 관계를 고려해 남향 정책 용어 미사용

자료: 馬利艶·陳梅蘭(2018); 이권호(2019) 참고해 필자 재구성.

나는 대만이 차후 발생 가능성이 있는 '차이나 리스크'를 사전에 예방하고 관리할 목적으로 동남아시아 국가들과의 경제적 교류 확대에 적극적으로 나섰다는 것이다. 일례로 동남아시아 금융위기 당시에 대만은 이 지역에 대한 투자를 오히려 대폭 확대했는데, 워싱턴포스트(The Washington Post) 등 외신은 이를 두고 대만이 남향 정책의 하나로 동남아시아에 대한 투자를 확대 중이며, 이는 경제적인 목적보다는 중국으로부터의 고립을 탈피하고자 활용되는 '정치적 지렛대(political leverage)' 차원에서 볼 필요가 있다고 평가했다(The Washington Post, 1998. 1.22). 그러나 하나의 중국 원칙 속에서 대만에 대한 영향력을 유지하고자 남향 정책을 강력히 반대하고 견제한 중국, 투자의 주요 주체인 타이상들의 무관심 등 대내외적 환경으로 인해 남향 정책은 한계에 직면할 수밖에 없었다. 1990~2000년대 대만이 남향 정책 추진에도 불구하고 대만의 중국 투자는 큰 폭으로 상승했다. 양안 간의 지속적인 정치적 긴장에도 불구하고 중국 경제의 강력한 구심력이 작용한 결과이다.

한편 마잉주 총통 시기 대만은 중국과의 관계를 고려해 남향 정책이라는 용어 사용은 자제했지만, 경제성장을 위해 해외시장 개척이 중요하다는 인식 속에서 동남아시아 각 국가와의 경제협력 확대를 위한 노력을 기울였다. 이 시기 남향 정책은 중국과의 비교적 평화로운 관계 속에서 추진되었다는 점에서 이전 정부와는 차별성을 띠고 있다. 뉴질랜드와의 경제협력 협정, 싱가포르와 경제 동반자 협정 체결이라는 괄목할 만한 성과를 도출하기도 했으며, 중국에 대한 투자 규모 역시 줄여나가는 데 성공했다.

종합해 보면, 리덩후이 총통 이래 대만은 남향 정책을 지속해서 추진함으로써 중국에 대한 의존도를 감소하고 차이나 리스크를 예방하고자 했으나, 오히려 중국과의 협조적인 관계가 구축되었을 때 비교적 성공적으로 추진되었다는 점을 알 수 있다. 이는 미·중 관계의 틀에 강하게 결속된 대만이 가진 대외 환경의 특징이자 딜레마가 발현된 것으로 평가할 수 있다.

4. 차이잉원 정부의 신남향 정책 특징

1) 기존 정책의 계승과 발전

차이잉원 정부의 신남향 정책은 리덩후이 시기부터 이어져 온 남향 정책의 연장선에 있다. 차이잉원이 공식적으로 신남향 정책을 언급한 것은 민진당 대선후보로 있던 2015년 9월이다. 차이잉원은 향후 민진당 정부가 신남향 정책을 추진할 것이라면서, 그간 대만이 추진해 온 '남진 정책(南進政策)'은 주로 대만 기업의 동남아시아 국가에 대한 투자 확대를 유도하는 선에서 그쳤으나 앞으로는 인도를 포함할 것이며, 협력 분야 역시 민간교류와 문화, 교육 연구 등 다방면으로 확대될 것이라는 구상을 밝혔다(多維新聞, 2015.9.22).

2016년 6월 차이잉원은 취임 한 달 만에 총통부 산하에 '신남향 정책 판공실(新南向政策辦公室)'을 설치하고 황즈팡(黃志芳) 전 외교부장을 판공실 주임으로 임명(風傳媒, 2016.6.15)하는 등, 역대 정부보다 더욱 적극적으로 정책을 추진하고자 하는 의지를 보였다. 같은 해 8월 차이잉원이 주재한 대외경제무역 전략회담(對外經貿戰略會談)에서 신남향 정책의 '정책 강령'이 통과되었으며, 9월 대만 행정원은 정책 강령에 근거해 '신남향 정책 추진 강령(新南向政策推動計劃)'을 정식으로 발표했다.

차이잉원이 주창한 신남향 정책은 표면상 역대 대만 정부의 남향 정책을 계승하면서도 협력 국가의 범위를 인도를 포함한 남아시아로 확장하고 또 교류의 범위를 민간교류와 문화 등 부문으로 확장했다는 점에서 차별성을 갖는다. 또 한 가지 중요한 차이점은 인도·태평양 지역에서 영향력을 높이고자 하는 미국과의 협력을 강화하는 방식을 통해 탈중국화를 추진하는 차이잉원 정부의 의지가 신남향 정책을 통해 발현되었다는 점이다. 2017년 12월 차이잉원은 제임스 모리어티(James Moriarty) 미국재대만협회(美國在台協會, American Institute in Taiwan: AIT) 회장을 접견한 자리에서 대만은 '인도·태평양 지역의 자유민주주의 국가'인바, 자연스럽게 '자유롭고 개방적인 인도·태평양 전략의 상관자'라고 언급했다. 또한 대만이 이 지역에 더 많은 공헌을 할 수 있다면서, 법규에 기초한 국제질서를 수호하길 희망한다고 강조했다. 나아가 차이잉원은 대만이 미국뿐만 아니라 미국과 비슷한 이념을 공유하는 국가들과의 협력을 강화하길 희망하며, 이러한 협력은 '신남향 정책'을 통한 협력 역시 포함된다고 밝혔다(中華民國總統府, 2017). 이러한 발언은 미국이 중국을 견제하기 위한 전략의 일환인 인도·태평양 전략에 대만이 참여를 희망하며, 구체적으로 신남향 정책과 인도·태평양 전략 간의 연계를 통한 협력 방안을 제시한 것이라고 평가할 수 있다.

'신남향 정책 추진 강령'은 아세안과 남아시아, 호주와 뉴질랜드 등 국가들과 상호 원원할 수 있는 새로운 협력 모델을 창조함으로써, '경제공동체 의식'

을 만들어나갈 것이라는 구상이 포함되어 있다. 그리고 이를 달성하기 위한 네 가지 협력 분야로 ① 경제무역 협력, ② 인재 교류, ③ 자원공유, ④ 지역 간 연결 등을 제시했다(中華民國行政院, 2015).

먼저 경제무역 협력 부문에서 대만은 기존 아세안과 남아시아를 수출 파운드리 기지로 간주했던 과거의 행태에서 탈피해 파트너 국가들과의 산업 공급망 통합, 내수 시장 간 연계, 인프라 사업 협력 확대 등을 통해 신경제 동반자 관계를 구축할 것이라는 계획을 밝혔다. 구체적으로 산업 공급망 통합 과정에서 현지 산업 에너지와 수요에 맞추어 경쟁우위 산업과 각 국가의 공급망 간 결합을 강화할 것이며, 내수 시장 간 연결 부문에선 초국경 전자상거래 등을 활용해 교육과 건강, 의료, 외식 등 새로운 서비스 산업의 수출을 촉진할 것이라는 구상을 제시했다.

둘째, 인재 교류 부문에서 '사람'을 핵심으로 해 청년 학자와 학생, 산업인력 간 교류와 육성을 심화시킬 것이라는 구상이 포함되었다. 여기에는 대만 장학금을 확대 편성해 아세안 및 남아시아 학생을 적극적으로 유치하고 국내 산업 수요에 맞추어 산학 협력 전담반과 외국 청년 기술훈련반 등을 신설할 것이며, 이들이 학업을 마친 후에는 취업의 기회를 제공할 것이라고 설명했다. 아울러 대만 내 대학의 동남아시아 언어 및 지역무역 인재 양성과 해외 캠퍼스 설립을 지원할 것이라는 계획을 제시했다. 나아가 전문성과 기술을 지닌 외국인 근로자에 대한 평가 제도를 도입하고, 조건에 부합하는 근로자에게 체류 연한을 연장해 줄 것이라고 밝혔다.

셋째, 자원공유 분야에서 신남향 정책에는 문화와 관광, 의료, 과학기술, 농업, 중소기업 등 소프트파워를 활용해 양자 및 다자 간 협력 기회를 만들어낼 것이며, 이러한 과정을 통해 파트너 국가의 삶의 질을 향상시킴과 동시에 대만 경제무역 발전의 '종심(縱深)'을 넓혀갈 것이라는 계획이 포함되었다. 특히 의료 부문에서 각 국가와 신약 개발 협력 등을 추진할 것이며, 각 국가와 도시 간 문화 교류 및 협력을 장려할 것이라고 설명했다. 관광 분야에선 아세안 및 남아시아 국가 방문 시 필요한 관광비자 절차를 완화하고 이슬람권 관광의 우호적 환경을 조성할 것이라는 계획을 밝혔다.

마지막으로 지역 간 연결 부문에서 신남향 정책은 협력 국가들과의 양자 및 다자 차원에서의 제도화 협력 확대, 협상 및 대화 채널 강화, 민간단체와 교민 네트워크 등을 활용한 역내 안전과 번영을 함께 도모할 것이라는 구상이 제시 되었다. 특히 주요 협력 국가들과의 경제협력 프로젝트를 적극적으로 실시하고 이미 체결된 양자 간 투자 및 조세 협정을 갱신, 강화할 것이라는 내용이 포함되었다.

투자 다변화 등을 통한 대중국 경제의존도 감소는 대만 신남향 정책이 지향하는 중요한 목표 중 하나이다. 이러한 관점에서 보았을 때 2016년 차이잉원의 취임 이후 중국에 대한 대만의 투자 규모가 감소한 것은 신남향 정책과 그 정책적 맥락을 같이한다. 중국에 대한 투자 감소는 곧 신남향 정책 대상 국가들에 대한 투자 증가로 이어졌다. 일례로 2021년 1~10개월 동안 대만은 아세안 회원국들에 총 53억 달러를 투자했는데, 이는 지난 20년을 통틀어 가장 높은 수치였으며 사상 처음으로 중국에 대한 투자(약 45억 달러)를 앞선 것이기도 했다(*Nikkei Asia*, 2022.1.18). 신남향 정책 대상 국가인 18개국으로 확대했을 때도 대만의 투자는 돋보이는데, 2021년 상반기 기준 18개국에 대한 대만의 투자 규모는 68.4억 달러로 지난해 같은 기간보다 32.14% 증가한 수치를 기록했다(*Taiwan Business Topics*, 2021.12.27).

인재 교류 부문에서도 차이잉원의 신남향 정책은 비교적 양호한 성과를 거두고 있다. 대만 교육부 측은 신남향 정책 대상 국가 18개국에서 총 4만 8000명의 학생을 유치하겠다는 목표를 세웠지만, 2018년 이미 5만 1970명의 학생이 대만에서 공부하는 등 목표를 초과 달성했다. 18개국에서 공부하는 대만학생들 역시 약 2만 1000명을 기록하면서 2016~2017연도 대비 34.7% 증가했다(*Taipei Times*, 2019.9.11). 코로나19 등 여파로 인해 2020년 대만 학교에 등록한 유학생은 총 3만 명 감소했으나 신남향 정책 대상국 18개국의 학생은 불과

2000명 감소하는 데 그쳤으며, 유학생 중 18개국 학생의 비율은 총 56%를 차지하면서 2016년 대비 약 30% 가까이 증가했다(Taiwan Business Topics, 2021.12. 27). 대만은 공동학위 과정과 해외 인턴십 프로그램 등을 적극적으로 개설하며 신남향 정책 대상 국가와의 인재 교류를 활성화하고 있다. 대표적으로 대만국립교통대학(國立交通大學)은 델리인도공과대학(Indian Institute Of Technology, Delhi: IIT)과 공동박사학위 과정을 개설해 반도체 및 광전자공학 분야의 인재 유치에 나섰으며, 국립평동과기대학(國立屛東科技大學)은 브루나이에 위치한 새우 양식장에 학생들을 파견하기도 했다(*Taipei Times*, 2019.9.11). 공식적인 외교가 어려운 대만이 인재 교류를 활용해 신남향 정책 대상 국가들과의 협력을 강화하고 있는 것은, 중국의 견제를 우회할 수 있다는 점과 동시에 상대국과의 실질적인 협력을 증진할 수 있다는 점에서 주목할 필요가 있다.

2) 미·중 관계 변화에 따른 편승 시도 강화

차이잉원 집권 이후 미·중 간 전략 경쟁 심화 등 급변하는 대외 환경은 대만이 신남향 정책을 통해 탈중국화를 도모하는 데 필요한 대외 환경을 제공하고 있다. 미국과 중국의 갈등이 심화하면서, 미국이 대만에 대한 우호적인 접근을 시도했고, 호주와 일본 등 미국의 동맹국이자 대만의 주변국 역시 미국의 반중국 노선에 한층 더 다가갔기 때문이다.

먼저 트럼프 행정부 시기 무역 분쟁으로 촉발된 미·중 간 전략 경쟁은 바이든 행정부에 들어서도 더욱 첨예화되고 있으며 갈등 분야 역시 군사와 이데올로기 부문을 포함해 전방위로 확대되는 추세이다. 중국과 대만을 가로지르는 대만해협은 남중국해와 더불어 미·중 간 군사적 갈등의 최전선에 있는 지역 중 하나이다. 미국은 항행의 자유를 명분으로 중국의 부상을 견제하고자 대만해협에서의 '항행의 자유 작전'을 지속 중이며, 2021년 한 해 동안만 미 군함은 열한 차례에 걸쳐 대만해협에서 작전을 수행했다. 일례로 2021년 11월 미국제7함대 대변인은 USS 밀리우스(Milius)함의 대만해협의 통과 사실을 밝히면서 이는 국제법에 따라 공해를 통과하는 통상적인 일이자 자유롭고 개방적인 인도·태평양에 대한 미국의 약속을 보여주는 것이라고 밝혔다(*USNI News*, 2021. 11.23). 중국은 이를 자국이 설정한 핵심 이익을 침해하는 행위로 규정하는 한편, 대만의 독립을 추구하는 이들에게 일종의 제스처를 보낼 수 있을 가능성을 강력히 경계하고 있다. 2021년 10월 중국 외교부 측은 최근 미국의 군함이 여러 차례 대만해협에서 이른바 '근육 자랑(大秀肌肉)'을 하고 있는데, 이는 대만 독립 세력에게 심각히 잘못된 신호를 보내면서 지역의 평화와 안정을 위협하고 있다고 경고했다(中國外交部, 2021.10.28).

바이든 행정부는 양자 차원에서 중국을 압박할 뿐만 아니라, 동맹국들과의 연대를 통한 다자적 차원에서도 중국에 대한 압박을 강화해가고 있으며 이들 국가와 중국과의 관계 역시 악화하는 추세이다. 대표적으로 쿼드(Quad)와 오커스(AUKUS)를 들 수 있다. 먼저 쿼드는 미국과 일본, 인도, 호주 등 4개국이 결성한 협의체로서 인도·태평양 전략의 근본적 토대이기도 하다(≪연합뉴스≫, 2021.1.30). 대만해협에 대한 쿼드 국가들의 입장 역시 정립되고 있는데, 대표적으로 2021년 8월에 개최된 쿼드 고위 관료 회의에서 각국은 대만해협의 평화와 안보 문제를 논의한 바 있다. 중국은 쿼드가 표면상 '규칙에 기반을 둔 질서'를 내세우고 있으나 실제로는 중국의 위협을 부추기고 있으며 중국과 주변국의 관계를 악화시킬 뿐이라고 인식하고 강경한 반대 견해를 보이고 있다(中國外交部, 2021.9.27). 다음으로 오커스는 쿼드와 마찬가지로 인도·태평양 지역에서 중국의 부상을 견제하기 위해 창설된 협의체로서, 미국과 영국 호주 등 3개국으로 구성되어 있다. 오커스의 대표적인 활동으로는 미국의 호주 핵추진잠수함 건조 지원을 들 수 있다. 중국 측은 오커스가 앵글로색슨족들이 만든 냉전의 잔재일 뿐이며, 호주 핵추진잠수함 건조 역시 불안을 일으킬 것이라고 강력히 비판하고 있다(中國外交部, 2021.10.12). 동맹국과의 연대를 통한 미국의 대중국 견제는 앞으로 상당 기간 지속될 것으로 전망되며, 대만해협

등을 포함한 지역에서 미국과 중국 간의 전략적 경쟁은 더 첨예화될 것으로 보인다.

상술한 바와 같이 바이든 행정부는 다양한 수단을 동원해 중국에 대한 압박 수위를 높여가고 있다. 대만은 미국과 민주주의적 가치를 공유하고 지정학·지경학적 요충지에 있으며 중국과의 갈등을 빚고 있다는 점 등으로 인해 미·중 전략 경쟁 상황에서 미국이 반드시 포섭해야 할 대상으로 부상하고 있다. 2019년 미국 국방부가 발간한 인도·태평양 전략 보고서는 대만과의 인도·태평양 안보·안정에 대한 약속의 하나로 '대만관계법'을 성실히 이행할 것이라고 명시했으며, 나아가 대만이 강압으로부터 자유로운 상태를 구축할 수 있도록 돕기 위한 '방위 개입(defense engagement)'까지 언급했다(U.S. Department of Defense, 2019). 보고서는 방위 개입 차원에서 필수 방위물자 제공, 방위수요평가 참여, 그리고 무기 판매 등을 명시했는데, 이는 하나의 중국 원칙 속에서 양안 관계에 대해 전략적 모호성을 유지했던 과거의 입장에서 한층 선회한 것으로 평가할 수 있다. 같은 해 11월 미국 국무부가 발간한 보고서는 인도·태평양 지역에서 미국의 비전과 접근 방식은 일본의 인도·태평양 구상, 인도의 동방정책, 호주에서 대두되고 있는 인도·태평양 개념, 한국의 신남방 정책, 그리고 대만의 신남향 정책과 밀접하게 연관되어 있다고 명시했다(U.S. Department of State, 2019).

바이든 행정부 출범 이후 미국은 '대만관계법'을 기반으로 대만과의 고위급 교류 역시 활발히 추진 중이다. 대만 역시 신남향 정책을 추진하는 과정에서 미국의 인도·태평양 전략과의 연대를 적극적으로 모색하고 있다. 앞서 언급했듯이 2017년 12월 차이잉원은 대만을 '자유롭고 개방적인 인도·태평양 전략의 상관자'로 규정하고 신남향 정책을 활용한 참여를 공개적으로 언급한 바 있다. 2019년 3월 차이잉원은 중국의 강력한 반대에도 불구하고 하와이를 거쳐 태평양 3개국을 순방했으며, 순방 직전에는 자신의 소셜 미디어를 통해 대만과 미국이 군건한 협력관계를 맺고 있으며, 대만이 정식으로 인도·태평양 지역에서 가장 중요한 민주주의 파트너 중 하나가 되었다고 밝히기도 했다(BBC中文, 2019. 3.23). 한편 미국과 대만은 민주주의와 인권 등 보편적 가치를 공유하고 있으며 이를 토대로 2019년엔 대만·미국·인도·태평양 민주 통치협의(台美印太民主治理諸商)라는 정례 협의체를 출범시키기도 했다. 대만은 동 협의체를 활용해 중국을 견제하는 행보를 보인다. 일례로 2021년 11월 열린 제3차 협의에 참석한 쩡허우런(曾厚仁) 대만 외교부 정무차장(차관)은 인도·태평양 지역에서 권위주의 세력이 확장되고 있는바, 민주주의 국가 간 단합된 협력이 필요하다고 강조하면서 중국을 우회적으로 비판했다(中華民國外交部, 2021).

종합하자면, 미국으로선 중국을 견제하기 위해 대만과의 협력이 필요한 상황이고, 대만 역시 탈중국화를 위해 미국의 협조가 절실하다는 이해관계가 맞물리기 때문에 미국·대만 관계는 급속도로 가까워지고 있으며, 이 과정에서 신남향 정책과 인도·태평양 전략 간의 연계 역시 구체화하는 추세라고 평가할 수 있다. 중국은 이를 하나의 중국 원칙을 깨는 행위이자 자국에 대한 도전으로 간주하고 대만에 대한 압박을 더욱 심화하는 중인바, 향후 양안 간 갈등 역시 더욱 첨예해질 것으로 예상된다.

차이잉원 정부는 탈중국화를 위한 전략의 하나로 신남향 정책을 적극적으로 추진 중이며, 이 과정에서 미국의 인도·태평양 전략과의 연계를 강화하고 있다. 인도·태평양 전략이 중국의 부상을 억제하기 위해 등장한 구상임을 생각할 때, 신남향 정책을 인도·태평양 전략과 연계해 추진하려는 대만의 시도는 그 자체만으로도 상징성이 매우 크다고 볼 수 있다. 이러한 대만의 시도는 국제정치학 편승의 관점에서 이해할 수 있는데, 이는 미·중 간 전략 경쟁이라는 국제 정세 속에서 미국이 대만을 포함한 아시아 지역에 대한 개입을 강화하고 있으며, 대만 역시 중립적인 견해를 밝히는 대신 미국과의 관계 강화를 적극적으로 추진하고 있기 때문이다.

월트(Walt, 1985)에 따르면 냉전 시기 미국의 관리들은 편승 전략을 선호했다. 즉, 미국이 강대한 힘을 바탕으로 적극적으로 해외 문제에 개입해야만이 주변국들의 신뢰를 얻을 수 있고 자국에 편승할 것이며, 결국엔 상대 진영(소련 등 사회주의 국가)을 무너뜨릴 수 있다고 믿었다. 이러한 미국의 논리는 인도·태평양 전략에도 같이 적용될 수 있다. 다시 말해 미국은 중국의 부상이 곧 일본과 인도, 호주 등 자국의 우방이자 인도·태평양 지역 국가들의 불안을 일으켰으며, 여기서 적극적으로 개입하지 않으면 미국에 대한 국제사회의 신뢰가 약화할 것으로 판단할 수 있다. 이러한 관점에서 볼 때, 대만해협은 중국 위협의 최전선에 있는 지역이므로 미국은 다른 동맹국들과의 관계를 위해서라도 대만 문제에 개입해야만 하는 선택을 할 수밖에 없으며, 궁극적으론 대만이 자국에 편승하길 원한다고 분석할 수 있다.

정치·경제적으로 탈중국화를 추진하는 대만의 측면에서 볼 때, 미국이 중국을 견제하기 위해 인도·태평양 지역에 대한 개입을 강화하고 있으며, 이 과정에서 대만과의 관계 강화를 모색한다는 것은 굉장히 고무적인 일이라고 볼 수 있다. 특히 미국이 그간 대만에 취해왔던 전략적 모호성에서 조금은 벗어나 경제·안보적 측면에서 대만을 적극적으로 지원하고 있으며 인도·태평양 지역에 대한 미국의 접근 방식이 대만 신남향 정책과 밀접히 연관되어 있다고 언급한 점은 대만이 신남향 정책을 더욱 적극적으로 추진할 수 있는 동기를 유발한 것으로 평가할 수 있다.

5. 결론: 종합 및 한국 신남방 정책에 대한 시사점

미·중 관계는 동아시아 국제질서를 규정하는 가장 핵심적인 변수 중 하나이며, 대만의 대외 정책 역시 미·중 관계의 영향을 받는다. 리덩후이 정부부터 이어져온 대만의 남향 정책은 동남아시아 국가로의 수출 다변화 등을 통한 소위 탈중국을 추구해 왔으나, 당시 협조적인 미·중 관계와 중국의 강력한 견제로 인해 큰 성과를 거두지 못했다. 미국의 대만 정책 역시 '하나의 중국 원칙'

속에서 중국과의 관계를 고려해 전략적 모호성이 유지되었다. 이러한 상황 속에서 대만 정부는 미국과 중국 그리고 동남아시아 국가들 사이에서 적절한 균형을 모색해야만 했다. 마잉주 정부 시기 추진된 남향 정책이 전임 리덩후이, 천수이볜 정부와 달리 일정한 성과를 거둘 수 있었던 것은, 당시 협조적인 미·중 관계 속에서 대만이 중국과의 안정적인 관계를 유지하는 등의 균형 전략이 통했기 때문이라고 평가할 수 있다.

트럼프 행정부 출범 이후 미·중 간 전략적 경쟁이 본격화되면서 동아시아 국제질서 역시 큰 변동이 생겼으며, 대만의 대외 정책 또한 강하게 영향을 받게 되었다. 미국은 중국의 부상을 억제하기 위한 구상인 인도·태평양 전략을 수립하는 한편, 대만해협에서 항행의 작전을 정례화하며 중국을 압박해 나갔다. 또한 민주주의적 이념을 공유하는 대만에 대해 적극적인 접근을 모색하는 등 기존과는 차별화된 정책을 구사했다. 이와 같은 국제정세는 대만 신남향 정책의 새로운 활로를 제공했다. 차이잉원 정부는 신남향 정책과 인도·태평양 전략 간의 연계를 모색하는 한편, 인도 등 남아시아 국가를 신남향 정책 대상 국가에 포함하는 등 탈중국을 위한 전략을 구체화하고 있다. 미국 역시 인도·태평양 지역에 대한 자국의 접근 방식이 대만 신남향 정책 등과 밀접하게 연관되어 있다고 규정하는 등 이전과는 달리 대만을 적극적으로 지원하는 제스처를 취하고 있다. 이러한 환경은 대만의 대중국 투자 규모 감소와 아세안에 대한 투자 증가, 그리고 신남향 정책 대상 국가 18개국과의 인적 교류 활성화라는 성과로 이어지는 외부 변수로 작용했다.

미·중 간 전략적 경쟁이 점차 구조화되고 있는 상황에서 인도·태평양 전략과의 연계를 통해 신남향 정책을 추진하고자 하는 차이잉원 정부의 전략 역시 강화될 것으로 보인다. 이에 따라 대만이 미국에게 편승하고자 하는 의도를 드러낼수록 양안 간의 갈등 역시 격화될 것으로 전망된다. 단 지난 역사가 증명하듯이 미국이 중국과의 협력을 강조하며 대만 문제에 대한 1972년 미·중 합의를 강조하는 행태가 재차 나타나고 이에 따라 대만이 또다시 고립되는 상황이 연출될 가능성을 완전히 배제할 수는 없다.[19] 하지만 전방위로 치닫고 있는 미·중 전략 경쟁, 그리고 중간선거를 앞둔 미국 정치 상황 등을 고려했을 때 현재로선 이 같은 역사적 관행의 완전한 재현을 기대하기 어렵다. 미국 우선주의를 주창한 트럼프와 달리 동맹과의 결속을 통한 미국 이익 달성을 추구하는 바이든 행정부에 있어, 인도·태평양 지역에서 대만의 전략적 가치는 더 커질 것이며 대만 신남향 정책에도 더 많은 기회와 선택지가 주어질 것이다.

이 연구는 차이잉원 정부가 추진하는 신남향 정책이 기존 역대 대만 정부의 남향 정책과 대비해 명확한 차별성을 갖고 있음을 밝히는 한편, 미·중 전략적 경쟁 과정에서 대만의 역할과 위상을 재조명했다는 점에서 동북아시아 국제 정세의 이해 증진에 기여할 수 있다. 아울러 한국의 신남방 정책과 대만 신남향 정책의 갖는 대외 여건의 차이를 판별하는 데 필요한 정보를 제공했다(장영희, 2021: 43~45).

대만 신남향 정책과 한국 문재인 정부의 신남방 정책을 비교하면 대략 다음과 같다. 먼저 두 정책 모두 2010년대 후반 제시된 대표적 대외 전략 중 하나이며, 총통부(신남향 정책 판공실)와 청와대(신남방 정책 특별위원회)라는 최고 기관의 주도로 추진되고 있다. 특히 한국 신남방 정책 특별위원회의 경우 대통령비서실의 경제보좌관을 위원장으로 하며, 기획재정부와 외교부, 행정안전부, 그리고 산업통상자원부의 차관 등이 위원으로 참여한다. 이러한 조직 구성은 아세안 국가 등과의 협력을 통해 새로운 대외 전략의 출구를 모색하겠다는 정부 차원의 의지가 반영된 것으로 볼 수 있다.

---

19 바이든 미 대통령과 시진핑 중국 국가주석의 첫 회담인 2021년 11월의 화상회의에서 미국은 대만 문제에 대한 기존의 전략적 모호성을 재차 확인했다. 하지만 바이든 대통령은 대만은 "독립적이고 스스로 결정해야 한다"라고 언급했고 이에 대한 중국의 반발을 일으켰다. 관련 내용은 장영희(2022: 42~46); ≪머니투데이≫(2021.11.18) 참고. 한편 미국은 미·중 정상회담 직후인 2021년 12월 개최한 '민주주의정상회의'에 대만의 장관급 인사를 초청함으로써 대만이 참여하는 동맹 강화를 활용한 중국 압박이라는 대중국 정책 기조를 변경하지 않았다. 관련 내용은 ≪한겨레≫(2021.12.13) 참고.

다음으로 두 정책 모두 단순한 경제무역 활성화를 넘어서 활발한 인적 교류를 통해 대상 국가와의 관계 증진을 도모한다. 주지하다시피 대만 신남향 정책의 4대 협력 분야 중 하나는 인재 교류이다. 한편 한국 정부의 신남방 정책의 모토는 '사람 중심의 평화와 번영의 공동체'이며, 문재인 대통령 역시 기존 상품 교역이 중심이었던 관계에서 기술과 문화예술, 그리고 인적 교류로 확대하겠다는 의지를 표명한 바 있다. 신남방 정책 추진 이래 한국은 '아세안 교수초청 장학사업', '정부초청 장학사업', '아세안 지역 내 한국어교육 기회 확대' 등의 정책을 통한 인적 교류 활성화를 추진 중인바, 이는 대만 신남향 정책이 지향하는 사람 중심의 협력과 공통점을 갖는다고 평가할 수 있다.

이 같은 공통점에도 불구하고 대만과 한국의 정책 간에는 다음과 같은 차이점이 존재한다. 먼저 한국 신남방 정책은 아세안 10개국과 인도 등 총 11개 국가를 대상으로 하는 데 반해, 대만은 호주와 뉴질랜드 등 오세아니아 지역 국가와 파키스탄, 스리랑카 등 남아시아 지역 국가 등 총 18개 국가를 대상으로 한다. 이는 비교적 경제 규모가 큰 아세안과 인도에 초점을 맞추고자 하는 한국 정부의 소위 '선택과 집중' 전략으로 해석할 수도 있지만, 상대적으로 규모가 작은 남아시아 국가에 대한 세심한 배려가 부족했다고도 평가할 수 있다.

다음으로 대만의 신남향 정책이 '남쪽'으로 집중된 데 반해 한국의 신남방 정책은 '신북방 정책'과 연계해 추진된다는 점에서 차이가 있다. 신북방 정책은 신남방 정책과 더불어 추진되는 문재인 정부의 대표적 대외 정책으로서, ① 한국·EAEU(유라시아경제연합, Eurasian Economic Union) FTA 추진, ② 남·북·러 3각 협력 활성화 등 유라시아 지역 국가들과의 협력 강화를 도모한다. 한반도가 중심이 되어 서쪽으로는 몰도바와 벨라루스, 그리고 남쪽으로는 인도까지 뻗어나가는 한국의 신남방·신북방 정책은 현재 '평화와 번영'이라는 비전 아래 적극적으로 추진 중이다.

한편 앞에서 주장했듯이, 국제정치학적 측면에서 대만의 신남향 정책은 미국에 대한 '편승'의 관점에서 해석할 수 있는 데 반해 한국의 신남방 정책은 신북방 정책과 연계해 미·중 사이의 '균형'을 추구하며 추진된다는 점에서 차이가 있다. 일례로 한미 양국은 2019년 11월 열린 고위급 경제협의회(차관급)에서 신남방 정책과 인도·태평양 전략 간의 협력 강화를 골자로 하는 공동성명을 발표한 바 있다. 성명에는 한미 양국이 신남방 정책과 인도·태평양 전략 속에서 개방성과 포용성, 투명성, 그리고 국제규범 존중 원칙에 따른 협력 노력을 지속해 왔으며, 향후 협력의 범위를 확대할 것이라는 내용이 포함되어 있다. 나아가 신남방·신북방 정책은 중국 일대일로 정책과의 연계도 적극적으로 모색하고 있다. 2017년 12월 문재인 대통령은 중국에 국빈 방문했을 당시 "일대일로 구상과 신북방·신남방 정책의 연계는 양국을 비롯한 역내 평화와 공동번영을 실현하고, 인류 공영을 이끄는 힘찬 물결이 될 것"이라고 언급한 바 있으며, 2021년 12월 열린 제25차 한중 경제공동위원회에서 양국은 '신남방·신북방 정책 ─ 일대일로' 간 연계 협력을 위해 함께 노력하기로 합의하기도 했다.

이 같은 특징은 결국 한국과 대만이 처한 외부적 국제 환경의 차이점으로부터 기인한다. 아세안 등의 지역에서 중국과 정치·안보적으로 경합해야 하는 대만과 달리, 한국의 경우 중국의 일대일로를 포함한 북방 지역과의 연계 역시 적극적으로 고려할 수 있다는 점에서 미·중 관계에 있어 우리에게 주어진 보다 많은 정책적 자율 공간이 있음을 알 수 있다. 이는 갈수록 격화되고 있는 미·중 전략 경쟁 국면에서 한국의 대외 정책 수립에 시사점을 제공한다.

미·중 전략 경쟁이 격화되고 있으며, 이에 따라 그동안 한국이 취했던 안미경중(安美經中)을 벗어나 미 바이든 정부가 추구하는 동맹, 그리고 대중국 견제 연합에 더 적극적으로 참여해야 한다는 의견이 힘을 얻고 있다. 그러나 대만과 비교해 보았을 때, 한국이 갖는 대외 공간의 자율성이 상대적으로 크며 이를 보다 적극적으로 활용한 한국의 접근이 필요하다. 이 같은 점에서 한국의 신남방 정책은 기존의 '균형'과 '편승'을 넘은 새로운 외교적 선택지를 향한 발걸음이어야 한다. 아세안을 비롯한 동아시아 국가들과의 국제 협력을 통해 새로운 규범, 규칙, 절차를 만들어 현안을 해결하고 위협을 종식하는 동시에 분쟁 상황의 재발을 사전에 막을 수 있는 '협력과 통합의 질서 만들기'를 위한 지향을 둬야 한다.[20]

---

20   미·중 사이의 선택이 아닌 '초월적 외교'를 통한 협력과 통합의 역내 질서 만들기가 필요하다
      는 주장에 대해서는 문정인(2020: 294~301) 참고.

참고문헌

구보 도루(久保亨). (2021). 『중국근현대사 4. 사회주의를 향한 도전 1945-1971』. 강진아 옮김. 서울: 삼천리. 222~223쪽.

김수한. (2021). "양안정세와 중국 지방정부 혜대(惠臺)정책 동향". CSF중국전문가오피니언.

_____. (2022). 「탈냉전기 대만 진먼다오의 평화지향 명소화 과정 연구: 접경 장소성의 변천과 한반도 접경에 대한 시사점」. ≪한중사회과학연구≫, 제20권, 제1호, 33~55쪽.

김원곤. (2009). 「마잉지우 집권 이후 양안관계: 분석과 전망」. ≪중국학논총≫, 제27호.

김재철. (2015). 『중국, 미국 그리고 동아시아: 신흥강대국의 부상과 지역질서』. 한울. 63~64쪽.

다카하라 아키오·마에다 히로코(高原明生·前田宏子). (2015). 『중국근현대사 5: 개발주의 시대로 1972~2014』. 오무송 옮김. 서울: 삼천리. 111쪽.

문정인. (2020). 『문정인의 미래시나리오: 코로나19, 미·중 신냉전, 한국의 선택』. 서울: 청림출판. 159~160쪽.

브라운, 케리(Kerry Brown). (2014). 『현대중국의 이해』. 김홍규 옮김. 서울: 명인문화사. 299쪽.

서진영. (2007). 『21세기 중국외교정책』. 경기: 한울. 177~192쪽.

유세희. (2005). 『현대중국정치론』. 서울: 박영사. 271~284쪽.

이권호. (2019). 「대만 차이잉원 정부 신남향정책의 추진 현황과 평가」. ≪한중사회과학연구≫, 제17권, 제1호, 81~117쪽.

이혁구. (2019). 「한국과 대만의 對아세안 경제정책 비교」. ≪비교경제연구≫, 제26권, 제2호, 115~138쪽.

장영희. (2021). 「미·중 패권경쟁시대의 양안관계 현황」. ≪성균차이나브리프≫ 제59호, 43~45쪽.

_____. (2022). 「바이든과 시진핑의 화상 정상회담: 주요 내용과 시사점」. ≪성균차이나브리프≫, 제62호, 42~46쪽.

정재호. (2021). 『생존의 기로: 21세기 미·중 관계와 한국』. 서울: 서울대학교출판문화원. 154쪽.

조형진. (2021). 「중국의 비공식 경제 제재」. ≪Analyses & Alternatives≫, 제5집, 제1호, 25~57쪽.

주장환·유은하·김수한·조형진. (2018). 『동북아 안보구조의 변화와 중국-한반도 관계: 시나리오 분석 및 한국의 대응방안』. 세종: KIEP. 34~37쪽.

키신저, 헨리(Henry Kissinger). (2012) 『헨리키신저의 중국이야기』. 권기대 옮김. 서울: 민음사. 335~336쪽.

한국국제정치학회 중국분과 편. (2008). 『중국현대국제관계』. 서울: 오름. 60~61쪽.

핫토리 류지(服部龍二). (2017). 『중국과 일본의 악수: 1972년 국교정상화의 진실』. 서승원·황수영 옮김. 서울: 역락. 269~284쪽.

≪경향신문≫. (2001.5.23). "방미 천수이볜 성공적 통과외교". https://www.khan.co.kr/world/china/article/200105231902301(검색일: 2022.2.4).

≪뉴스핌≫. (2020.8.10). "미국의 중국 견제 전략 속 전환점 맞은 미국-대만 관계". https://www.newspim.com/news/view/20200810000876(검색일: 2022.2.4).

≪머니투데이≫. (2021.11.18). "대만 독립적! 독립? 그게 아니라". https://news.mt.co.kr/mtview.p

hp?no=2021111814382881831(검색일: 2022.2.5).

≪연합뉴스≫. (1994.2.16). "李 臺灣총통, 舊正 동남아 휴가외교에 큰 의미 부여". https://news.nav
er.com/main/read.naver?mode=LSD&mid=sec&sid1=104&oid=001&aid=0003789966(검색일:
2021.12.15).

_____. (1996.8.26). "臺灣, 兩岸관계 악화시 對中투자 억제". https://news.naver.com/main/read.
naver?mode=LSD&mid=sec&sid1=104&oid=001&aid=0004065932(검색일: 2021.12.14).

_____. (2014.2.11). "중국-대만 관계개선 원칙 92컨센서스 란". https://www.yna.co.kr/view/AKR
20140211228700089(검색일: 2022.2.4).

_____. (2021.1.30). "美안보보좌관 '쿼드는 인도태평양 정책의 토대…더 발전시킬 것'(종합)".
https://news.naver.com/main/read.naver?mode=LSD&mid=sec&sid1=104&oid=001&aid=001
2172840(검색일: 2022.1.24).

≪중앙일보≫. (2003.12.10). "부시 '대만 독립 반대입장'". https://www.joongang.co.kr/article/2690
33#home(검색일: 2022.2.4).

≪프레시안≫. (2004.1.7). "미국은 대만을 버렸는가?". https://www.pressian.com/pages/articles/43
630?no=43630(검색일: 2022.2.4).

≪한겨레≫. (2010.5.21). "대만의 활로외교와 양안관계". https://www.hani.co.kr/arti/opinion/colu
mn/421910.html(검색일: 2022.2.4).

_____. (2021.12.13). "민주주의 정상회의, 중국 의식해 대만장관 발표화면 끊었나". https://www.
hani.co.kr/arti/international/china/1023090.html(검색일: 2022.2.5).

金修漢. (2021). 「習近平時期中國對隣國公共外交中的脆弱性分析: 以對臺灣, 韓國爲」. ≪Analyses &
Alternatives≫, 5(1), pp.59~85.

多維新聞. (2015.9.22). "蔡英文: 民進黨未來將推動新南向政策". https://www.dwnews.com/(검색
일: 2021.12.17).

戴寶村. (2018). 『普通高級中學歷史 1』. 龍騰文化. pp.178~179.

戴天昭. (2002). 『臺灣國際政治史』. 前衛出版社. p.541.

劉鑫恬. (2021). 「臺灣當局 "南向困境": 表現, 成因與政策轉向」. ≪閩臺關係研究≫, 185, pp.73~87.

馬利艶·陳梅蘭. (2018). 「臺灣與新南向國家産業合作展望」. ≪貿易政策論叢≫, 30, pp.27~42.

徐遵慈. (2018). 「我國新南向政策的執行成果與未來展望」. ≪經濟前瞻≫, pp.9~18.

若林正丈. (2019). 『戰後臺灣政治史: 中華民國臺灣化的歷程』. 臺大出版中心. pp.142~143.

楊惟任. (2018). 「兩岸南向戰略的内涵, 競爭和挑戰」. ≪展望與探索≫, 16, pp.94-113.

長五岳 主編. (2014). 『兩岸關係研究』. 新文京開發出版. pp.37~62, 107~126.

趙文志·金秀琴. (2015). 「我國對東南亞新興市場出口現況與拓展策略之研究」. ≪經濟研究≫, 16, pp.
156~189.

中國時報. (2009.12.17). "全力爭取東協加四馬: 簽ECFA勢在必行". https://www.chinatimes.com/ne
wspapers/20091217000367-260102?chdtv(검색일: 2021.12.17).

中國外交部. (2021.10.12). "外交部副部長樂玉成: AUKUS爲新冷戰鼓風, 有百害无一利". https://ww

w.fmprc.gov.cn/wjb_673085/zygy_673101/lyc/XGXW/202110/t20211012_9554350.shtml(검색일: 2022.2.3).

_____. (2021.10.28). "2021年10月28日外交部發言人汪文斌主持例行記者會". https://www.fmprc.gov.cn/web/wjdt_674879/zcjd/202110/t20211028_10349005.shtml(검색일: 2022.1.26).

_____. (2021.9.27). "2021年9月27日外交部發言人華春瑩主持例行記者會". http://www.china-embassy.org/lcbt/wjbfyrbt/202109/t20210927_9584063.htm(검색일: 2022.1.22).

中華民國外交部. (2003.3.26). "我國推動南向政策面臨之問題與解決之道". https://www.mofa.gov.tw/News_Content.aspx?n=1020&s=95755(검색일: 2021.12.13).

_____. (2021.11.18). "第三屆台美印太民主治理諮商會議圓滿成功並發布會議成果事實文件". https://www.mofa.gov.tw/News_Content.aspx?n=96&s=96822(검색일: 2022.2.1).

中華民國總統府. (2017.12.11). "總統接見'美國在台協會'主席莫健". https://www.president.gov.tw/News/21858(검색일: 2022.2.1).

中華民國行政院. (2015.9.5). "'新南向政策推動計劃'正式啓動". https://www.ey.gov.tw/Page/9277F759E41CCD91/87570745-3460-441d-a6d5-486278efbfa1(검색일: 2021.12.13).

_____. (2019.7.4). "New Southbound Policy". https://english.ey.gov.tw/News3/9E5540D592A5FECD/2ec7ef98-ec74-47af-85f2-9624486adf4(검색일: 2021.12.15).

陳先才·張萱妍. (2020). 「蔡英文當局'新南向政策': 形成, 實施與困境」. ≪閩臺關係研究≫, 167, pp. 54~67.

蔡東杰. (2017). 『圖解: 兩岸關係』. 五南出版社. pp.74~75.

風傳媒. (2016.6.15). "設置要點核定 新南向政策辦公室今正式上路". https://www.storm.mg/article/130353(검색일: 2021.12.17).

BBC中文. (2019.3.23). "蔡英文出亞太平洋三國之際 臺灣加速入群印太戰略". https://www.bbc.com/zhongwen/simp/world-47664829(검색일: 2022.2.1).

Feilong Tian. (2019). 「香港反修例運動與'一國兩制'演變趨勢」. ≪Analyses & Alternatives≫, 3(2), pp.59~85.

經濟部國際貿易局. "第6期加强對東南亞地區經貿工作綱領". http://www.trade.gov.tw(검색일: 2021.12.16).

Brown, Kerry & Kalley Wu Tzu-hui. (2019). *The Trouble with Taiwan: History, the United States and a Rising China*. Zed Books. pp.137~139.

Kornberg, Judith F. & John R. Faust. (2008). *China in World Politics*. Lynne Rienner Pub. pp. 178~179.

Marston, Hunter & Richard C. Bush. (2018). *Taiwan's engagement with Southeast Asia is making progress under the New Southbound Policy*. Brookings. pp.1~11.

Nikkei Asia. (2022.1.18). "Taiwan makes new push to drum up Southeast Asia investment." https://asia.nikkei.com/Politics/International-relations/Taiwan-makes-new-push-to-drum-up-Southeast-Asia-investment(검색일: 2022.1.29).

Pang, Yang Huei. (2019). *China, Taiwan, and the United States in the Taiwan Strait Crises, 1954-1958*. Hong Kong University Press.

Rawnsley, Gary D. (2000). *Taiwan's Informal Diplomacy and Propaganda*. Cambridge University Press.

Szu-yin, H. (2020). *Cross-Strait Relations, Kharis Templeman, Larry Diamond. Dynamics of Democracy in Taiwan: The Ma Ying-jeou Years*. Lynne Rienner Publishers. pp.340~349.

Taipei Times. (2009.9.29). "Go south' strategy threatened." https://www.taipeitimes.com/News/taiwan/archives/2004/09/29/2003204811(검색일: 2022.2.5).

_____. (2019.9.11). "New Southbound Policy: Ministry looking to improve exchanges." https://www.taipeitimes.com/News/taiwan/archives/2019/09/11/2003722095(검색일: 2022.1.21).

Taiwan Business Topics. (2021.12.27). "New Southbound Policy Offers New Prospects for 2022." https://topics.amcham.com.tw/2021/12/new-southbound-policy-prospects-2022/(검색일: 2022.1.25).

Tanner, Murray Scot. (2007). *Chinese Economic Coercion Against Taiwan*. RAND Corporation. pp. 111~132.

U.S. Department of Defense. (2019). "Indo-Pacific Strategy Report." https://media.defense.gov/2019/Jul/01/2002152311/-1/-1/1/DEPARTMENT-OF-DEFENSE-INDO-PACIFIC-STRATEGY-REPORT-2019.PDF(검색일: 2021.12.23.)

U.S. Department of State. (2019). "A Free and Open Indo-Pacific: Advancing a Shared Vision." https://www.state.gov/a-free-and-open-indo-pacific-advancing-a-shared-vision/(검색일: 2022.1.9).

USNI News. (2021.11.23). "Destroyer USS Milius Performs Taiwan Strait Transit." https://news.usni.org/2021/11/23/destroyer-uss-milius-performs-taiwan-strait-transit(검색일: 2022.1.3).

Walt, Stephen M. (1985). "Alliance Formation and the Balance of World Power." *International Security*, Vol.9, No.4 (Spring, 1985), pp.7~9.

The Washington Post. (1998.1.22). "EXPLOITING ASIA'S CRISIS." https://www.washingtonpost.com/archive/politics/1998/01/22/exploiting-asias-crisis/476d65ad-89ce-4f5d-adc8-02664102f92e/(검색일: 2021.12.11).

제12장

차이잉원의 재집권과 양안 관계 전망[*]

문흥호 | 한양대학교 국제학대학원 교수

1. 서론

2020년 대만 대선은 1996년 직선제 시행 이후 외부 변수가 승패를 결정한 독특한 선거로 기록될 것이다. 2018년 11월 민진당의 최대 지지 기반인 남부 가오슝(高雄) 시장으로 당선되는 이변을 일으켰던 한궈위(韓國瑜) 국민당 후보는 대선 초반 차이잉원 민진당 후보를 강하게 압박했다. 그러나 일국양제(一國兩制)의 근간인 '고도자치(高度自治)', '항인치항(港人治港)' 원칙이 힘없이 무너지는 현실에 분노한 홍콩 주민의 대규모 시위에 힘입어 전세를 역전시킨 차이 후보를 대적하기에는 역부족이었다. 대만 유권자들은 중국공산당 중앙의 강압적인 결정에 자치권의 핵심이 흔들리는 홍콩의 정치적 상황에서 대만의 미래를 예감하며 친대륙적인 국민당보다는 대만의 독립과 자주를 지향하는 민진당에 동조했다. 특히 대만 유권자의 30%가 넘는 20~30대 청년들은 국민당보다는 미래지향적인 민진당 후보를 적극 지지했다.

---

[*]   이 글은 ≪중소연구≫ 2020년 여름호(2020.8)에 게재된 「차이잉원의 재집권과 양안관계」를 수정·보완한 것임을 밝힌다.

예상대로 57.13%의 역대 최다 득표로 재선된 차이잉원은 당선 소감으로 "민주대만은 중국의 협박에 결코 굴복하지 않을 것"임을 역설했다. 이는 차이 총통이 대만의 외교적 활동 공간을 허물기 위한 중국의 총공세와 국민당의 재집권을 지원하는 노골적인 대선 개입에 불만을 토로한 것이다. 사실 차이 총통은 2020년 신년사에서 "일국양제에 대한 신용은 이미 파산했다"라고 강조하며 일국양제를 내세운 중국의 평화통일 공세를 단호히 거부했다. 이에 대해 중국은 중공중앙 대만판공실, 국무원 대만판공실 마샤오광(馬曉光) 대변인 성명을 통해 "대만에 대한 중국의 대정방침은 명확하고 일관되며 평화통일·일국양제의 기본 방침과 하나의 중국 원칙을 견지하고, 모든 형식의 대만독립 시도와 움직임을 반대한다"(人民日報, 2020.1.2)고 밝혔다. 특히 중국은 차이의 재선 직후 공식 논평에서 차이잉원, 민진당이란 단어조차 사용하지 않는 등 극도의 반감을 표출했다.

이처럼 차이잉원은 국정 운영 전반에서 기대에 부응하지 못하고 외교적으로 궁지에 몰린 상황에서 홍콩 시위 사태에 힘입어 극적으로 기사회생했다. 홍콩 시위 이전에는 차이잉원 민진당 정부의 지지도가 20%에도 미치지 못했으며 재선 가능성이 매우 낮았다. 그럼에도 불구하고 차이잉원이 국민당 후보에 20% 앞서는 득표율로 대승할 수 있었던 것은 돌발적인 홍콩 시위의 영향이 가장 큰 요인임을 부정하기 어렵지만 더 넓은 범위에서 보면 이는 양안 관계의 구조적 특성과 밀접한 관련이 있다. 즉, 민주적인 선거 과정에서 이변 가능성이 상존하지만 이와 같은 극적인 반전은 대만의 독특한 정치과정에 기인한다.

한편 역대 대만 대선 과정과 집권 이후의 지지도 추이를 살펴보면 민진당, 국민당을 불문하고 집권 당시의 지지도를 유지하는 경우가 없었다. 즉, 상당한 지지를 얻고 출범한 정부가 집권 중후반으로 접어들면서 예외 없이 급격한 지지율 하락과 비판에 직면했다. 그리고 지지율 변동에 결정적인 영향을 미친 요인은 역시 양안 관계의 민감한 정치적 현안이었다. 중국과의 교류에 중점을 둔 국민당 정부나 상대적으로 거리를 두고 대만의 정체성을 강조한 민진당 정부

모두가 결국은 대만의 정치적 지위, 통일과 독립 문제, 양안 교류에서 파생된 부정적 여론 변화에 직면해 국정 운영의 동력을 상실했다. 이는 역대 대만 대선 과정에서 양안 관계가 가장 중요한 쟁점으로 부상하고 양안의 교류 협력 확대 혹은 대만의 정체성 강화를 주장하는 세력이 번갈아 집권했지만 결국은 모두가 양안 관계의 정치적 한계에 직면하고 지지 기반을 상실했다는 것을 의미한다.

이 글은 양안 관계와 대만 문제의 바로 이러한 구조적 특성에 주목해 차이 잉원이 재선에 성공할 수 있었던 대내외적 배경과 재집권 이후 차이잉원 민진 당 정부의 핵심 과제, 양안 관계 변화 가능성을 분석하고자 한다. 이를 위해 첫째, 차이잉원의 재선 요인으로 홍콩의 '반송(反送)' 시위와 중국 지도부에 대한 대만 유권자들의 반감, 일국양제의 한계에 대한 재인식, 국민당의 전략 부재 등을 분석하고자 한다. 둘째, 재집권 이후 민진당 정부의 주요 과제를 분석하 고자 하며 특히 '92 공식(九二共識)'과 양안의 정치적 관계 재정립, 양안 교류 협 력의 조정과 내실화, 바이든 정부 출범 이후 미국·대만 관계 발전과 공적 외교 공간 확장 등이 주요 분석 대상이다.

2. 차이잉원 재선의 대내외적 배경

1) 홍콩의 '반송' 시위와 '반중' 정서의 확산

2014년 '우산혁명'에 이은 2019년 홍콩 '반송' 시위의 본질은 덩샤오핑이 약 속했던 고도의 자치와 민주를 제도적으로 보장하라는 요구다. 즉, 외형적으로 는 홍콩 정부의 범죄인 인도 법안 추진에서 비롯되었지만 이를 홍콩 내 반정부 인사들의 검거와 중국 송환에 악용할 것이라는 점을 간파한 홍콩인들이 일국 양제의 본질을 무시하는 중국 지도부와 캐리 람을 수반으로 하는 친중 일색의 홍콩 행정부에 조직적으로 저항한 사건이다.

사실 일국양제는 개혁개방의 초기 단계에서 덩샤오핑의 실용적 사고와 과감한 결단이 응축된 중국식 해법이다. 그러나 일국양제는 시행 22년 만에 큰 난관에 봉착했으며 문제의 핵심은 상호 신뢰의 붕괴다. 중국 지도부에 대한 홍콩인들의 불신은 이미 우산혁명 과정에서 분명하게 드러났다. 중국은 홍콩 반환 20년 이후 행정장관의 직선을 약속했었지만 중국은 후보 자격에 '애국애항(愛國愛港)'이라는 조건을 부가해 친중국 인사에게만 출마 자격을 부여했다. 민주적 선거제도를 경시하는 중국 지도부의 입장에서는 후보 자격에 일정 조건을 부가하는 것을 직선제 약속 위반으로 인식하지 않았겠지만 대다수 홍콩인들은 일국양제의 구조적 한계에 절망했다.

한편 2019년 7월 1일 사상 초유의 홍콩 입법회 점거로 이어진 '반송' 시위는 사안의 성격만 보면 행정장관 직선제를 요구한 우산혁명에 비해 비중이 떨어진다. 그러나 700만 홍콩 주민의 7분의 1이 참여한 시위는 규모, 조직, 강도의 측면에서 우산혁명을 크게 능가했다. 그동안 누적된 홍콩의 문제들이 상호 충돌하며 갈등과 분노의 상승작용을 일으켰으며 특히 자신들의 미래를 확신하지 못하는 홍콩 청년들의 분노와 조직적인 저항이 미국을 비롯한 주요 국가의 주요 관심사로 증폭되었다. 홍콩의 반정부 시위에 대한 중국의 반응은 당연히 부정적이었으며 강제 시위 진압, 주동자 체포 등의 강경책을 고수했다. 특히 시진핑 사상을 헌법 전문에 삽입하고 '2회 연임'으로 제한한 국가주석 임기 규정[1]을 삭제하는 등 시진핑 중심의 국가 통합과 중국몽(中國夢) 실현을 강조하는 중국의 입장에서 홍콩 청년들의 요구와 저항은 반국가 차원의 분열 행위로 인식했다. 이는 중국 지도부가 세계의 이목이 집중된 홍콩의 반정부 시위가 곧바로 대만의 반중 정서로 이어지고 특히 2020년 1월 11일 대선의 최대 변수로 부상

---

[1] 국가 주석의 임기와 관련해 중국인민공화국 헌법 제79조는 "중화인민공화국 주석, 부주석의 임기는 전국인민대표대회의 매 임기(5년)와 동일하며 두 번의 임기를 초과할 수 없다"라고 규정했으나 2018년 3월 11일 13기 전국인민대표대회 1차 회의에서 제한 규정을 삭제해 "중화인민공화국 주석, 부주석의 임기는 전국인민대표대회의 매 임기와 동일하다"라는 것으로 수정했다.

할 것이라는 점을 간과한 것이다.

2) 일국양제의 한계에 대한 재인식

1997년 7월 1일의 홍콩 반환은 서구 식민 지배의 잔재를 청산하기 위한 덩샤오핑의 장기간 노력의 결실이며 1984년 영국과의 반환협정에 따른 것이다. 중국의 입장에서는 '99년 조차'의 약속에도 불구하고 홍콩의 정치개혁을 제기하며 반환 지연의 구실을 찾던 영국 정부와 사회주의 체제 편입 이후의 불확실한 미래에 불안해하는 홍콩 주민들의 설득이 최대 관건이었다. 이 상황에서 중국의 '묘책'으로 등장한 것이 바로 일국양제다. 그 핵심은 중국의 사회주의와 홍콩의 자본주의가 장기간 공존함으로써 상이한 체제의 급격한 통합에 따른 부작용을 최소화하고 적응과 융합의 선순환 과정을 거쳐 결국 하나의 중국으로 통합시킨다는 것이다.

홍콩을 '특별행정구'로 지정해 정치·경제·사법적 자치를 허용하고 특별행정구 기본법에 따라 50년간 '고도 자치'를 보장함으로써 대륙과 다른 자본주의 체제를 유지한다는 약속이 홍콩인들의 불안감을 일정 정도 완화시킨 것은 사실이다. 물론 홍콩 상류층은 반환을 앞두고 캐나다, 호주 등으로 이민하거나 언제든지 이주할 수 있는 안전장치를 마련했다. 그러나 그러한 여력이 없는 대다수 홍콩인들은 반신반의하면서도 '홍콩인에 의한 홍콩의 통치'를 보장하겠다는 중국의 약속을 믿을 수밖에 없었다. 실제로 중국은 반환 초기 정치적 간섭을 최소화하고 고도의 자치 실현에 나름대로 성의를 보였다. 반환 당일부터 홍콩에 주둔한 대규모의 인민해방군도 외부 노출을 최대한 자제했다. 또한 자유무역협정과 유사한 '경제협력 동반자 협정(Comprehensive Economic Partnership Agreement: CEPA)'도 맺었고 홍콩 경제가 침체에 빠지면 직간접적인 지원도 마다하지 않았다. 그러나 홍콩인들은 중국 최고지도자 앞에서 일개 지방 관리에 불과한 둥젠화(董建華) 초대 행정장관의 무기력한 모습에서 일국양제의 한계를 확인했다.

일국양제가 홍콩의 자치를 완벽하게 보장하기 어려운 보다 근본적인 한계는 중국의 헌법 규정에 있다. 중국 헌법 제31조는 "국가의 필요시 특별행정구를 설치할 수 있으며 특별행정구에서 시행되는 제도는 구체적인 상황에 따라 전국인민대표대회가 법률로 규정한다"라고 명시하고 있는데 이는 필요의 소멸시 특별행정구가 당연히 폐지될 수 있음을 의미한다. 이처럼 특별행정구의 존폐가 전국인민대표대회의 형식적 표결에 달려 있을 뿐만 아니라 행정장관을 직선으로 선출한다 해도 최종 임명권은 중국에 있다. 그럼에도 불구하고 홍콩의 청년들이 직선제를 원한 것은 중국이 임명하는 꼭두각시 행정장관보다는 직선제 행정장관이 홍콩의 민의를 반영해 좀 더 당당하게 자치를 요구할 수 있을 것이라는 희망적 기대 때문이었다. 그러나 중국의 전방위적 개입으로 인한 가치 혼란과 제도적 충돌, 생활 여건의 지속적인 악화와 미래에 대한 극도의 불안감 등은 홍콩 청년들을 더욱 좌절시켰다. 실제로 반환 이후 외형적 화려함과 다르게 홍콩의 정치 통제, 경제 격차, 사회 갈등은 나날이 심화되었고, 민주·자유·인권의 가치를 교육받은 홍콩 청년들은 가속화되는 '홍콩의 중국화' 현실을 암담하게 바라볼 수밖에 없었다. 특히 대다수 청년들은 점차 홍콩의 권력과 재력을 독점하는 중국인 상류층과 값싼 노동력을 제공하는 중국인 하층 노동자 사이에서 자신의 미래를 낙관하기 어려웠고 결국 이러한 절망이 걷잡을 수 없는 분노로 확산되었다.

한편 일국양제의 최종 대상은 대만이며 홍콩은 중국의 숙원인 대만 통일을 위한 일국양제의 시범 지역에 불과하다. 따라서 중국은 홍콩의 정치적 안정과 경제적 번영을 통해 2350만 대만 주민에게 일국양제의 진가를 확인시켜주려고 했다. 그러나 중국의 기대와는 달리 2014년의 우산혁명을 통해 일국양제의 구조적 결함이 드러나면서 대만에서는 '수용 불가' 여론이 급속히 확산되었다. 당시 대만인들은 일국양제를 철저히 무시했던 자신들의 판단이 옳았다고 판단했다. 특히 2019년 7월 이후 홍콩의 반송 시위가 격화되고 미국 등 서방 국가들이 홍콩 행정부의 강경 진압과 이를 배후 조종하는 중국 지도부를 비판하고 시위 세력을 측면 지원하자 대만 내의 반중국 여론이 급격히 확산되었다. 더욱이 2020년 1월 대선을 앞두고 민진당과 국민당의 치열한 경합이 이루어지는 상황에서 고조된 대만의 반중국 정서는 곧바로 민진당 지지로 연계되었다. 결과적으로 홍콩의 일국양제 시행 과정을 예의 주시해 온 대만으로서는 중국의 집요한 일국양제 수용 요구를 거부할 명분을 얻었다.

3) 국민당의 전략 부재

차이잉원 민진당 정부는 집권 중반을 지나면서 주요 대내 현안, 양안 교류, 외교 성과 등에서 부진을 면치 못했고 이는 결국 2018년 11월 지방선거 패배와 차이 총통의 지지율 급락으로 이어졌다. 국민당으로서는 이를 2020년 정권 탈환의 청신호로 인식했고 당내 경선을 통해 한궈위를 대선 후보로 선출하면서 민진당을 강하게 압박했다. 그러나 지방선거 승리 이후의 과도한 자만심은 오히려 국민당에 부정적인 요인으로 작용했고 더욱이 홍콩 사태가 겹치면서 차이 총통의 재선을 저지하지 못했다. 이를 좀 더 구체적으로 분석하면 다음과 같다.

첫째, 한궈위 가오슝 시장을 대선 후보로 선출한 대선 경선 과정에서 당내 불협화음이 고조되었다. 특히 국민당 대선 후보로 주목받았던 궈타이밍(郭臺銘) 홍하이(鴻海)그룹² 회장이 경선 패배 후 국민당을 탈당하고 쑹추위(宋楚瑜) 친민당 후보 지지를 표명함으로써 국민당 내의 갈등이 심화되었다. 또한 국민당 내의 지지 기반이 약하고 비주류인 한궈위 후보가 가오슝 시장 당선을 발판으로 국민당 대선 후보로까지 결정된 것에 대한 국민당 지도부의 거부감이 존재했다.

---

2   홍하이그룹은 컴퓨터 및 통신 관련 가전제품의 세계 최대 규모 OEM 기업으로 자회사인 '폭스콘(Foxconn)'을 통해 개혁개방 초기부터 중국에 진출해 애플, 샤오미(小米) 등 세계적인 휴대전화 기업과 합작해 온 양안 경협의 상징적인 기업이다.

둘째, 국민당이 양안 교류 활성화를 통해 대만의 안보를 강화하는 동시에 경제적 활로를 모색하자는 의미의 '대만안전, 국민유전(臺灣安全, 國民有錢)'을 핵심 선거 구호로 내세웠으나 대만 유권자들은 '현실성 없는 말뿐인 구호'라는 인식이 강했다. 그 이유는 전임 마잉주 국민당 정부가 대대적으로 추진한 양안 경협의 성과를 일부 정치 세력, 계층이 독식했다는 부정적인 평가 때문이다. 더욱이 양안 교류 확대를 전제로 한 국민당의 대륙 지향적인 구호는 홍콩 사태로 인한 반중 정서 속에서 설득력을 상실할 수밖에 없었다.

셋째, 국민당 후보에 대한 자금 지원설 등 중국의 대선 개입 움직임이 반중 감정을 자극한 반면 민진당 정부가 국가 주권 보호, 민주제도 보호를 명분으로 추진한 '반침투법(反浸透法)'이 민진당 지지자 및 청년층 유권자 들을 결집시켰다. '반침투법'은 총 12개 조항으로 구성되며 "대만과 군사적으로 대치 중이거나 대만의 주권을 비평화적인 수단으로 위협하는 국가 혹은 단체의 침투와 개입에 맞서 국가안보와 사회 안정, 중화민국의 주권과 자유민주의 헌정 질서 수호"를 목적으로 한다. 또한 경외 적대세력의 지시, 위탁, 후원을 받아 정치자금 제공, 선거운동 지원, 공무원 대상 로비, 폭력 등 불법 방식으로 공공질서 유린, 가짜 뉴스 유포를 통해 선거나 국민투표를 방해하는 행위를 금한다. 국민당 한궈위 후보는 반침투법이 양안 교류 종사자들의 목에 폭탄을 채우는 행위라고 비판했고, 친민당 쑹추위 후보는 반침투법이 입법 정의에 위배되며 특히 200만 명에 달하는 중국 내 대만 기업인들이 위기에 직면하게 될 것이라는 점을 들어 반대했지만 입법원의 다수를 점한 민진당은 2020년 12월 31일 본 법안을 통과시켰다.

결국 국민당은 2016년 민진당 정부 출범 이후 양안 교류의 위축, 국정 수행 능력의 한계, 외교 공간의 급격한 축소로 인한 차이 총통의 지지율 하락에 의존하는 구태의연한 선거 전략에 안주함으로써 홍콩 사태, 미국의 개입 등 대외적 변수를 극복할 수 있는 현실적인 대안을 제시하지 못했다.

3. 재집권 이후 차이잉원 정부의 과제와 양안 관계 향배

1) '92 공식'과 대만의 정치적 지위 재정립

중국과 대만의 정치적 관계를 규정하는 국제사회의 규범과 현실의 괴리는 민간 차원의 교류 협력 확대에도 불구하고 양안 관계가 불안정할 수밖에 없는 근본 요인이다. 즉, '하나의 중국' 원칙에 따라 대만을 중국의 불가분한 일부분으로 인식하는 중국과 이를 거부하고 독립적인 정치 실체임을 주장하는 대만의 상반된 입장은 양안 관계를 언제든지 파국으로 몰고 갈 수 있다. 양안 관계의 이러한 취약성을 보완하고 비정치 분야의 교류 협력을 확대 유지하기 위한 묘안으로 1992년 중국과 대만이 합의한 것이 바로 '92 공식'이다. 이는 하나의 중국 원칙을 상호 인정하되 이를 중국과 대만이 중화인민공화국과 중화민국으로 각각 다르게 한다는 '일중각표(一中各表)'를 양안의 '정치적 관계와 존재 방식(國家定位)'에 대한 기본 정신으로 하는 것이다.

이처럼 중국과 대만은 실용적 사고와 협상을 통해 현실적 장애물을 우회함으로써 정치적으로 대립하는 두 체제의 상생·공영 가능성을 잘 보여주었다. 그러나 문제는 상호 타협의 산물인 일중각표에 대한 기본 인식과 해석이 양안 최고지도자의 성향, 대내 정치적 역량 및 외부 환경 변화에 따라 달라지면서 불협화음이 빈발한다는 점이다. 예를 들어 중국은 합의 시점인 1992년에 비해 국력과 국제적 위상이 비약적으로 증강함으로써 양안 관계, 통일 문제에 대한 최고지도자의 인식도 '각표(各表)'보다는 '일중(一中)'에 두는 경향이 매우 강하다. 특히 국가의 주권·영토 문제에 매우 민감하고 강경한 태도를 보이는 시진핑의 입장에서는 대만 문제의 지지부진함과 민진당 지도부의 독립 성향을 결코 좌시할 수 없을 것이다(人民日報, 2019.1.3). 예를 들어 1979년 '대만 동포에게 고하는 글(告臺灣同胞書)' 발표 40주년 기념 연설에서 시 주석은 평화적 방식에 의한 통일이 모두에게 유리하다는 점과 "중국인은 중국인을 치지 않는다(中國

人不打中國人)"라는 점을 강조하면서도 '무력 사용을 포기하지 않을 것'임을 분명히 했다. 이는 비록 '외부 세력의 간섭'과 '대만 독립 세력의 분열 활동'에 대해서라는 조건을 달았지만 경우에 따라 무력을 불사하겠다는 강경한 입장을 보여주는 것이다.

반면 대만의 경우는 '92 공식'에 대한 국민당의 인식이 긍정적이지만 민진당은 내심 이를 인정하지 않고 있다. 특히 차이잉원은 2016년 집권 이후 중국의 부단한 압박에도 불구하고 '92 공식'을 전혀 언급하지 않을 정도로 부정적인 인식을 갖고 있다. 그동안 중국은 하나의 중국에 대한 거부감과 독립 성향을 잘 알면서도 이를 정면으로 자극하는 것은 자제해 왔다. 특히 홍콩 시위 사태로 대만의 반중 감정이 확산되고 차이잉원의 재선 가능성이 높아진 상황에서 최대한 유화적인 태도를 보였다. 그러나 중국이 예의주시했던 2020년 5월 20일 취임 연설에서 결국 차이 총통은 "베이징 당국이 일국양제로 대만을 위축시키고(矮化) 대만해협의 현상을 파괴하려는 것을 수용할 수 없다"라는 점을 분명히 했다. 이는 '92 공식'에 대한 부정적 인식을 넘어 중국이 대만 통일의 철칙으로 고수하는 대원칙을 정면으로 거부한 것이다. 물론 차이 총통은 중화민국 헌법과 '양안인민관계조례'에 의거해 양안 관련 사안을 처리하고 대만해협의 평화적 현상을 유지하겠다는 점을 강조함으로써 중국과의 전면적 대립을 피하고자 했지만 중국의 입장에서는 매우 당혹스러운 것이다. 특히 중국은 취임 연설 직후 마샤오광(馬曉光) 국무원 대만판공실 대변인 성명을 통해 "민진당 당국이 하나의 중국 원칙을 구현하는 '92 공식'을 거부함으로써 일방적으로 양안 관계의 평화적 발전을 위한 정치적 기초를 파괴했다"[3]라고 비난했다.

이처럼 차이 총통이 취임 연설에서 일국양제를 정면으로 거부한 상황에서

---

3 마 대변인은 차이 정부의 헌법 수정 움직임을 겨냥해 "극소수 대만 독립주의자들이 '헌법 수정', '국민투표'를 통해 대만의 '법리적 독립(法理台獨)'을 기도한다"라고 맹비난했다(人民日報, 2020.5.20).

단기적으로 '92 공식'에 대한 긍정적인 태도 변화를 기대하기는 어렵다. 그러나 중국이 거듭 강조하는 바와 같이 '92 공식'이 일국양제 실현을 위한 핵심 전제라는 점에서 차이 총통이 이를 전면 부정하는 것은 많은 정치적 부담이 수반된다. 즉, 향후 집권 기간 동안 대만해협의 평화 유지와 양안 교류를 완전히 배제하지 않는 한 양안 관계의 실제 현장에서는 취임 연설의 강경한 입장이 관철되기 어렵다. 차이도 이런 한계를 의식해 취임 연설에서 양안 관계에 대한 자신의 입장과 중국에 대한 제안을 다음과 같이 제시했다. 첫째, 양안 관계는 역사적인 전환점에 도달했으며 쌍방이 책임을 통감하고 상호 대립과 갈등을 줄이면서 장기적 공존의 길을 모색해야 한다. 둘째, 변화의 과정에서 원칙을 견지하고 문제 해결을 위한 개방적 태도를 취할 것이다. 셋째, 해협 건너(對岸)의 지도자도 책임감을 갖고 양안 관계의 장기적 발전을 위해 노력할 것을 희망한다. 따라서 '92 공식'과 양안의 새로운 정치적 관계 정립을 위한 차이 정부의 정책은 2016년 5월 20일 1기 취임사에서 언급했던 부분과 이번 2기 취임 연설의 중간 수준에서 이루어질 가능성이 높다. 2016년 취임사에서 차이 총통은 중국과의 대화와 소통을 위해 기존의 양안 기제를 유지할 것이라는 점을 강조하면서 "1992년 양안이 상호 양해, 구동존이(求同存異)의 정치적 인식하에 협상을 진행했고 이를 통해 공감대와 양해를 달성했다는 '역사적 사실'을 존중한다"라고 밝혔다. 이는 비록 '92 공식'을 직접 언급하지는 않았지만 기존의 사실과 정치적 기초를 토대로 양안 관계의 평화적 발전을 도모하고 대화를 추진해야 할 필요성을 강조한 것이다.

결국 차이 총통은 '92 공식'에도 불구하고 중국이 '일중'과 양안의 통일에만 골몰해 대만의 정치적 존재를 인정하는 '각표'의 무력화를 시도하고 있다는 점을 들어 기존 합의에 거부감을 보이고 있지만 양안 관계의 현실을 고려할 때 노골적인 불만과 거부가 실제 정책으로 이어지기는 어렵다. 또한 현 단계에서 미국을 중심으로 한 국제사회가 하나의 중국 원칙을 정면으로 거부하고 대만의 독립적 지위를 승인하는 것이 거의 불가능하다는 점에서 '92 공식'과 '일중각표'를 대체할 묘안을 찾기 어렵다. 따라서 차이 민진당 정부는 중국의 홍콩 보안법(國安法) 강행, 2022년 5월 친중국 강경파인 존 리(李家超) 신임 행정장관 임명 등 홍콩의 변화 추이와 국제사회의 반응, 특히 미국 정부의 대중국 압박 전략과 대만 방어 의지·능력을 다각적으로 분석하면서 정치적 지위에 대한 주장의 강도를 탄력적으로 조절할 것이다.

2) 양안 교류 협력의 관리 강화와 내실화

역대 민진당 정부는 양안 교류 협력 확대의 불가피성을 인정하면서도 대만의 산업 공동화, 중국에 대한 경제적 종속 가능성 등을 들어 부정적인 입장을 취해왔다. 예를 들어 천수이볜 정부는 양안 교류의 수위 조절, 총체적 관리를 강조했으며 차이잉원 역시 마잉주 정부가 양안 관계를 국민당과 공산당이 밀착하는 '국공화(國共化)' 상태로 변질시키고 대만 경제의 중국 종속을 가속화시켰다고 비난했다. 특히 차이 총통은 대륙 내 대만 기업(臺商)의 투자권이 제대로 보호되지 않는 상태에서 국가 차원의 리스크 관리가 부실했고, 국민당 중심의 특권 계층이 성과를 독점함으로써 매판자본이 양안 경제교류를 농단하고 있다는 강조했다. 양안 경협에 대한 민진당 정부의 부정적인 인식은 중국 지도부에 대한 불신, 중국 대륙과 구별되는 대만의 정체성에 대한 집착과 무관하지 않지만 현실적인 측면에서 과도한 양안 교류 협력이 대만의 중국화와 대륙 의존도를 높이고 있는 것도 사실이다.

이러한 점에 주목해 집권 2기의 차이잉원 정부는 양안 교류 협력의 관리 강화와 내실화에 역점을 두고 있다. 문제는 양안의 경제협력이 이미 광범위하게 이루어지고 있어서 인위적인 조정이 쉽지 않고 이를 무리하게 추진할 경우 대만 경제의 급속한 위축이 불가피하다는 점이다. 또한 대선 과정에서 '반침투법' 제정을 둘러싼 민진당과 국민당의 논쟁 과정에서 지적된 것처럼 약 200만에 달하는 대만인이 중국과의 경협 과정에 직간접적으로 연계되어 있다. 이 중에는 양안 관계에 대한 이념적·대립적 사고에 매몰되지 않고 자신의 미래를 중국 대륙에서 개척하고자 하는 대만 청장년층이 많은 비율을 차지하며 이들은 중국 과의 다양한 교류 협력 과정에 적극 참여하고 있다. 물론 홍콩 민주화 시위 이후 대만 청년층의 반중 정서가 고조된 것은 사실이지만 이들 대부분이 국민당· 민진당, 통일·독립의 이분법적 사고에 함몰되지 않고 비교적 자유롭게 자신의 미래와 중국 대륙을 연계하고자 한다. 중국은 이러한 현실을 의식해 중국 지도 부가 양안 관계에 대한 중요 담화를 발표할 때마다 대만 청년들의 대륙 진출을 독려한다. 예를 들어 시진핑 주석은 "대만의 청년들이 조국인 중국 대륙에서 마음껏 꿈을 펼치는 것(追夢, 筑夢, 圓夢)을 열렬히 환영한다"라고 강조한다.

따라서 차이잉원 정부로서는 중국과의 과도한 교류 협력을 축소 조정하면 서도 대만 경제에 미치는 부작용을 최소화하는 방향에서 다음과 같은 정책을 추진할 것으로 전망된다. 첫째, 차이 총통이 취임사에서 "중화민국헌법, 양안 인민관계조례에 따라 양안 관계 관련 사안을 처리할 것이며 대만해협의 평화· 안정적 현상 유지가 일관된 입장"임을 강조한 것처럼 양안의 기존 교류 협력을 근본적으로 축소하지는 않을 것이다. 즉, 차이 총통이 일국양제의 수용을 거부 하고 '평화, 대등, 민주, 대화'를 양안 관계 8자 방침으로 제시하면서도 양안의 문제 해결을 위한 개방적인 태도와 책임 의식을 강조했다는 점에서 일방적으 로 교류 협력의 단절이나 거부 일변도의 정책을 취하지는 않을 것이다. 둘째, 양안 교류의 핵심인 경제협력에 있어서도 민진당 정부가 강조해 온 것처럼 과 정의 엄격한 관리, 결과의 공정한 배분에 주력하되 양안 경제협력의 급격한 축 소 조정에는 매우 신중할 것이다. 실제로 양안 경협을 제어하기 위한 대만의 정책적 수단과 대체 전략은 매우 제한적이다. 예를 들어 차이 정부가 신남향 정책의 지속적 추진과 신흥 시장 개척, 산업 부문의 국제협력을 강조하지만 거 대한 중국 시장을 대체할 수 있는 새로운 대상을 찾는 것은 거의 불가능하다. 실제로 코로나19로 인해 인적 교류가 거의 단절된 상황에서도 양안의 경제 관 계는 크게 증가했다.[4] 셋째, 차이 총통이 향후 대만의 6대 핵심 전략산업으로 정보통신, 반도체, 5G, 생물·의료, 신재생 에너지 등의 분야를 설정하고 국내 수요 창출을 산업발전 전략의 주요 동력으로 강조하고 있는데 이 역시 중국과의 연계가 차단된 상태에서는 소기의 목적을 달성하기 어렵다. 특히 2022년을 전후해 1인당 국민소득에서 한국을 추월할 것이라는 점을 강조하고 있는 민진당 정부로서는 중국과의 경제협력을 포기하기 어렵다.

대만의 이러한 현실적 제약을 잘 알고 있는 중국으로서는 민진당 정부의 독립 추구 성향에 대해서는 압박과 위협을 가하면서도 다른 한편으로 경협을 중심으로 양안의 교류 협력 확대를 위한 정책을 추진할 것이다. 예를 들어 중국은 2019년 말 차이잉원의 재선 가능성이 굳어지는 상황에서 국무원 대만판공실, 국가발전개혁위원회를 주축으로 '양안의 경제문화 교류 협력 촉진을 위한 조치'를 발표하는 등 대만 유권자들을 유인하기 위한 노력을 지속해 왔다. 특히 대만인과 대만 기업에 대한 내국인 대우 보장, 해외 주재 중국공관의 대만주민 영사 보호 등 구체적인 정책을 제시했다. 물론 중국의 이러한 조치는 홍콩 사태 이후 반중국 정서가 고조되고 차이 총통의 재선이 확실한 상황에서 대만 주민들의 큰 호응을 받지 못했다. 특히 대만 정부는 중국의 선심성 정책이 "대만에 혜택을 준다는 명분하에 중국이 실리를 챙기고 대만 대선에 개입하는 의도(名爲惠臺, 實則利中)"라고 비난했다. 그러나 차이잉원의 두 번째 임기가 중반을 넘기면서 양안 교류 협력에 대한 민진당 정부의 소극적인 입장에도 변화가 불가피하다. 다만 차이잉원 정부는 '반침투법' 등 양안 관계 관련 법규를 통해 중국의 대만 내 영향력 확대와 대만인들의 무분별한 대륙 내 활동을 규제하는 '협력과 견제'의 이중 정책을 유지할 것이다. 실제로 대만 정부는 2020년 4월 '양안인민관계조례' 위반 혐의로 대륙에서 활동 중인 37명의 대만인을 처벌하

---

4   대만 대륙위원회(Mainland Affairs Council Republic of China: MAC) 통계에 따르면 코로나 19가 확산된 2020년의 양안 무역액은 1660억 2000만 달러로서 2019년 대비 11.3% 증가했다. 또한 2021년의 양안 무역액은 2083억 8900만 달러로서 2020년 대비 25.5% 증가했다.

고 88명을 조사했다.

결국 차이 정부는 제2 집권기에 중국과의 교류 협력을 전반적으로 조정하려는 욕구에도 불구하고 양안 교류의 급격한 단절이나 경색이 불가능한 현실을 고려할 수밖에 없을 것이다. 즉, 대만의 정체성 강화를 통해 대륙과 구별되는 대만의 독립 자주적 지위 확보를 궁극적인 목표로 유지하되 자칫 대만의 경제, 정치, 안보 상황을 모두 위태롭게 할 수 있는 양안의 과도한 대립·갈등을 조장하지는 않을 것이다. 실제로 2019년 홍콩 시위와 최근 중국의 '홍콩 보안법' 제정 등으로 반중 감정이 극도로 고조되고 '코로나19'로 인해 인적 교류가 단절되면서 양안의 교류 협력과 무관하게 대만의 경제가 유지될 수 있는 것처럼 보일 수도 있으나 이는 단기적인 착시현상일 뿐이다. 이러한 맥락에서 중국과의 반관반민 협상 채널인 해협교류기금회(해기회) 등을 계속 유지할 것이며 더 나아가 대내외 여건이 조성되면 시진핑과의 정치적 접촉(蔡習會)도 배제하지 않을 것이다. 중국 역시 민진당 지도부와의 접촉, 협상 가능성을 열어놓고 있다. 예를 들어 시진핑 주석은 "92 공식의 견지, 대만 독립 반대라는 공동의 정치적 기초하에서 양안의 각 정당 및 각계 대표 인사들과 양안 관계와 민족의 미래를 위해 광범위하고 심도 있는 '민주 협상'을 추진하고, 양안 관계의 평화적 발전을 위한 제도적 장치를 마련할 것을 정중히 제안한다"라고 강조한 바 있다.

3) 대미 관계 발전과 공적 외교 영역 확장

차이잉원 정부의 또 다른 핵심 과제의 하나는 중국의 집요한 공세로 인해 축소 일로에 있는 외교 공간을 확대 유지하는 것이다. 그동안 중국은 대만의 국제적 활동 영역을 압박하기 위해 전방위적으로 영향력을 행사해 왔다. 특히 중국은 차이잉원이 집권한 2016년 이후 대만의 수교국이 집중되어 있는 중남미, 남태평양, 아프리카 일부 국가들을 공략해 대만과의 단교를 이끌어냈다. 이는 하나의 중국 원칙을 내세워 대만의 국제적 '생존 공간'을 자국의 영역으로 흡수하려는 것이며 따라서 자주 독립적 정치 실체를 주장하는 대만으로서는 국가 존망에 대한 위기감을 가질 수밖에 없다. 실제로 차이잉원 집권기에만 6개국이 대만과 단교하고 중국과 수교했다. 앞으로도 중국은 차이잉원의 독립 추구 성향과 취임사에서 천명한 일국양제 수용 거부를 응징하기 위해 얼마 남지 않은 외교 공간마저 붕괴시키려 할 것이다. 이는 중국의 입장에서 위험부담이 큰 무력 사용 없이 대만을 고립무원으로 만들 수 있는 효과적인 방법이다.

이처럼 중국의 국제적 영향력이 강성하고 국제사회가 보편적으로 하나의 중국 원칙을 수용하는 한 대만의 주권 주장과 외교 공간 확대 노력은 난관에 직면할 수밖에 없다. 그럼에도 불구하고 차이 정부는 중국의 홍콩 시위의 무력 진압과 보안법 강행 이후 미국을 중심으로 한 서방국가들의 홍콩 문제 개입, 대만 정책 변화 등의 외부 환경 변화를 활용해 외교적 활동 영역을 확장하려 할 것이다. 대미 관계 강화와 지속 가능한 미국의 지원 확보 여부는 이러한 정책의 성패를 좌우할 것이다. 특히 미국의 대중국 견제 전략이 구체화되고 그 일환으로 대만의 전략적 가치 재인식, 하나의 중국 원칙의 경계를 넘나드는 외교적 지원과 무기 판매, 군사정보 교류 등 안보 영역에서의 협력 확대를 통해 미국과 대만의 관계가 전반적으로 강화될 경우 대만의 외교적 활동 공간은 일단 확대 유지될 수 있을 것이다.

한편 중·미 무역마찰이 심화되고 '중국몽'으로 상징되는 시진핑의 세계 패권 의지가 대외적 실천 단계로 진입하면서 미국의 대중 압박 정책은 특정 정권 차원에서 국가 차원의 전략적 과제로 부상했다. 예를 들어 2020년 5월 21일 트럼프 대통령이 의회에 제출한 「미국의 대중국 전략적 접근(United States Strategic Approach to the People's Republic of China)」 보고서는 "장기간에 걸쳐 시행된 미국의 대중 관여 정책이 소기의 성과를 얻지 못했고, 특히 중국이 보편적 가치와 원칙, 법에 기반한 질서를 존중하게 될 것을 기대했지만 정반대의 결과를 초래했다"라는 혹독한 자기반성을 토대로 새로운 대중국 전략을 추진할 것을 명시하고 있다. 또한 대만 문제와 관련해서는 "중국의 군사적 위협에 직면한 대만에 대한 외교적·군사적 지원을 강화해 지역의 안정과 평화를 지지해야 한다"
라는 점을 강조했다.

이러한 대중 압박 전략과 연계된 미국의 대만 정책 변화는 바이든 정부 출범 이후 외교적 지원과 군사안보 협력 강화 차원에서 더욱 구체화되고 있다. 우선 대만에 대한 외교적 지원을 강화하기 위한 미국의 정책 방향은 2019년 10월 미 의회가 비준한 '타이베이법안(Taiwan Allies International Protection and Enhancement Initiative Act: TAIPEI Act)'에 명시되어 있다. 즉, 미국은 중국의 압박으로 대만의 공식적인 외교 영역이 소멸될 위기에 처했다는 판단하에 ① 세계 각국과 대만의 공식·비공식 외교관계 강화 지지, ② 단교 등 대만과의 관계를 단절하는 국가들에 대한 지원 축소, ③ 대만의 비정부 간 국제기구 회원 가입 및 옵서버 참여 지지 등을 대만 정책의 핵심적인 과제로 제시했다. 물론 미국이 이미 2018년 8월 국무성 문건을 통해 대만과의 관계 강화 필요성을 명시한 바 있지만 최근에는 중국과의 무역마찰, 홍콩 시위, 코로나19 확산, 러시아의 우크라이나 침공 등의 상황 변화를 반영해 보다 공세적으로 대만과의 관계 강화 조치를 취하고 있다. 이에 따라 미국은 대만과의 단교를 추진할 가능성이 있는 중남미, 남태평양 국가들에 대한 압력과 회유 정책을 취하는 동시에 특히 세계보건기구(WHO), 세계보건총회(WHA) 등 대만의 비정치적 국제기구 참여를 적극 지원하고 있다. 물론 대만의 WHO, WHA 참여 문제는 해묵은 현안이지만 대만은 '코로나19'의 성공적인 방역 성과를 내세워 최소한 옵서버 자격을 얻고자 총력을 기울이고 있다. 미국 또한 WHO 현 집행부에 대한 불신과 기구 탈퇴를 공언하면서 대만의 참여를 지원하고 있다. 중국은 친대륙적인 마잉주 정부 집권기(2008~2016년)에는 대만의 옵서버 참여를 동의했지만 차이잉원 정부 출범 이후 이를 저지하고 있다. 이는 중국, 대만 공히 WHO 참여 문제를 정치적으로 접근하고 있음을 보여준다.

대만의 외교적 활동 지원 정책에 비해 미국과 대만의 군사안보 협력 확대는 중국의 즉각적인 반발을 야기할 수밖에 없으나 미국은 '대만관계법(Taiwan Relations Act)'에 의거한 대만의 방위력 증강 지원 필요성을 공식적으로 표명하고 있다. 이를 위한 미국의 정책은, 첫째, 역대 정권에 따라 다소 차이는 있지만 대만에 대한 무기 판매를 지속적으로 추진하고 있다. 대만의 입장에서도 미국으로부터의 무기 구입은 미국과의 관계 유지와 기본적인 방위 역량 유지를 위한 불가피한 선택이다.[5] 둘째, 대만과의 군사정보 교류 및 대만 주변 해역에서의 정찰 활동을 확대하고 있다. 특히 항공모함, 잠수함을 포함한 주요 해군 함정의 의도적인 대만해협 통과와 항공 정찰 활동은 중국의 남중국해 도서에 대한 영유권 주장과 각종 군사 활동을 억제하기 위한 전략인 '항행의 자유 작전(FONOP)'과 맞물려 지속적으로 확대될 것이다. 미국의 '자유롭고 개방된 인도·태평양(FOIP)'과 중국의 '일대일로' 전략에서 동남아시아의 지전략적(geostrategic) 중요성이 배가되며, 남중국해는 미·중의 확장과 제어의 충돌이 시작되는 관문이다. 또한 미국과 중국 공히 동남아시아, 남중국해의 영향력 확장과 관련해 대만의 전략적 중요성을 의식하지 않을 수 없다. 셋째, 중국의 남중국해, 대만해협의 군사적 활동 증강 추세가 지속될 경우 미국은 일본, 필리핀, 베트남 등과의 군사협력을 강화함으로써 인도·태평양 전략의 큰 틀에서 대만을 직간접적으로 연계시킬 가능성이 높다. 즉, 미국은 인도·태평양 전략에 대만과의 안보협력을 명시하지는 않았지만 대만의 전략적 가치를 다각적으로 재활용하려할 것이다. 특히 대만은 둥사군도(東沙群島)의 타이핑다오(太平島)를 점유하고 있으며 2020년 4월 24일 외교부 성명을 통해 "남중국해 주변 국가들의 일방적인 조치 및 영유권 주장에 단호히 항의하며, 중화민국은 남중국해 도서 및 관련

---

5 대만에 대한 무기 판매는 중·미 간 첨예한 갈등의 진원지다. 미국은 1979년 '대만관계법'의 '방어용 무기 제공(to provide Taiwan with arms of a defensive character)' 조항을 근거로 대만에 대한 무기 판매를 지속하고 있다. 특히 미국 정부는 레이건 대통령의 1982년 8월 당시의 메모까지 공개하며 "대만에 대한 미국의 무기 판매 축소는 '양안의 문제를 평화적으로 해결할 것'이라는 중국의 거듭된 약속 이행과 확고히 결부되어 있으며(conditioned absolutely) 대만에 제공할 '무기의 질과 양(the quality and quantity of arms)'은 전적으로 대만에 대한 중국의 위협 여부에 달려 있다"라는 점을 강조하고 있다.

해역에 대해 국제법·해양법상의 권리를 갖고 있다"라고 주장했다. 대만의 이러한 주장에는 미국의 전략적 변화에 대한 교감이 작용했을 가능성이 높다.

이처럼 미국은 중국의 공세적인 패권 전략을 제어하기 위한 인도·태평양 전략을 추진하는 과정에서 방위력 지원을 구실로 대만과의 안보협력을 강화하고 있다. 미국이 중국의 가장 예민한 문제이자 최고지도부의 정치적 위상과 지위에 직접적으로 영향을 미칠 수 있는 대만 문제에 개입하는 것은 바이든 정부만의 단기적인 전략이라기보다는 중국과의 중·장기적인 패권 경쟁을 불가피한 것으로 인식하는 국가 대전략(grand strategy)의 일환이다. 특히 미국은 중국을 공산당 전제국가로 규정하고 시진핑을 국가주석이 아닌 중국공산당 총서기(general secretary)로 호칭하는 등 과거 소련과 유사한 '당국가체제(party state)'의 독재와 폐쇄성을 부각시키고 이를 제어하기 위한 가치 동맹의 필요성을 강조하고 있다. 대만으로서는 미국의 이러한 전략적 전환을 그들의 숙원인 국제사회의 독립적 일원으로 부상할 수 있는 기회로 인식하고 미국과의 관계 강화에 총력을 경주할 것이다.

그러나 미국의 대중국 압박 정책에 편승한 차이잉원 민진당 정부의 국제적 생존 공간 확대 전략은 여전히 다음과 같은 현실적 제약이 상존한다. 첫째, 1971년 유엔 결의 이후 하나의 중국 원칙은 국제사회의 보편적인 규범으로 정착되었으며 더욱이 강대국으로 부상한 중국은 이를 어느 경우에도 양보 불가한 최상의 핵심 이익으로 고수하고 있다. 둘째, 1987년 11월 친척 방문(探親)을 시작으로 확대된 양안 교류는 정치·군사 부문을 제외하고 전 분야에 걸쳐 확대되었으며 특히 대만의 경우 중국과의 경제교류는 이미 대체 불가의 영역이다. 셋째, 미국의 대중국 압박 전략에서 대만의 전략적 가치가 재평가되고 대만의 생존을 위한 미국의 외교 안보적 지원이 확대되고 있지만 이 역시 하나의 중국 원칙을 근본적으로 부정하기 어렵다. 미국은 여전히 중국식 통일과 대만식 독립을 모두 부정하는 '불통불독(不統不獨)'의 전략적 모호성을 유지할 가능성이 높다. 즉, 미국의 대만 정책 조정은 '하나의 중국 정책(one-China policy)' 범위 내에서 추진되고 있으며 바이든 대통령도 2022년 3월 18일 시진핑과의 화상통화에서 하나의 중국 정책 견지, 대만 독립 반대 입장을 분명히 했다. 이는 미국이 대만 문제를 중국에 대한 압박 카드 차원에서만 인식하고 군사적 충돌을 감수하면서까지 대만의 독립을 지원할 '의지'가 없음을 시사한다. 의지와 별개로 대만에 대한 중국의 군사 공격을 제압할 미국의 '능력'도 한계가 있다. 최근 대만해협의 미·중 군사 충돌을 상정한 미국 내 '워 게임(war game)'에선 미국이 패하는 결과가 도출되기도 했다.

결국 미·중 관계 향배가 대만 문제의 변화 범위와 내용을 규정할 것이다. 미국의 대중 정책은 압박 일변도가 아니며 협력·경쟁·대결의 복합 전략을 구사한다. 대만 문제는 분명히 첨예한 대결 영역이지만 미국의 최종 목표는 대만 독립이 아니라 미국의 인도·태평양 패권을 넘보는 중국을 제어하기 위해 '침몰하지 않는 항공모함' 대만을 전략적으로 이용하는 것이다. 미국이 대만의 독립 성향을 부추겨 과도하게 중국을 자극할 이유가 없다.

4. 결론

대만 대선은 친대륙적인 국민당과 대만의 고유한 정체성과 궁극적인 독립을 주장하는 민진당의 각축전이다. 양안 관계에 대한 정치적 지향점이 다른 두 정당의 대결인 만큼 대선 과정에는 예외 없이 양안의 정치적 관계, 교류 수준과 범위, 대만의 국제적 지위 등이 주요 쟁점으로 등장한다. 2020년 대선 역시 양안의 정치적 관계가 최대 쟁점으로 부상했다. 특히 홍콩의 반중 시위 진압 과정에서 '고도의 자치권'이 무력화되는 현실을 확인하면서 대만 유권자들의 관심은 양안 관계와 대만의 정치적 미래에 집중되었다.

'하나의 중국'을 인정하되 이를 중화인민공화국, 중화민국으로 각각 다르게 표기하는 '92 공식'은 대만해협의 평화 유지와 양안 교류 확대를 가능하게 했다. 즉, 중국이 원하는 통일과 대만이 원하는 독립이 모두 불가능한 상황에서 양안의 공존·공영을 실현한 중국인 특유의 해법이었다. 그러나 차이잉원은 홍콩 시위 사태를 계기로 노골적으로 하나의 중국과 대비되는 '하나의 대만'을 주장하기 시작했다. 과거 같으면 차이 후보의 이러한 주장이 큰 호응을 얻지 못했겠지만 홍콩 사태에 놀란 대만 유권자들의 표심은 차이잉원에게 기울었다. 특히 대만의 청년 유권자들은 일국양제에 대한 신뢰가 이미 파산했다며 중국식 통일 방식을 비판하는 차이에 환호했다. 결국 홍콩 시위 전만 해도 패색이 짙었던 차이잉원 후보는 국민당 한궈위 후보에 압승했다.

이처럼 차이잉원이 대선 과정에서 대만독립주의로서의 면모를 유감없이 발휘하고 취임사에서 일국양제를 거부했지만 대선 국면의 주장을 그대로 실천하기는 쉽지 않을 것이다. 특히 양안 관계와 대만 문제의 구조적 특성상 중국과 대립 일변도의 관계를 유지하기는 어려울 것이다. 이는 개인적인 국정 수행 능력과 자질의 문제라기보다는 대만이 처한 대내외적 현실에 기인한다. 이러한 점을 고려해 향후 차이잉원 민진당 정부의 주요 정책 방향과 양안 관계를 전망하면 다음과 같다.

첫째, 차이잉원이 '92 공식'과 일국양제의 수용을 거부했지만 양안의 정치적 관계를 일방적으로 재정립하기는 어려울 것이다. 특히 국제적 반중 정서 확산 추세가 하나의 중국 원칙 부정, 대만의 주권 독립 승인으로까지 이어지는 것은 불가능하다. 따라서 차이 민진당 정부로서는 홍콩 정국의 변화 추이와 국제사회의 반응, 특히 미국의 대중 압박 전략과 대만 방어 의지 등을 예의주시하면서 주장의 수위를 탄력적으로 조절할 것이다. 둘째, 양안 교류 협력의 전반적인 축소 조정 욕구에도 불구하고 자칫 대만의 경제·정치·안보 상황을 모두 위태롭게 할 수 있는 양안 교류의 급격한 단절을 추진하지는 못할 것이다. 홍콩 시위 이후 반중 감정이 고조되고 바이든 정부가 대만과의 가치·기술 동맹을 강조하면서 마치 대만 경제가 양안 경협과 무관하게 자립할 수 있는 것처럼 느껴질 수도 있으나 이는 단기적인 착시 현상이다. 또한 자주·독립을 향한 감성적 접근과 무모한 시도가 초래할 부정적인 결과를 잘 알고 있는 차이잉원은 자신이 주장해 온 평화, 대등, 민주, 대화의 '8자 원칙'이 충족되면 시진핑과의 회담을 포함한 다양한 정치적 접촉도 배제하지 않을 것이다. 실제로 차이잉원은 취임사에서 역사적 전환점에 처한 양안 관계의 안정적 발전 방향을 모색하기 위한 양안 지도자의 개방적 태도와 책임감을 강조했다.

셋째, 중국의 집요한 공세로 인해 붕괴 위기에 처한 공식 외교 영역 확장에 주력할 것이다. 특히 기존 수교국의 연쇄적인 단교 움직임 차단과 WHO, WHA, ICAO(International Civil Aviation Organization) 등의 다양한 국제기구 참여를 국가 존망과 직결된 사안으로 간주할 것이다. 그러나 대만의 공식 외교 영역 확장은 그들의 노력만으로는 실현 불가능한 사안이며 미국과 국제사회의 전폭적인 지원이 필수적이다. 차이잉원으로서는 미·중 패권 경쟁과 국제사회의 반중 정서를 적극 활용하고자 하겠지만 이 역시 한계에 직면할 수밖에 없다. 중국이 건재하는 한 하나의 중국 원칙은 대만의 외교적 독자 행보를 차단하는 철벽으로 상존할 것이고 중국의 패권을 제압하기 위한 미국의 의지·능력 모두 불완전하기 때문이다. 미국이 하나의 중국 원칙을 버리고 냉전기의 중국 봉쇄정책으로 복귀하지 않는 한 대만의 전략적 가치는 여전히 제한적이다.

결국 대만의 2020년 대선은 홍콩 사태와 미국의 간접적 지원 등 외부 요인이 성패를 결정했다. 최대 수혜자인 차이잉원은 대만의 정체성 강화를 위해 노력하겠지만 양안 관계의 구조적 한계를 근본적으로 바꿀 수는 없다. 누구보다 양안의 현실을 잘 아는 시진핑이 도에 넘는 독립 시도를 좌시하지 않을 것이며 만약 민진당 정부가 하나의 중국과 일국양제 거부를 '공식' 선언한다면 이를 독립선언으로 간주할 것이다. 차이 총통의 최대 지원군인 미국도 전략적 모호성을 유지하면서 중국을 압박하는 선에서만 대만을 이용하려 할 것이다. 미국이 원하는 대만은 독립된 주권 국가가 아니다.

이러한 점을 고려할 때 '대만은 이미 엄연한 독립국'이라는 차이의 주권 수호 주장은 과열된 선거 과정의 정치적 소신에 그칠 가능성이 높다. 홍콩 사태를 겪으면서 차이의 주장이 보다 과감해졌지만 이를 현실화하는 것은 또 다른 차원이다. 특히 중국은 대만의 주권 수호란 표현 자체를 최상위 핵심 이익에 대한 도전으로 인식할 것이다. 또한 이를 장기 집권을 도모하는 시진핑의 정치적 기반을 뒤흔들 수 있는 중차대한 문제로 인식하고 보다 강력한 무력시위를 전개할 가능성이 높다. 이는 현실적으로 하나의 중국 원칙과 대만의 주권이 양립하기 어려운 이유다. 또한 대내적으로 대선 과정에서 일국양제, 주권 수호 등 대만의 정체성과 관련된 감성적·애국적 현안에 몰두했던 대만 유권자들도 점차 경제, 노동, 교육, 사회복지, 탈원전 등 자신들의 삶에 직결된 현실 문제에 눈을 돌리고 있다. 이들 현안에 대한 차이 정부의 기존 성과는 매우 부진했고 향후 전망도 낙관적이지 않다. 따라서 차이잉원 정부의 정책적 선택은 무리하게 대만의 정통성 확립과 독립을 추진했던 천수이볜 정부와 하나의 중국에 경사되어 양안의 전방위적 교류 협력에 매진했던 마잉주 정부를 양극단으로 하는 중간 범위에서 이루어질 것이다.

참고문헌

문홍호. (2016). 「대만 민진당의 재집권과 양안관계 전망」. ≪중소연구≫, 제39권, 제4호(겨울).

백우열·이기태·이재현·정구현. (2019). "쿼드 국가의 인도 ─ 태평양 전략과 한국의 대응". Asan Report(2019.12).

이대우. (2019). 「인도·태평양전략과 한반도」. 세종연구소. ≪정세와 정책≫, 2019년 제12호.

이재현. (2020). "미중 전략 경쟁 속 아세안 잠재력 극대화: 내적 단결과 지역 중소국가 연대". Issue Brief(2020-15).

한국군사문제연구원. (2018). "미국 국방성 2018년도 중국군 보고서 요약". KIMA Newsletter 제344호(2018.8.20).

_____. (2020). "중국에 대한 미국의 전략적 접근 보고서". KIMA Newsletter 제758호(2020.5.25).

李克强. (2020.5.30). "政府工作报告"(在第十三届全国人民代表大会第三次会议上). 人民日報.

马晓光. (2020.1.2; 2020.5.20). "중국국무원 대만판공실 대변인 성명". 人民日報.

習近平. (2019.1.3). "대만 동포에게 고하는 글(告臺灣同胞書) 발표 40주년 기념 연설". 人民日報.

王毅. (2020.5.25). "내외신 기자회견(2020.5.24)". 人民日報.

趙立堅. (2020.5.22). "외교부 대변인 성명". 人民日報.

朱鳳蓮. (2020.5.2). "국무원대만판공실 대변인 성명". 人民日報.

中國外交部. (2020.4.24). https://www.mofa.gov.tw/News_Content_M_2.aspx?n=8742DCE7A2A28761&sms=491D0E5BF5F4BC36&s=27E3E89E0C20D1FB.

蔡英文. (2016.5.20). "中華民國第14任總統蔡英文女士就職演說". https://www.president.gov.tw/NEWS/20444.

_____. (2020.5.20). "第十五任總統暨副總統就職專輯". https://www.president.gov.tw/Page/586.

聯合報. (2020.1.17; 2020.1.21).

人民日報. (2020.5.29). "关于《全国人民代表大会关于建立健全香港特别行政区维护国家安全的法律制度和执行机制的决定草案》的说明".

_____. (2020.7.1). "中华人民共和国香港特别行政区维护国家安全法".

中國經濟部國際貿易局. "貿易統計". https://www.trade.gov.tw/Pages/List.aspx?nodeID=1375&history=y, https://tw.appledaily.com/headline/20191228/NJLVCGU3MBAZ3CQ3PZXE4FGO5Y/.

中國大陸委會. "兩岸經濟統計月報". https://www.mac.gov.tw/News.aspx?n=2C28D363038C300F&sms=231F60B3498BBB19.

中国国务院台湾事务办公室, 国家发展和改革委员会. (2019.11.6). "关于进一步促进两岸经济文化交流合作的若干措施". 人民日報.

"中华人民共和国宪法". http://www.npc.gov.cn/npc/c505/201803/e87e5cd7c1ce46ef866f4ec8e2d709ea.shtml.

Bolton, John. (2020). *The Room Where It Happened*. New York: Simon & Schuster.

Bureau of East Asian and Pacific Affairs. (2022.5.28). U.S. Relations With Taiwan. https://www.state. gov/u-s-relations-with-taiwan/.

Pompeo, Michael R. (2020.7.23). Communist China and the Free World's Future. https://2017-2021. state.gov/communist-china-and-the-free-worlds-future-2/index.html.

_____. (2020.5.18). Taiwan's Exclusion From the World Health Assembly. https://2017-2021.state. gov/taiwans-exclusion-from-the-world-health-assembly/index.html

U.S.-PRC JOINT COMMUNIQUE. (1982.8.17). https://photos.state.gov/libraries/ait-taiwan/171414/ ait-pages/817_e.pdf.

TAIWAN RELATIONS ACT (Public Law 96-8 96th Congress). https://www.congress.gov/96/statute/ STATUTE-93/STATUTE-93-Pg14.pdf

"Virtual forum on expanding Taiwan's participation on the global stage." https://2017-2021.state. gov/virtual-forum-on-expanding-taiwans-participation-on-the-global-stage/index.html

지은이(수록순)

민귀식
한양대학교 국제학대학원 부교수

정구연
강원대학교 정치외교학과 교수

허재철
대외경제정책연구원 부연구위원

응우옌 주이 중(Nguyễn Duy Dũng)
베트남사회과학원 동남아시아연구소 부교수(전 소장)

김상규
한양대학교 중국문제연구소 학술연구교수

김창범
전략문화연구센터 고문(전 주인도네시아 대사)

우멍(武萌)
베이징외국어대학 일본연구센터 강사

신은영
한양대학교 중국문제연구소 연구교수

김수한
인천연구원 경제·환경연구부 연구위원

김선재
국회도서관 의회정보실 해외자료조사관

문흥호
한양대학교 국제학대학원 교수

한울아카데미 2413

중국과 아세안 I: 긴장과 협력의 이중성

ⓒ 민귀식·정구연·허재철·응우옌 주이 중·김상규·김창범·우멍·신은영·김수한·김선재·문흥호, 2022

엮은이 | 민귀식
지은이 | 민귀식·정구연·허재철·응우옌 주이 중·김상규·김창범·우멍·신은영·김수한·김선재·문흥호
펴낸이 | 김종수
펴낸곳 | 한울엠플러스(주)
편집책임 | 조인순
편   집 | 김우영

초판 1쇄 인쇄 | 2022년 12월 6일
초판 1쇄 발행 | 2022년 12월 30일

주소 | 10881 경기도 파주시 광인사길 153 한울시소빌딩 3층
전화 | 031-955-0655
팩스 | 031-955-0656
홈페이지 | www.hanulmplus.kr
등록번호 | 제406-2015-000143호

Printed in Korea.
ISBN 978-89-460-7414-9 94910

※ 이 책은 2018년 대한민국 교육부와 한국연구재단의 지원을 받아 수행된 연구임
(NRF-2018 S1A5A2A03037189).